GUSTAVE LE BON

L'ÉQUITATION ACTUELLE

ET

SES PRINCIPES

RECHERCHES EXPÉRIMENTALES

QUATRIÈME ÉDITION ENTIÈREMENT REFONDUE

PRÉCÉDÉE D'UNE PRÉFACE PAR LE Lt-COLONEL BLACQUE BELAIR
ÉCUYER EN CHEF DE L'ÉCOLE DE CAVALERIE DE SAUMUR

Illustré de 57 figures et d'un Atlas de 178
photographies cinématographiques
destinées à montrer les différences d'allures et d'attitudes prises par le même cheval suivant les variations d'équilibre qui lui sont imposées par le dressage.

PARIS
ERNEST FLAMMARION, ÉDITEUR
26, RUE RACINE, 26

L'ÉQUITATION ACTUELLE

ET

SES PRINCIPES

PRINCIPALES PUBLICATIONS DU Dr GUSTAVE LE BON

1° VOYAGES, HISTOIRE, PHILOSOPHIE

Voyage aux monts Tatras, avec une carte et un panorama dressés par l'auteur (publié par la *Société géographique de Paris*).

Voyage au Népal, avec nombreuses illustrations, d'après les photographies et dessins exécutés par l'auteur pendant son exploration (publié par le *Tour du Monde*).

L'Homme et les Sociétés. — Leurs origines et leur histoire. Tome Ier : Développement physique et intellectuel de l'homme. — Tome II. Développement des sociétés. (*Epuisé.*)

Les Premières Civilisations de l'Orient (Égypte, Assyrie, Judée, etc.). Grand in-4°, illustré de 430 gravures, 2 cartes et 9 photographies. (Flammarion.)

La Civilisation des Arabes. Grand in-4°, illustré de 366 gravures, 4 cartes et 11 planches en couleurs. (Firmin-Didot.) (*Epuisé.*)

Les Civilisations de l'Inde. Grand in-4°, illustré de 352 photogravures et 2 cartes, d'après les photographies exécutées par l'auteur. 2e édition. (*Epuisé.*)

Les Monuments de l'Inde. In-folio, illustré de 400 planches d'après les documents, photographies, plans et dessins de l'auteur. (Firmin-Didot.) (*Epuisé.*)

Les Lois psychologiques de l'évolution des peuples. 10e édition.

Psychologie des foules. 17e édition.

Psychologie du Socialisme. 7e édition.

Psychologie de l'Education. 15e mille.

Psychologie politique. 9e mille.

Les Opinions et les Croyances. 8e mille.

La Révolution Française et la Psychologie des Révolutions. 7e mille.

2° RECHERCHES EXPÉRIMENTALES

La Fumée du Tabac. 2e édition augmentée de recherches sur divers alcaloïdes nouveaux que la fumée du tabac contient. (*Epuisé.*)

La Vie. — Traité de physiologie humaine. — 1 volume in-8° illustré de 300 gravures. (*Epuisé.*)

Recherches expérimentales sur l'Asphyxie. (Comptes rendus de l'Académie des sciences.)

Recherches anatomiques et mathématiques sur les lois des variations du volume du crâne. (Mémoire couronné par l'*Académie des sciences* et par la *Société d'Anthropologie* de Paris. In-8°.) (*Epuisé.*)

La Méthode graphique et les Appareils Enregistreurs, contenant la description de nouveaux instruments de l'auteur, avec 63 figures. (*Epuisé.*)

Les Levers photographiques. Exposé des nouvelles méthodes de levers de cartes et de plans employées par l'auteur pendant ses voyages. 2 vol. in-18. (Gauthier-Villars.)

L'Équitation actuelle et ses principes. — Recherches expérimentales. 4e édition. 1 vol. in-8°, avec 58 figures et un atlas de photographies instantanées.

Mémoires de Physique. Lumière noire. Phosphorescence invisible. Ondes hertziennes. Dématérialisation de la matière, etc. (*Revue scientifique.*)

L'Evolution de la Matière, avec 63 figures. 24e mille.

L'Evolution des Forces, avec 40 figures. 14e mille.

L'Evanouissement de la Matière. Conférence publiée par le *Mercure de France.*

Il existe des traductions en Anglais, Allemand, Espagnol, Italien, Danois, Suédois, Russe, Arabe, Polonais, Tchèque, Turc, Hindostani, Japonais, etc., de quelques-uns des précédents ouvrages.

CETTE PLANCHE CINÉMATOGRAPHIQUE MONTRE, COMME CELLES DE L'ATLAS TERMINANT CE VOLUME, UNE DES TRANSFORMATIONS D'ALLURE PRODUITES PAR LE DRESSAGE. ON PEUT PAR EXEMPLE OBTENIR LE GALOP AVEC BASES BIPÉDALES, QUADRUPÉDALES OU LATÉRALES, SUPPRIMER LA PÉRIODE DE SUSPENSION, ETC.

GUSTAVE LE BON

L'ÉQUITATION ACTUELLE

ET

SES PRINCIPES

RECHERCHES EXPÉRIMENTALES

QUATRIÈME ÉDITION ENTIÈREMENT REFONDUE

PRÉCÉDÉE D'UNE PRÉFACE PAR LE Lt-COLONEL BLACQUE BELAIR
ÉCUYER EN CHEF DE L'ÉCOLE DE CAVALERIE DE SAUMUR

Illustré de 57 figures et d'un Atlas de 178
photographies cinématographiques
destinées à montrer les différences d'allures et d'attitudes prises par
le même cheval suivant les variations d'équilibre
qui lui sont imposées par le dressage.

PARIS
ERNEST FLAMMARION, ÉDITEUR
26, RUE RACINE, 26

1913

A MON ÉMINENT AMI

LE GÉNÉRAL ARTHUR LYTTELTON ANNESLEY

Général Commandant en Écosse, ancien Colonel de Hussards

CE LIVRE EST DÉDIÉ,

En souvenir reconnaissant pour sa précieuse collaboration et pour toutes les preuves d'amitié que j'ai reçues de lui, en Europe et aux Indes, pendant de nombreuses années.

GUSTAVE LE BON.

PRÉFACE

DE LA QUATRIÈME ÉDITION

LETTRE DE L'ÉCUYER EN CHEF DE SAUMUR A GUSTAVE LE BON

Mon cher maître,

Vous avez, jadis, écrit sur l'équitation un ouvrage du plus haut intérêt, aujourd'hui complètement épuisé. Ce livre contenait, relativement au dressage du cheval, des principes très originaux dont s'inspirent, je le sais, nombre d'écuyers dans leur enseignement. Aussi sa disparition laissa-t-elle une véritable lacune dans cette partie si importante de l'instruction équestre.

Pressé par moi de rééditer votre ouvrage, vous avez mis comme condition que j'en écrirais la préface. J'hésitai longtemps à rapprocher le nom d'un simple cavalier de celui du grand psychologue que vous êtes. Deux raisons me décidèrent à m'incliner devant votre désir. La première, de savoir mon adhésion la condition *sine qua non* de la réédition de votre livre. La seconde, de penser que mon titre aiderait peut-être à la pénétration de votre œuvre dans les rangs de la cavalerie.

Me souvenant de l'heureuse influence exercée jadis sur moi par certaines de vos pages, je considère acquitter ici une dette de reconnaissance.

C'était au printemps de 1893. L'école où j'étais alors lieutenant d'instruction, revenait d'une longue manœuvre dans les landes de Fontevrault. Nous cheminions en queue de colonne le long des rives argentées de la Loire, mon savant ami, le vétérinaire Jacoulet et moi, devisant sur les passionnants problèmes qu'éveille dans l'esprit de tout cavalier le désir tyrannique de la domination du cheval. « Avez-vous lu Gustave le Bon? me dit-il? — Non, jamais. — Eh bien, lisez-le. » Le soir même, en rentrant à Saumur, j'achetai l'*Équitation actuelle et ses principes*, qui venait de paraître et je lus votre livre, crayon en main, suivant mon habitude. Cet exemplaire demeure là, sous mes yeux, usé, jauni, couvert d'annotations écrites sous l'impression de la première heure. Je viens de les parcourir, et aujourd'hui comme jadis, je dois dire que si je ne partage pas toutes vos idées, notamment sur la valeur comparée de l'équitation française avec l'équitation anglaise ou allemande, il n'en est pas moins certain que votre livre fut pour moi la grande clarté tombant un jour sur le chemin de Damas! Non pas qu'il contînt les procédés supposés infaillibles poursuivis par la jeunesse et même par l'âge mûr, à la recherche de panacées universelles; non qu'il annonçât — comme tant d'autres — la solution empirique des grands problèmes que soulève la conduite du cheval. Dominant les contingences, sans vous attarder aux subtilités d'écoles, aux procédés variables suivant les hommes et les circonstances, vous brossiez dans un vaste tableau d'ensemble la philosophie tout entière de l'équitation.

Pour la première fois, arraché du dédale inextricable des minuties dénuées d'intérêt, des discussions oiseuses, des affirmations sujettes à contradictions, tout ce qui m'avait paru obscur me devint lumineux parce que vous m'aviez mené très haut.

Pour la première fois je voyais dégager et placer la personnalité du cheval, en regard de celle de l'homme et parler de responsabilités partagées! Pour la première fois aussi, j'entendais un savant affirmer, que si l'homme possède une intelligence infiniment supérieure à celle du cheval, il n'en doit pas moins faire appel à cette dernière s'il veut être obéi. Dresser revenait simplement à rétrécir le champ des volontés possibles du cheval. Cette pensée éclairait pour moi la question d'un jour nouveau.

Votre table des matières était à elle seule un programme. Vous y établissiez nettement la nécessité quand on parle équitation, de délimiter le rôle du cheval et le rôle du cavalier avant d'étudier leur association dans le dressage.

Votre chapitre sur la constitution mentale du cheval et celui intitulé : Bases psychologiques du dressage, sont des chefs-d'œuvre, et ceux qui ne les possèdent pas et ne s'inspirent pas des règles que vous posez ne peuvent prétendre à rien en équitation.

L'application des lois de l'association au dressage, l'établissement d'un langage conventionnel qui en découle, la théorie psychologique de l'obéissance, l'influence de la répétition et de l'intensité des impressions, la transformation des associations conscientes en associations inconscientes, tels sont les degrés menant, rationnellement, progressivement et insensiblement, comme vous le montrez, à la perfection dans le dressage.

Peu importe, encore une fois, les procédés, variables suivant les races et les tempéraments, qui en assurent l'exécution. L'important était de fixer les lois immuables de l'éducation du cheval. Vous l'avez fait magistralement et je ne sache pas que nul autre vous ait précédé dans cette voie. Pour l'apport des idées conquises à l'équitation et des progrès réalisés, votre part de découvertes est considérable. Il appartenait bien à l'auteur de la *Psychologie des foules* — du jour où son puissant esprit critique se tourna vers les problèmes équestres — de porter la question dans les sphères élevées où vous l'avez placée et d'illuminer l'enseignement de notre art par la création de méthodes désormais inébranlables.

Lt-colonel BLACQUE BELAIR

Écuyer en chef de l'École de cavalerie de Saumur.

PRÉFACE

DE LA TROISIÈME ÉDITION

On a dit, il y a longtemps, et avec beaucoup de raison, que les premières éditions des livres devraient être de simples essais remaniés ensuite complètement par l'auteur pour les perfectionner.

Je recommence pour la troisième fois cet ouvrage, et il est probable que si je suis appelé dans l'avenir à en écrire une nouvelle édition, elle différera encore de celle publiée aujourd'hui.

Les expériences contenues dans ce travail ont d'abord paru dans une revue savante non destinée au grand public. Je me décidai, non pas sans quelques hésitations, à développer leurs conclusions en un volume dont le succès, très imprévu pour moi, — la première édition fut épuisée en trois semaines, — m'a prouvé que l'utilité de ce genre de recherches était appréciée par beaucoup de cavaliers. Je continuai alors mes observations. Elles m'ont conduit à des résultats nouveaux exposés dans cette troisième édition.

L'équitation peut au premier abord sembler un

sujet bien usé. Cependant toutes les fois où j'eus occasion de réfléchir sur les nombreux problèmes qu'elle fait surgir, j'ai pu reconnaître qu'elle constitue une mine de connaissances bien peu explorée encore. En dehors de quelques recherches physiologiques, d'ailleurs fort incomplètes, sur les allures, l'étude de l'équitation a été généralement entreprise par des écuyers, très habiles comme cavaliers, sans doute, mais tout à fait dépourvus d'esprit scientifique. Aussi se bornèrent-ils pour la plupart à reproduire dans leurs livres ces vagues assertions transmises d'âge en âge par la tradition, et considérées comme des dogmes pour avoir été constamment répétées.

Si l'on pouvait éliminer ces deux facteurs essentiels : dangers courus par le cavalier et usure prématurée du cheval, l'équitation pratique serait un art banal susceptible de s'apprendre en quelques heures et réductible à un petit nombre de règles extraordinairement simples : taper sur le cheval pour accélérer sa vitesse, tirer sur la rêne droite ou sur la rêne gauche pour le diriger du côté correspondant, tirer sur les deux rênes pour l'arrêter. Bien des cavaliers n'ont pas beaucoup plus de connaissances théoriques à leur service. D'ailleurs étant données les conditions dans lesquelles ils sont appelés à monter le plus souvent, elles leur suffisent. Mais quand il s'agit de faire durer longtemps un cheval, d'obtenir de lui un maximum d'effet utile avec un minimum de fatigue, de l'amener à un degré de souplesse qui lui permette de passer par les chemins les plus difficiles, de rendre ses allures peu fatigantes pour le cavalier, et d'éviter ses défenses, l'insuffisance de ces connaissances rudimentaires apparaît bientôt. Par suite de l'usure prématurée des chevaux, la médiocrité des connaissances de beaucoup de cavaliers militaires coûte des millions au budget.

L'équitation dite savante ou de haute école, est tombée en France dans un grand discrédit. Elle a fini par être regardée comme une pure acrobatie, comparable aux tours qu'un dresseur habile parvient à faire exécuter aux lapins et aux caniches.

Et cependant, quand on y réfléchit, on arrive à constater que l'équitation savante, basée sur des principes scientifiques, peut seule permettre de formuler les règles de l'équitation la plus ordinaire. Lorsque, par exemple, j'arrive à allonger le pas d'un cheval, à l'empêcher de traquenarder au trot, à augmenter la longueur de ses foulées et sa vitesse, à l'empêcher de butter constamment, à substituer un galop à réactions très douces au galop à réactions très dures, je ne fais en apparence que de l'équitation fort courante, mais les moyens employés sont déduits de principes empruntés à une équitation très savante. La haute école, celle de l'avenir surtout, est la base même de l'équitation, et non pas son couronnement comme on le dit fréquemment.

Le lecteur un peu cavalier, qui voudra parcourir l'atlas des planches photographiques terminant cet ouvrage, verra combien, — pour le même cheval monté par le même cavalier, — il est possible de modifier à toutes les allures, au trot et au galop notamment, l'ordre des appuis des membres, et leur position. De ces formes diverses d'une même allure, les unes sont évidemment plus avantageuses que d'autres. Des expériences scientifiques seules peuvent les déterminer, et le dressage doit les fixer.

Le cheval peut-il trouver tout seul les formes d'allures les moins fatigantes pour lui? En aucune façon, pas plus que le conscrit auquel on laisserait porter ses armes et son sac à sa fantaisie. Le cheval en liberté dans un champ sait fort bien se tirer d'affaire; mais par la présence d'un cavalier sur son dos, toutes ses allures deviennent artificielles, c'est-à-dire irrégulières, et c'est au cavalier à savoir les régulariser. S'il n'intervient pas, l'animal choisira la position lui semblant la moins fatigante pour l'instant, sans se préoccuper de l'usure future de certains membres qui en résultera pour lui. Le même animal qui, intelligemment monté, fournira dix ans de service sans aucune tare, en fera à peine cinq, et encore avec des tares nombreuses, compromettant sa solidité, s'il est mal monté.

Les séries photographiques de cet ouvrage décomposant les mouvements, présentent un intérêt ne pouvant échapper aux écuyers. Ce sont des documents que leur précision met à l'abri de la discussion. Ils montrent, pour la première fois, les modifications tout à fait profondes que l'équilibre détermine sur des formes d'allure considérées jusqu'ici invariables. Le même animal monté par le même cavalier va, suivant son équilibre, poser les deux membres du bipède diagonal, qui forme un des temps du trot, simultanément ou séparément. A la volonté du cavalier, ce sera l'antérieur ou le postérieur de ce diagonal qu'il posera le premier. A la volonté du cavalier encore, il rasera le tapis ou relèvera ses membres. Au galop, il aura des bases latérales ou n'en présentera pas. A la même allure, sa base unipédale postérieure deviendra bipédale, sa base tripédale deviendra quadrupédale, etc.

Ce ne sont pas les opinions, les opinions contradictoires notamment, qui manquent en équitation. Ce qui manque, ce sont des raisons basées sur des expériences scientifiquement conduites. On a cru pendant longtemps le trot assis moins fatiguant pour le cheval que le trot enlevé ; puis on admit au contraire le trot enlevé comme produisant moins de fatigue. Certains écuyers avancèrent qu'il est avantageux pour le cavalier de monter avec les étriers longs, d'autres, inversement prirent la défense des étriers courts. Baucher, après avoir recommandé au début de sa carrière l'usage exclusif du mors de bride, finit par le condamner et indiquer l'emploi exclusif du filet. Ayant d'abord conseillé l'emploi de la main droite et de la jambe droite pour tourner à droite, il préconise ensuite l'emploi de la main droite et de la jambe gauche, puis l'emploi de la main sans celui des jambes, etc. De savants écuyers croient que la pratique de l'équitation diagonale allonge l'étendue des foulées. D'autres écuyers non moins savants affirment qu'au contraire elle les restreint. Dans ce flot d'opinions antagonistes constituant l'équitation actuelle, où est la vérité? Et qui pourra nous la faire connaître en dehors des instruments scientifiques, les seuls soustraits aux préjugés et à l'erreur?

Je ne regrette nullement mes incursions sur un domaine qui n'est pas le mien, et où j'ai pu m'engager par conséquent sans apporter aucune idée préconçue, aucune théorie d'école. Au point de vue de la psychologie et de l'éducation, sur la façon de pénétrer dans la cervelle des êtres inférieurs, sur les moyens de transformer des mouvements conscients en mouvements inconscients, sur le mécanisme de la persuasion et de l'obéissance, le cheval m'a beaucoup appris. J'ai trouvé dans la fréquentation de ce silencieux compagnon non seulement une distraction puissante à des recherches fort différentes, mais encore une mine d'observations que je ne saurais trop recommander à l'attention des psychologues et des physiologistes. Quant aux écuyers, que les résultats pratiques seuls peuvent intéresser, j'espère qu'après avoir parcouru ce volume, ils seront convaincus de l'utilité des méthodes scientifiques pour leur fournir beaucoup de renseignements, qu'ils chercheraient vainement dans les ouvrages traitant de leur art.

L'ÉQUITATION ACTUELLE

ET

SES PRINCIPES

RECHERCHES EXPÉRIMENTALES

INTRODUCTION

L'ÉTUDE SCIENTIFIQUE DE L'ÉQUITATION

INSTRUMENTS ET MÉTHODE

Cet ouvrage est le simple exposé d'une série de recherches scientifiques nouvelles sur divers points de l'équitation et des conséquences pratiques que l'on peut en tirer.

L'équitation est restée jusqu'à présent un art, tout comme la musique et la sculpture. Or on n'apprend pas dans les livres la pratique des arts. Les sciences seules, en raison des principes définis sur lesquels elles reposent, peuvent à la rigueur s'enseigner dans les livres.

Précisément parce que l'équitation est restée un art, n'ayant d'autres guides que la fantaisie personnelle, l'instinct, le sentiment, la mode, ses règles sont changeantes et contradictoires. Il en fut de même pour l'alchimie jusqu'au moment où elle devint la chimie. Il en sera ainsi pour l'équitation, jusqu'au jour où des méthodes scientifiques auront établi ses bases d'une façon inébranlable.

Étant donné que l'homme monte à cheval depuis bien des siècles, et qu'il y a plus de deux mille ans Xénophon écrivait le premier traité d'équitation, il semblerait qu'au moins les principales règles concernant cet art devraient être fixées; cependant il n'en est rien. Les idées et les méthodes ont varié et varient encore d'une façon fondamentale non seulement d'un pays à l'autre, mais, dans le même pays, d'un professeur à l'autre[1]. Sur des questions de pratique, d'un intérêt capital pour la durée du cheval de guerre, telles, par exemple, que savoir si le trot enlevé est moins fatigant pour l'animal que le trot assis, il a fallu plus de cinquante ans de dissertations avant d'arriver à s'entendre. Depuis trente ans seulement la première des deux allures, rigoureusement proscrite autrefois dans notre armée, est devenue réglementaire.

La seule application faite jusqu'ici des méthodes scientifiques modernes à une des branches de l'équitation, les allures du cheval, fournit un exemple frappant de la facilité avec laquelle les méthodes scientifiques peuvent changer des opinions plusieurs fois séculaires.

Depuis les Égyptiens et les Chaldéens, c'est-à-dire depuis plusieurs milliers d'années, d'innombrables générations d'hommes avaient vu galoper des chevaux, et toutes les avaient vus galoper de la même façon, comme le prouvent les œuvres des peintres et des sculpteurs de divers pays. Un suffrage aussi universel à travers les civilisations et les âges semblait mettre ces œuvres à l'abri de la critique; et cependant il s'est trouvé que pendant des

1. On n'a pour s'en convaincre qu'à parcourir le volumineux ouvrage du capitaine Picard sur notre École de cavalerie de Saumur, on y verra que les idées et les méthodes d'enseignement y changent entièrement tous les dix ans, ou, pour être plus exact, toutes les fois que change la direction de l'École.

milliers d'années tous ces millions d'hommes, regardant uniquement avec leurs yeux, avaient mal vu. Des méthodes scientifiques appliquées à cette étude montrèrent aussitôt que des diverses positions, pourtant assez variées, pouvant être prises par le cheval au galop allongé, aucune ne se rapproche de celles qu'adoptèrent durant tant de siècles les sculpteurs et les peintres. Devant les résultats de la photographie instantanée, toute interprétation personnelle dut s'évanouir, et l'instrument scientifique a rectifié l'œil, à ce point qu'avec un peu d'expérience on voit aujourd'hui le cheval au galop tel que la science montre qu'il galope réellement. Une simple expérience scientifique ruina ainsi en un instant des notions établies depuis plus de trois mille ans et considérées comme indiscutables.

La tendance de l'esprit moderne, celle à laquelle sont dus ses plus manifestes progrès, est de confier autant que possible à des instruments, au lieu de l'abandonner à nos sens, la constatation des phénomènes. Les premiers, en effet, ne connaissent pas l'erreur, les seconds y sont exposés toujours.

Il est donc indispensable de remplacer par des méthodes scientifiques les évaluations toutes de sentiment, et partant fort contradictoires, ayant cours chez les hommes de cheval, et qui font de l'équitation le plus incertain et le plus changeant des arts. Telle méthode de dressage, déclarée excellente par un écuyer, est considérée comme détestable par un autre. Le premier affirmera avec conviction qu'elle donne du perçant à un cheval et le rend obéissant, le second soutiendra avec non moins de conviction qu'elle lui enlève tout perçant et le rend rétif. Aucun des deux, bien entendu, n'a jamais essayé de donner un argument scientifique à l'appui de ses assertions. Le même vague dans les appréciations s'observe d'ailleurs pour tout ce qui concerne les diverses modifications que peut éprouver le cheval, la légèreté aux aides, par exemple. Des expressions comme celles-ci : un cheval très léger aux mains et aux jambes, assez léger, pas léger, sont aussi dépourvues de précision que celles par lesquelles on évaluait la température avant l'invention du thermomètre; une température très froide pour l'un était modérément froide pour un autre. La précision naît, et les changeantes explications uniquement basées sur le sentiment s'évanouissent, lorsqu'apparaît l'instrument exact dont les indications sont aussi nettes que celles du thermomètre. Alors, et seulement alors, ce qui était un art peut devenir une science.

A la suite de nombreux voyages, après avoir été obligé de monter, et par conséquent d'observer, bien des chevaux différents, après avoir entendu soutenir dans des pays divers, et souvent aussi dans le même pays, les opinions équestres les plus dissemblables, l'auteur de cet ouvrage s'est demandé s'il ne serait pas possible de trouver des méthodes précises permettant de jeter quelque clarté dans ce labyrinthe d'opinions contradictoires. Il s'est alors souvenu de ses travaux de laboratoire, souvenu aussi que les instruments scientifiques seuls peuvent voir les choses comme elles sont, et donner aux théories une base indiscutable.

C'est par des méthodes exclusivement scientifiques qu'ont été abordées dans cet ouvrage diverses questions sur lesquelles les professeurs et les livres avaient fourni des renseignements contradictoires. Appliquées pendant longtemps sur plusieurs chevaux, ces méthodes ont conduit à des résultats pratiques d'un intérêt évident, mais bien souvent opposées aux prescriptions classiques.

Les conseils dictés par les instruments et par l'analyse des phénomènes étaient souvent, en effet, le contre-pied exact de ce qui s'enseigne encore en France dans la plupart des manèges.

Voici, comme exemple, quelques indications relatives à une allure des plus étudiées et des plus employées : le trot enlevé. Allonger les étriers et non les raccourcir; avoir le corps vertical et non le porter en avant; avoir les pieds tournés en dehors et non tournés en dedans; maintenir les avant-bras fixés au corps et non les coudes; obtenir la fixité de l'assiette par une certaine position du pied, etc. Nos conclusions générales sur l'équitation, déduites de l'application des méthodes scientifiques, sont le plus souvent fort révolutionnaires. Elles montrent la nécessité de donner comme base du dressage du cheval et du cavalier certaines lois psychologiques fondamentales.

Le nombre des personnes appelées à pratiquer l'équitation se chiffre par centaines de mille. Avec les conditions de la guerre moderne, avec l'obligation pour tous les officiers d'infanterie d'être montés à partir du grade de capitaine, avec la nécessité d'avoir une nombreuse cavalerie de réserve, l'équitation n'est plus un art de luxe, mais un art essentiellement démocratique et d'utilité nationale.

Je souhaite voir plus d'un expérimentateur s'engager dans la voie que j'ai essayé d'ouvrir. Elle est trop féconde pour ne pas donner une riche moisson. Il s'en faut que le sujet soit épuisé; c'est à peine si nous l'avons effleuré. Nous n'avons fait que toucher à des questions que bien des générations de physiologistes, de mathématiciens, de psychologues et d'écuyers pourront traiter pendant longtemps encore avant que l'étude en soit achevée.

Notre but sera rempli si nous sommes parvenus à montrer que l'équitation, considérée jusqu'ici comme un art très empirique, peut être étudiée à l'aide de ces méthodes précises ayant donné aux connaissances modernes des bases inébranlables.

Les méthodes d'investigation auxquelles nous avons eu recours ont pour base l'enregistrement automatique des phénomènes. Ils fournissent les faits qu'il suffit ensuite d'interpréter. Je me borne ici à citer les divers instruments dont j'ai fait usage, avec les applications de chacun d'eux.

Chronographe enregistreur. — Cet instrument, très connu des personnes s'occupant de courses, est une sorte de montre marquant les minutes, les secondes et les cinquièmes de seconde. Il suffit d'appuyer sur un bouton pour mettre l'instrument en marche, et pour l'arrêter : les aiguilles, rendues alors immobiles, indiquent en minutes, secondes et fractions de secondes, le temps pendant lequel l'instrument a fonctionné, c'est-à-dire le temps écoulé entre le commencement et la fin d'un phénomène; par exemple, le temps mis par un cheval pour franchir une certaine distance.

Cet instrument m'a rendu de nombreux services et permis de mesurer, notamment, les variations de vitesse au pas et au trot, non seulement sous l'influence du dressage, mais encore sous celle de divers facteurs tels que les pentes du terrain parcouru, l'équilibre de l'animal, son régime, sa nourriture, etc.

Roulette métrique. — Simple ruban gradué de 25 ou de 30 mètres enroulé dans une boîte en cuir très légère constituant le complément nécessaire du chronographe. Il sert, en effet, à mesurer les distances, alors que l'instrument précédent indique le temps employé à les franchir. On n'a pas toujours à sa disposition des bornes kilométriques, et souvent on trouvera avantage à faire ses expériences dans des chemins peu fréquentés. Avec la roulette métrique on étalonnera une fois pour toutes, en quelques minutes, 100, 200 ou 300 mètres jalonnés par des piquets tous les 25 mètres. La précision du chronographe permet de se contenter de faibles distances. J'ai fait la plupart de mes expériences dans une allée retirée du parc de Saint-Cloud, voisine de Garches, dont j'avais ainsi mesuré la longueur.

Dynamomètres. — Le dynamomètre peut être également fort utile. Il permet de mesurer avec précision le degré plus ou moins grand de légèreté du cheval aux mains et aux jambes, et de constater ainsi jour par jour le progrès du dressage. Il est bien visible, par exemple, que lorsque pour arrêter en 10 mètres, au galop, un cheval marchant à une vitesse donnée, on a besoin d'une certaine traction marquée sur l'instrument, et qu'on arrive progressivement à réduire, on aura des résultats faciles à apprécier ne prêtant guère à l'illusion. Le même instrument m'a servi à mesurer la pression du pied sur l'étrier suivant la position de la jambe, la répartition du poids du cavalier sur la selle et l'étrier, etc.

Le dynamomètre dont j'usai pour les expériences consignées dans cet ouvrage se composait de lames parallèles embrassant un ressort elliptique dont l'écrasement est indiqué, sur un cadran gradué, au moyen d'une aiguille et d'un index. Ce dernier, déplacé par l'aiguille, marque après l'expérience la pression maxima subie par l'instrument. On place ce dynamomètre, suivant les besoins, soit entre les genoux et la selle, soit entre l'étrier et le pied, soit entre les rênes et la main. Je ne le décris pas plus longuement, parce qu'il est médiocrement pratique, et que, si j'avais à recommencer mes expériences, je ferais construire un autre instrument. Pour la traction sur la bouche je préférerais faire usage de ces pesons cylindriques à ressort d'origine anglaise, qu'on trouve dans les bazars pour un prix insignifiant. Il suffirait d'y faire ajouter un index mobile pouvant indiquer, quand l'appareil est revenu au repos, le maximum de traction qu'on lui a fait subir. Le crochet et l'anneau, dont l'instrument est muni à ses extrémités, permettent de le fixer au mors de bride ou de filet.

Avec des dynamomètres à anneaux, installés sur les mors de bride et de filet, ce qui implique par conséquent quatre dynamomètres, il y aurait à exécuter des recherches scientifiques intéressantes.

L'emploi des dynamomètres simplifierait énormément une des parties les plus difficiles de l'enseignement de l'équitation, celle consistant à donner à l'élève une main légère, c'est-à-dire une main n'employant juste que le degré de force nécessaire. Étant donné un cheval quelconque à une allure déterminée, et le professeur ayant expérimentalement constaté le degré de traction nécessaire pour arrêter l'animal à cette allure, dans un espace donné, en employant convenablement les mains et les jambes, l'élève verra par lui-même de combien il a dépassé cette traction, et recommencera jusqu'à ce qu'il l'ait réduite au chiffre nécessaire. Naturellement, s'il s'agisait d'animaux qu'on arrête par l'action des jambes, ou simplement à la voix, et dont la bouche est infiniment sensible, les indications de l'instrument seraient peu utiles, mais nous sommes si loin de l'époque où de tels chevaux se rencontreront fréquemment en France, qu'il n'y a pas lieu de s'en préoccuper.

Appareil photographique. — La photographie instantanée constitue le seul procédé précis pour fixer la position des membres du cheval pendant les diverses phases des allures. Elle fournit également les moyens de constater avec netteté les modifications d'allures obtenues par le dressage.

Pour l'étude des allures, il est nécessaire de faire usage d'un appareil donnant au moins 12 images par seconde. Il est indispensable en outre que l'appareil soit portatif afin de pouvoir opérer en plein air et non dans une enceinte fermée où l'animal, obligé de tourner sans cesse, prend forcément des allures très artificielles. Ces appareils fort rares quand je fis mes premières recherches sont très répandus aujourd'hui. Leur emploi nous permit de faire un nombre considérable de photographies dont notre atlas ne reproduit qu'une partie. Grâce à elles, nous avons pu reprendre entièrement l'étude des allures, et surtout montrer expérimentalement, pour la première fois, à quel point elles sont modifiées par l'équilibre imposé au cheval.

Appareils enregistreurs ordinaires. — Je ne mentionne ces appareils que pour mémoire et pour conseiller de n'y pas avoir recours. Bien que très familiarisé avec leur emploi, puisque j'en ai fait construire plusieurs et consacré jadis un volume à leur étude, j'ai reconnu que les résultats fournis par ces appareils, de même que par la méthode des empreintes, sont tellement inférieurs à ceux fournis par les séries cinématographiques, qu'il n'est plus possible d'en faire usage. Leur utilisation était acceptable à l'époque où nous ne possédions pas les moyens d'obtenir, en de très courts intervalles, assez de photographies pour décomposer les allures.

Monographie du cheval. — Tous ces instruments permettront à l'écuyer qui dresse un cheval de faire sa monographie, d'une façon qui renseignera bien vite sur la valeur des divers procédés de dressage employés, les modifications à apporter suivant l'espèce des chevaux, etc. Lorsqu'un certain nombre de ces monographies auront été publiées, l'art du dressage sera appuyé sur des bases indiscutables.

LIVRE I

EXAMEN CRITIQUE DES MÉTHODES D'ÉQUITATION MILITAIRE ADOPTÉES DANS DIVERSES CONTRÉES

CHAPITRE I

L'ÉQUITATION MILITAIRE EN ALLEMAGNE, EN ANGLETERRE EN AUTRICHE ET EN ITALIE

§ 1. *L'Équitation en Allemagne.* — Étendue de l'instruction des simples cavaliers. Origines françaises de l'équitation allemande. Comparaison entre le cheval bien dressé et le cheval sommairement dressé. — § 2. *L'équitation en Angleterre.* — En quoi l'équitation militaire anglaise est supérieure à l'équitation militaire allemande. Dressage du cheval en haute école par les simples cavaliers. — § 3. *L'équitation en Autriche.* — Points sur lesquels l'équitation autrichienne diffère de l'équitation allemande. — § 4. *L'équitation en Italie.* — Persistance de l'influence de Baucher.

§ 1. — L'Équitation en Allemagne.

Les recherches scientifiques exposées dans cet ouvrage nous ayant conduit à des règles pratiques fort différentes de celles adoptées en France, et parfois très conformes à celles enseignées dans d'autres pays, il nous a paru utile d'examiner ici, d'après les observations faites dans nos voyages et les règlements officiels, les principes équestres adoptés dans diverses contrées.

Ces principes sont toujours utiles à connaître, ne fût-ce

que pour suggérer des expériences scientifiques destinées à s'assurer de leur valeur.

Pour connaître les principes d'équitation adoptés dans un pays, il faut étudier nécessairement son équitation militaire. Elle seule possède des règles fixes, un corps de doctrines, des traditions, des livres écrits par des hommes instruits. L'équitation civile n'est d'ailleurs le plus souvent qu'une copie plus ou moins affaiblie de l'équitation militaire. Une étude préalable des principes d'équitation adoptés dans quelques grandes cavaleries de l'Europe, était donc indispensable pour saisir les divergences existant entre les divers systèmes d'équitation.

L'art de se tenir solidement à cheval, l'art de manier habilement le cheval, et enfin l'art de dresser le cheval, constituent l'équitation. Le premier s'acquiert spontanément par la pratique, les deux autres ne peuvent s'apprendre que par une éducation spéciale.

Par le fait seul de monter fréquemment à cheval, la solidité s'obtient d'une façon instinctive. Un palefrenier quelconque possède cette solidité sans avoir jamais reçu d'autre enseignement que celui de la pratique. Mais ce n'est jamais, quoi qu'on puisse dire, par la seule pratique et d'une façon purement instinctive, que peut s'acquérir l'art de manier le cheval assez habilement pour obtenir le maximum de résultats avec le minimum d'efforts pour l'animal et pour l'homme. Ce n'est pas non plus d'une façon instinctive que peut s'apprendre l'art de dresser le cheval, c'est-à-dire de l'assouplir et de le rendre obéissant à toutes les exigences du cavalier. Les moyens conduisant à ce double but sont le fruit de plusieurs siècles d'expériences et de traditions, et ne sauraient se transmettre que par l'enseignement.

Les procédés actuels d'équitation et de dressage présentent de nombreuses divergences; mais, dans les grandes lignes, on peut les ramener à deux méthodes fondamentales que je dois exposer d'abord brièvement pour mettre le lecteur au courant de la question.

Pour simplifier le langage, je les désignerai par les noms de méthode française et de méthode allemande, tout en sachant parfaitement qu'elles n'ont ni l'une ni l'autre une origine particulièrement allemande ou française.

Ces méthodes sont très clairement expliquées dans deux ouvrages[1] adoptés officiellement pour l'enseignement de l'équitation dans la cavalerie allemande et dans la cavalerie française. Il suffit de les parcourir pour voir que les deux systèmes sont assez dissemblables.

L'enseignement de l'équitation dans la cavalerie allemande comprend, pour les *simples cavaliers* aussi bien que pour les officiers, non seulement les principes élémentaires de l'équitation courante, mais en outre tout ce qu'on enseigne habituellement sous le nom de haute école[2]. C'est ainsi que le cavalier apprend, outre la mise en main à toutes les allures, les changements de pied et les pirouettes au galop, le travail sur deux pistes au pas, au trot et au galop, le galop à faux, le petit galop rassemblé,

1. *Règlement sur les exercices de la cavalerie française* (décret de 1882); 2 vol. in-18; Paris, 1889.

Manuel d'équitation de la cavalerie allemande (adopté « à l'exclusion de tous les autres écrits sur le même sujet », par ordre de l'empereur). Traduction française, 2 vol.; Paris, 1888.

2. Il ne faut pas comprendre dans l'équitation de haute école les tours qu'on voit dans les cirques et qui sont absolument dépourvus d'intérêt pratique, comme obliger un cheval à se mettre à genoux, à marcher debout sur les pieds de derrière, etc. « La belle et bonne haute école, écrit avec raison un de nos plus savants écuyers, le général Bonnal, réside surtout dans le travail de deux pistes aux trois allures normales. »

les voltes et les huit de chiffres au galop, etc. Ces exercices sont enseignés surtout pour instruire le cavalier et assouplir le cheval, mais aussi parce que tous ces mouvements sont considérés comme indispensables dans le combat individuel. Si l'on voulait établir un combat au sabre en champ clos entre quatre cavaliers ne connaissant que les principes de l'équitation élémentaire, et un cavalier assez maître de son cheval pour lui faire exécuter des pirouettes au galop, des appuyés, des voltes raccourcies, etc., ce cavalier exercé pourrait se défaire successivement de ses quatre adversaires sans recevoir la plus légère blessure.

La lecture du traité officiel d'équitation allemande montre vite que ses principes dérivent des méthodes créées par les anciens écuyers français, et que nous avons abandonnées. La volumineuse partie de l'ouvrage allemand qui traite du dressage semble avoir été écrite par un élève de Baucher.

Le haut degré d'instruction de la cavalerie allemande a été constaté par tous les officiers qui l'ont vue manœuvrer. Voici comment s'exprime à ce sujet un officier supérieur français, auteur de la remarquable étude publiée en 1886 par le *Spectateur militaire* sous ce titre : *Manœuvres militaires impériales en Alsace* : « La cavalerie « allemande dépasse en savoir-faire, audace, entrain, *rapi-* « *dité* et sûreté d'exécution, tout ce que l'on peut imagi- « ner. Elle réalise l'idéal pour le cavalier sans parti pris. »

L'auteur attribue cette grande supériorité à la perfection du dressage du cavalier et du cheval, et il lui semble évident qu'avec un dressage convenable « la rapidité et la sûreté de manœuvre de la cavalerie allemande pourraient être atteintes par notre cavalerie ».

Les immenses progrès réalisés par la cavalerie allemande sont dus principalement au général Schmidt, puissamment patronné par le prince Frédéric-Charles. S'inspirant des méthodes de nos compatriotes il fit comprendre l'importance des assouplissements et de la position de la tête, et montra que pour obtenir les allures rapides, « objet final de l'instruction », appelées volontiers aujourd'hui en France l'équitation perçante, l'équitation large, il était indispensable que le cheval fût d'abord, par une gymnastique spéciale pratiquée à de très petites allures, assoupli, convenablement équilibré, et capable avant tout de pouvoir tomber instantanément en main à la volonté du cavalier. Il avait parfaitement compris que ces allures courtes et relevées sont mères des allures allongées.

Beaucoup de cavaliers civils, imitant en cela ce qui se fait dans notre armée, semblent considérer le dressage complet du cheval, — dressage ne demandant pourtant que quelques semaines, — comme chose superflue. Il ne sera donc pas inutile, pour bien marquer la différence des deux équitations, allemande et française, d'examiner en quoi le cheval bien dressé diffère de celui n'ayant reçu qu'une éducation sommaire, et quels avantages réels résultent du dressage.

Le cheval à l'état naturel se porte surtout sur l'avant-main. Il exagère encore cette tendance quand il supporte le poids d'un cavalier, ce qui diminue sa solidité et l'expose aux chutes en avant. Dans le dressage, on arrive à un équilibre nouveau en rapport avec la destination nouvelle de l'animal, qui est de porter un cavalier au lieu de passer son temps à brouter. En relevant l'encolure et en fléchissant la tête par une gymnastique spéciale, le poids de l'avant-main est reporté sur le centre et l'arrière-main de l'animal, et sa solidité s'en trouve très accrue. En outre, comme, suivant le travail demandé au cheval, il est nécessaire qu'il surcharge tantôt son avant-main, tantôt son arrière-main, ou répartisse également l'effort sur ses deux extrémités, on le met en état de modifier son

Fig. 1. — Allure au trot du cheval non assoupli par le dressage.
(D'après le *Manuel d'équitation de la cavalerie allemande.*)

équilibre au gré du cavalier. Ce dernier pourra alors, dans l'allure de promenade, obliger le cheval à répartir également son poids sur l'avant-main et l'arrière-main. Dans le galop de charge, il surchargera l'avant-main; dans le petit galop rassemblé, il surchargera au contraire l'arrière-main, et tout cela sans fatigue pour le cheval.

Avec le nouvel équilibre donné par le dressage, le cheval modifie entièrement ses allures. Au lieu d'un pas traînant, d'un trot sec et court, d'un galop dur et précipité, il a un pas rapide et cadencé, un trot allongé sans réactions désagréables, un galop très doux dont la vitesse est exactement graduée par la volonté de celui qui le monte. Mais ce n'est pas tout. En même temps que le dressage a modifié les allures de l'animal, il l'a rendu très léger aux aides, c'est-à-dire très obéissant aux plus

Fig. 2. — Allure que peut prendre au trot le cheval assoupli par le dressage. (D'après le *Manuel d'équitation de la cavalerie allemande.*)

légères indications de la main ou des jambes ; il lui a appris à pouvoir se mettre en main à toutes les allures, ce qui signifie que l'animal a les articulations du cou très assouplies, la tête verticale, la mâchoire inférieure prête à céder à la moindre action des rênes. A cette phase de son éducation, l'animal travaille sans contracter inutilement ses muscles, sans gêne, sans perte de forces; il produit par conséquent le maximum d'effet utile avec la moindre dépense possible de forces. Son obéissance aux aides est telle que, suivant l'ingénieuse expression du traité d'équitation allemande, il suffit que le cavalier pense au mouvement qu'il veut exécuter pour l'obtenir. Le général von Schmidt dit donc avec raison que « l'on peut tout faire dès que le cheval est léger à la main. S'il en est autrement, le cavalier ne peut pas se servir de son arme ». Cela paraît indiscutable à tout cavalier un peu expérimenté; mais cette évidence ne semble pas près de s'imposer dans notre armée, à en juger par les chevaux que montent nos soldats.

Avec le cheval bien dressé, la fatigue du cavalier et les chances d'accidents sont réduites à leur minimum. Elles sont portées à leur maximum avec le cheval sommairement dressé. Sur un animal bien dressé, le cavalier peut, étant au trot ou au galop, tourner brusquement, même à faux, sans chances de chute, ne pas modérer son allure dans les descentes, arrêter brusquement son cheval lancé au galop si un obstacle imprévu surgit, déplacer l'animal parallèlement à lui-même, de manière à passer entre des obstacles pour peu qu'il y ait juste la place. Des défenses inopinées produites par un accident imprévu, il a peu à craindre, car, grâce à l'obéissance du cheval aux jambes et aux mains, elles sont réprimées immédiatement. Que le cheval s'arrête devant un obstacle, veuille ruer, se cabrer, le cavalier le paralyse immédiatement en l'obligeant à exécuter une pirouette ou partir au galop sur deux pistes, c'est-à-dire parallèlement à lui-même; et tout cela, je le répète, sans fatigue pour le cheval ni pour l'homme, et avec la certitude de conserver l'animal sans infirmités bien plus longtemps que s'il n'eût pas été dressé.

Il faut insister sur ce dernier point car bien des écuyers qualifient volontiers d'équitation de cirque une telle gymnastique du cheval, et ont fini par croire, à force de le répéter, qu'elle use l'animal. C'est absolument comme si l'on accusait la gymnastique humaine d'user les muscles qu'elle est destinée à fortifier.

Chez le cheval, comme chez l'homme, la gymnastique, une des bases du dressage, developpe et au contraire les muscles et permet de faire aisément, sans dépense inutile de forces, des mouvements ne s'obtenant d'abord que lourdement et avec fatigue. Dresser un cheval, c'est, je le répète, et j'aurai occasion d'y revenir encore, prolonger sa durée, parce que cela réduit pour lui la somme d'efforts dépensée dans chaque travail et les chances d'accidents.

Bien que le dressage du cheval soit une opération assez rapide, puisqu'il peut aisément être terminé en deux mois, il demande beaucoup d'intelligence.

En Allemagne, le dressage a acquis une telle importance, qu'il n'est confié, d'après les instructions, qu'aux officiers, et exceptionnellement à des sous-officiers possédant une aptitude spéciale.

§ 2. — L'équitation en Angleterre.

L'équitation dans l'armée anglaise repose sur les mêmes principes qu'en Allemagne; mais le temps de service durant beaucoup plus, l'habileté des cavaliers est naturellement plus grande. Les simples soldats dressent eux-mêmes leurs chevaux sous la direction d'un instructeur. Je recommande à ce sujet le passage suivant de l'instruction officielle anglaise[1] :

1. L'ouvrage officiel destiné à régler l'enseignement de l'équitation dans l'armée anglaise a pour titre : *Régulation for the Instruction and Movements of Cavalry* (Londres, 1885). L'équitation anglaise se rapprochant beaucoup de l'équitation allemande, j'aurais aussi bien pu, dans le paragraphe précédent, dire équi-

« Les meilleures leçons d'équitation sont acquises par le dressage du jeune cheval, que le cavalier doit entreprendre sous une direction convenable, aussitôt qu'il y est préparé par de précédents exercices avec des chevaux dressés. *Il doit dresser entièrement le cheval qu'il montera*

Fig. 3. — Tenue à cheval du cavalier anglais.

définitivement ensuite. Cette observation est aussi bien applicable aux officiers qu'aux soldats. C'est ainsi que s'établit entre l'homme et le cheval un mutuel attachement qui ne saurait être trop encouragé. »

tation anglaise qu'équitation allemande, si je n'avais préféré citer l'ouvrage allemand, qui est le seul traduit en français. J'ajouterai que, pour tous les renseignements relatifs à l'équitation anglaise, j'ai eu recours à l'inépuisable obligeance de mon éminent ami le général A. Lyttelton Annesley, un des officiers les plus distingués de l'armée anglaise.

Le dressage du cheval en Angleterre est conduit, par de simples cavaliers, aussi loin qu'il l'est en Allemagne

Fig. 4. — Position de l'amazone anglaise [1].

La martingale et l'usage exclusif de la bride exigent une main très sûre pour n'être pas d'un emploi dangereux.

par les officiers, c'est-à-dire jusqu'aux raffinements de la

1. Cette photographie fut envoyée à l'auteur de cet ouvrage par une amazone accomplie, S. M. la reine Maud, de Norwége, sœur du roi d'Angleterre. Elle représente la très gracieuse souveraine.

haute école, considérés, dans les deux pays, comme la base de l'équitation. Il suffit de jeter un coup d'œil sur les dessins du manuel officiel représentant les exercices compliqués que doit exécuter le cavalier anglais dans le manège pour être fixé sur le degré de dressage du cheval.

L'éducation équestre du cavalier me semble du reste poussée plus loin encore en Angleterre qu'en Allemagne. Dans les notes qu'il a bien voulu me transmettre, le général Annesley caractérise de la façon suivante les deux équitations : « En Angleterre, le dressage du cavalier est poussé assez loin pour qu'il puisse monter tous les chevaux ; en Allemagne, le dressage du cheval est poussé jusqu'au point où il peut être monté par tous cavaliers. ».

Par suite d'un préjugé dont il est difficile de voir l'origine, beaucoup de personnes s'imaginent en France que le cavalier civil anglais monte d'une façon rappelant l'équitation des jockeys, avec l'exagération de tous leurs défauts. On rencontre bien parfois, en effet, dans les parcs de Londres, quelques commis de magasin montant de la sorte ; mais il n'est pas plus permis de juger l'équitation d'un pays d'après de tels spécimens que de juger la nôtre d'après les « cavaliers du dimanche » rencontrés au bois de Boulogne. Je n'ai jamais vu d'Anglais appartenant à la bonne société monter autrement que les officiers de l'armée, c'est-à-dire avec autant d'élégance que de correction.

§ 3. — L'équitation en Autriche.

L'équitation en Autriche diffère sur plusieurs points importants de l'équitation allemande et anglaise. Le ramener de la tête, les pirouettes, les appuyer sont exigés comme en Allemagne, mais on insiste moins sur les raffinements de haute école. L'engagement des postérieurs est demandé par l'allongement de l'allure et non par le rassembler. On insiste beaucoup plus qu'en Allemagne sur le travail en terrains variés, c'est-à-dire dans des chemins difficiles, coupés d'inégalités de toutes sortes, de fossés, de pentes abruptes que l'animal doit monter et descendre, les rênes toujours à peu près flottantes. On remplace ainsi la souplesse que donne le travail de haute école par celle forcément créée par les exercices difficiles que je viens de mentionner. Les deux méthodes doivent conduire au même résultat; une statistique détaillée pourrait seule indiquer celle qui donne le moins d'accidents. La seconde n'est possible d'ailleurs, sans inconvénients, qu'avec un cheval déjà un peu assoupli par le dressage.

§ 4. — L'équitation en Italie.

Jusqu'à ces dernières années, l'équitation italienne se rapprochait beaucoup de l'équitation allemande, et s'inspirait des principes de Baucher. Les cavaliers étaient très adroits, la cuisse bien descendue, le genou fixe, la jambe près et en arrière. Les partisans de l'équitation dite perçante reprochaient aux Italiens, comme aux Allemands, d'abuser un peu de l'équitation rassemblée.

Ce reproche n'a plus aucune raison d'être formulé aujourd'hui. L'art équestre italien est devenu très hardi, on oblige le cheval à passer dans les chemins les plus difficiles, et descendre des pentes où un piéton aurait de la peine à garder son équilibre.

Je ne puis, faute de documents, m'étendre longuement sur la transformation de l'équitation italienne depuis quelques années. Mon éminent ami, le prince Giovanni Borghèse, m'a plusieurs fois répété que les principes exposés dans les premières éditions de cet ouvrage avaient eu beaucoup d'influence sur l'enseignement de l'équitation en Italie.

Les élèves cavaliers ont pour s'instruire en Italie deux écoles très différentes, l'ancienne école de Pignerol et l'école pratique de Tor-di-Quinto. Cette dernière, créée en 1891, ne fait que de l'équitation de campagne et a pour but d'amener le cheval à circuler à toutes les allures dans les terrains accidentés et difficiles si fréquents dans la campagne romaine. C'est là évidemment une équitation excellente, mais qui, paraît-il, use assez vite les chevaux. Les montures les plus employées viennent d'Irlande. Les pur sang sont assez rarement utilisés.

CHAPITRE II

L'ÉQUITATION MILITAIRE EN FRANCE

Absence de méthode. — État sommaire du dressage du cheval et de son cavalier. — Usure rapide du cheval sommairement dressé. — Raisons générales de l'insuffisance de nos cavaliers militaires. — Défaut d'instructeurs.

Tandis que les méthodes étrangères poussent aussi loin que possible le dressage du cheval et du cavalier, et exigent que ce dernier connaisse à fond les finesses de la haute école, la méthode française réduit à sa plus simple expression l'éducation du cheval et du cavalier. Elle ne demande à celui-ci que de la solidité. Par une sorte de contagion mentale, cette méthode a passé des militaires dans le civil, et l'équitation sommaire, qu'on suppose, tout à fait à tort, d'origine anglaise, est aussi générale aujourd'hui en France chez les civils que chez les militaires.

Les méthodes d'équitation réglementaires dans notre cavalerie diffèrent de celles en usage dans les diverses cavaleries dont j'ai précédemment parlé. Alors que depuis vingt ans les instructeurs des diverses cavaleries de l'Europe ont considérablement affiné le dressage de leurs chevaux et de leurs cavaliers, les nôtres se sont gardés de toute évolution analogue, et ils semblent le proclamer avec fierté. Après avoir hardiment déclaré « superflu, sinon impossible de prétendre enseigner au soldat des finesses d'équitation », le règlement a soin de remarquer[1] que « les seules innovations apportées depuis un siècle dans la pratique de l'équitation consistent dans l'adoption du trot enlevé et de la conduite à deux mains ».

En ce qui concerne le trot enlevé, il n'y a rien à dire, sinon qu'il est bizarre d'avoir attendu si longtemps pour découvrir ce que tout le monde à l'étranger admettait depuis plus de cinquante ans : que le trot enlevé pratiqué avec méthode fatigue moins le cavalier et le cheval que le trot assis. Quant à la substitution de la conduite à deux mains à la conduite à une main, elle ne peut que prouver l'insuffisance véritablement excessive du dressage du cheval et du cavalier. Cette conduite du cheval à deux mains parut cependant tellement importante aux rédacteurs des instructions, qu'ils y reviennent constamment. « Cette position à deux mains, est-il dit (p. 72) doit être habituelle au cavalier ne faisant pas usage de son sabre » ; et comme le cavalier ainsi habitué à conduire à deux mains doit être forcément bien peu expérimenté, quand le port du sabre l'oblige à conduire à une main, on a soin de lui expliquer (p. 49) comment, même avec le sabre, il peut conduire à deux mains.

Les Anglais qui ne passent pas précisément pour des cavaliers médiocres, professent, comme les Allemands, une opinion diamétralement contraire. « Une complète connaissance de l'équitation militaire, est-il dit dans l'instruction anglaise, est nécessaire au cavalier, afin qu'étant capable de gouverner le cheval avec les jambes et la main de bride, il puisse avoir la main droite parfaitement libre pour l'usage de ses armes[2]. »

1. *Loc. cit.*, t. 1er, p. 50.
2. *Regulations for the Instruction and Movements of Cavalry*. p. 1 : Londres, 1885.

Pas plus que les Allemands, les Anglais ne considèrent les finesses de l'équitation, comme le prétendent nos instructeurs, « superflues, sinon impossibles pour le simple soldat ». Elles sont au contraire considérées comme indispensables. La divergence entre notre système et celui des Anglais et des Allemands est, comme on le voit, tout à fait complète.

Les auteurs de l'*Instruction* pour notre cavalerie n'ont cherché évidemment qu'à donner beaucoup de solidité au cavalier en sacrifiant tout le reste, et, grâce à l'exercice prolongé de l'équitation sans étriers, ils y arrivent; mais, en dehors de la solidité, l'éducation de nos cavaliers est tout à fait sommaire. Le plus compliqué des exercices consiste à leur faire faire de grands huit de chiffres. Comme ce serait sans doute trop difficile au galop, même à deux mains, l'*Instruction* (t. II, p. 65) a soin de dire que « les changements de main ne s'exécutent qu'au pas et au trot ». On se demande ce que deviendrait le cavalier ainsi éduqué, les deux mains embarrassées par les rênes, dans le cas du combat individuel dont je parlais plus haut.

Il ne faut pas croire que l'insuffisance extrême de cette éducation équestre des cavaliers francais, et du dressage de leurs chevaux, n'ait pas frappé nos officiers. Le savant rédacteur des leçons du commandant Dutilh, ancien écuyer en chef à l'École de Saumur, s'exprime ainsi : « L'absence presque totale de chevaux véritablement justes dans leur obéissance, soit aux rênes, soit aux jambes, se fait cruellement sentir dans la plupart de nos escadrons, et elle constitue une grosse difficulté pour les officiers.... » Et il conclut en constatant la nécessité de « relever notre cavalerie de la place d'infériorité que plusieurs auteurs lui attribuent actuellement vis-à-vis de certaines cavaleries étrangères ([1]) ».

Je n'ai pas besoin d'ajouter que l'enseignement sommaire de l'équitation dont je viens de parler, ne s'applique dans notre armée qu'à l'éducation des simples soldats. Nos officiers reçoivent à Saumur une éducation tout autre, formant le plus souvent d'excellents cavaliers.

Naturellement le dressage du cheval de guerre français est tout aussi rudimentaire que celui de son cavalier. Il comprend simplement, d'après l'instruction, le travail à la longue aux trois allures, la leçon de l'éperon et les sauts d'obstacles. Les assouplissements de l'avant-main et de l'arrière-main qui transforment le cheval, comme la gymnastique change un lourd paysan breton à la démarche traînante en un agile et vigoureux chasseur à pied, et qui sont si longuement expliqués dans le livre allemand, ne sont même pas mentionnés dans nos deux volumes d'*instructions*. On pourrait croire tout ce qui concerne l'équitation et le dressage écrit il y a plus de soixante ans. Sans doute les cavaliers de Napoléon avaient une éducation tout aussi sommaire, mais leurs adversaires n'en avaient pas une meilleure[2]; et, avec les charges par masses et à petite distance, elle était suffisante. Les Allemands ont parfaitement compris qu'avec les conditions de la guerre actuelle, ces principes élémentaires étaient

1. *Dressage du cheval de guerre et de chasse*, p. 137 ; 1888.

2. On peut juger du degré d'instruction de la cavalerie allemande à cette époque par l'anecdote suivante rapportée par le général allemand Marwitz. Pendant l'armistice de 1813, ce général fit exécuter à son régiment deux charges devant le roi. Dans les deux charges les quatre escadrons ne purent maîtriser leurs chevaux, qui s'emballèrent et allèrent se jeter à toute vitesse contre les murs de la ville. « Il est heureux que ces murs soient aussi solides, » dit philosophiquement le souverain.

trop imparfaits pour qu'il ne fût pas périlleux de s'y renfermer.

Nous avons montré plus haut les avantages du cheval dressé tel que l'exigent les Anglais, les Allemands et la plupart des peuples de l'Europe. Nous devons maintenant faire voir les inconvénients du cheval sommairement dressé dont se contente notre cavalerie.

A l'état de nature, le cheval, animal herbivore, habitué à brouter, tient la tête horizontale ou inclinée en avant; quand il trotte au galop, il charge son avant-main, ce qui n'a d'ailleurs aucun inconvénient pour lui tant qu'il n'a aucun poids sur le dos.

Lorsqu'on le monte, comme aujourd'hui en France, avec un dressage rudimentaire, consistant simplement à lui apprendre à supporter le mors et le poids d'un cavalier et à tourner à droite ou à gauche quand on tire les rênes correspondantes, ses allures naturelles ne sont pas modifiées, mais simplement gênées. Son avant-main, déjà chargée par la position naturelle du cou allongé, se trouve encore surchargée par le poids du cavalier, surtout lorsque ce dernier se penche en avant, comme c'est l'habitude au trot enlevé. L'animal fatigue très vite alors ses membres antérieurs et butte facilement au premier obstacle. En outre, son trot est dur et inégal, son galop très pénible. Son arrière-main n'ayant subi aucune gymnastique spéciale, il ne peut tourner que dans un grand cercle, et si le cavalier essaie de le faire changer un peu brusquement de direction, le cheval tombe presque infailliblement.

Le cheval sommairement dressé a généralement les articulations du cou et des mâchoires très raides, la bouche dure ; le cavalier ne peut agir sur lui que par de tractions énergiques. Vainement il essaierait, pour mobiliser le cheval, de déplacer l'arrière-main avec ses jambes, l'animal n'en comprendrait pas l'action.

Si le cheval ainsi dressé a bon caractère, le cavalier ne court d'autres risques, en dehors de la fatigue due à la dureté des réactions, que celui de chutes provoquées par la trop grande surcharge de l'avant-main ou les changements trop brusques de direction ; mais si l'animal est ombrageux, le cavalier n'est plus le maître du cheval, c'est le cheval qui devient le maître du cavalier, car ce dernier n'a sur l'animal aucun des moyens d'action fournis par le dressage. Que le cheval fasse un écart, pointe, s'emballe, le cavalier incapable de lui résister est dans le cas du pilote dont le bateau n'obéirait que faiblement à l'action du gouvernail par un temps calme, et pas du tout par un temps orageux. Les neuf dixièmes des accidents, surtout les chutes et l'emballement, résultent du dressage insuffisant du cheval.

Mais le défaut de dressage n'a pas seulement pour le cavalier des inconvénients sérieux ; il en offre aussi pour le cheval, qui s'use prématurément, comme un homme entreprenant une longue marche, ou soulevant de lourds fardeaux, sans avoir exercé ses membres par une gymnastique spéciale.

La plupart des chevaux non dressés sont trop portés sur leurs épaules. Les pousser aux allures vives sans les avoir préalablement équilibrés, comme on le fait dans notre cavalerie, exagère, avec cette surcharge de l'avant-main, le défaut d'obéissance aux aides qui en est la conséquence et l'absence de souplesse de l'animal. Comme résultat immédiat, on arrive à l'impossibilité de manœuvrer facilement le cheval, et, comme résultat final, à son usure prématurée. Nous aurons à revenir plus longuement sur ce point dans un chapitre spécial.

L'usure prématurée des chevaux mal dressés est sans grande importance dans la vie civile, parce que cela ne représente qu'une question d'argent. Il en va tout autrement dans l'armée, où la moindre dépense devient énorme multipliée par les chiffres considérables qu'atteignent aujourd'hui nos effectifs. Beaucoup d'officiers ont signalé l'usure prématurée de nos chevaux par suite de l'insuffisance du dressage. Ces conséquences désastreuses sont fort bien indiquées dans le passage suivant de l'ouvrage résumant les instructions de l'ancien écuyer en chef de Saumur : « Que de chevaux ardents et vigoureux, les meilleurs de nos rangs par conséquent, se tarent rapidement quand ils ne deviennent pas absolument rétifs ! »

Telles ne sont pas malheureusement les idées qui ont inspiré les règlements de notre cavalerie. Un dressage dépassant les limites de l'éducation extrêmement sommaire dont j'ai dit plus haut les bornes, leur semble si nuisible qu'ils en sont arrivés à l'interdire d'une façon absolue. L'ostracisme est bref, mais catégorique. Il est dit, en effet, dans le chapitre du dressage (t. Ier, p. 68) : « Les exercices qui dépassent les limites fixées à *l'école du cavalier* sont proscrits. »

Quant on tâche de remonter aux raisons théoriques ayant guidé les rédacteurs des instructions régissant l'enseignement de notre cavalerie, on s'aperçoit bien vite que professant une défiance extrême à l'égard de l'intelligence des recrues, ils ont été préoccupés surtout de leur enseigner des choses fort simplifiées. J'avoue que cette défiance me semble très peu justifiée. Il est vraiment difficile de concevoir les cavaliers français incapables de recevoir la même éducation que les cavaliers allemands. Il est tout à fait inadmissible qu'une recrue française soit inférieure à un lourd Poméranien; et il suffit de voir l'habileté de beaucoup de nos soldats dans les exercices de voltige, pour être bien certain qu'ils feraient de très remarquables cavaliers si on savait les diriger. Ce dont ils manquent uniquement, c'est d'une instruction équestre suffisante. Leurs officiers, emprisonnés un peu d'ailleurs par le règlement, et pas toujours très familiarisés eux-mêmes avec le dressage et les finesses équestres, leur croient beaucoup moins d'aptitude qu'ils n'en possèdent. La meilleure preuve, c'est que les officiers sachant enseigner et voulant s'occuper sérieusement de leurs hommes, en font des cavaliers excellents. Lancosmes Brèves, dont les résultats ont été officiellement constatés et dont j'aurai d'ailleurs occasion de parler dans un autre chapitre, prenait des recrues quelconques et les dressait en deux mois, elles et leurs chevaux, aux airs d'école; le colonel Pigouche enseignait à ses hommes les plus difficiles des airs de manège, tels que le passage [1]. Chacun a pu constater, au carrousel donné à Paris à propos des fêtes franco-russes, ce dont sont capables nos cavaliers quand ils sont bien dressés. Ce qui leur manque aujourd'hui, ce sont les éducateurs et certainement des livres comme celui de Dutilh ne réussiront pas à les remplacer. J'ai été en relation avec assez d'officiers pour savoir qu'ils

1. Le colonel Pigouche est l'auteur d'un petit traité d'équitation en quelques pages, sous forme de catéchisme, pour le simple soldat, où sont enseignés tous les airs de haute école. Il n'est pas de ceux qui croient, comme notre règlement, que « les finesses d'équitation sont impossibles pour de simples soldats ». Au fond, ces prétendues finesses sont au point de vue pratique fort peu de chose, et très à la portée de la plupart des simples cavaliers, si elles leur étaient convenablement enseignées.

diffèrent peu d'opinion avec moi sur ces différents
Voici d'ailleurs ce qu'a publié à ce sujet un offi
cavalerie : « Nous n'exagérons rien en affirmant q
« aussi rare de rencontrer des officiers de caval
« chant bien dresser, que des chevaux réellemen
« A leur sortie de Saumur, les officiers possèden
« diesse, conduite, solidité... ; mais les principes
« sage tiennent peu de place dans l'enseignement
« école, et sont par conséquent à peine compris
« qualités qui font et complètent l'officier de cava
(*Méthode du dressage du cheval à pied*, par un
supérieur de cavalerie, 1890, page 7.)

CHAPITRE III

L'ÉQUITATION CHEZ DIVERS PEUPLES DEMI-CIVILISÉS ARGENTINS, ARABES, ETC.

§ 1. *L'équitation chez les populations du sud de l'Amérique.* — L'équitation au Chili et à la Plata. — Habileté des chevaux dans les chemins difficiles. — Pratique exclusive du galop. — § 2. *L'équitation chez les Arabes.* — Erreur des opinions générales ayant cours. — Enquête du capitaine J.-B. Dumas. — Descente de la cuisse. — Légèreté de la main. — Arrêt à l'éperon au galop.

§ 1. — L'équitation chez les populations du sud de l'Amérique.

En présence des opinions contradictoires qui règnent en Europe sur les principes fondamentaux de l'équitation, il était intéressant de connaître les règles équestres adoptées dans diverses contrées où l'équitation, dégagée de toute conception théorique, se fait d'une façon exclusivement pratique. N'ayant pu rendre cette enquête aussi complète que je l'aurais voulu, je me bornerai à deux peuples célèbres par leur habileté équestre, les Gauchos du sud de l'Amérique et les Arabes.

Je n'ai pas visité les premiers, mais l'enquête a été faite pour moi par un excellent cavalier, M. Ernest Carnot, qui, pendant un voyage en Amérique, a eu occasion de monter ces chevaux, d'assister à leur dressage, et m'a rapporté à l'appui de ses notes de nombreuses photographies exécutées par lui représentant tous les détails du dressage.

Du dressage proprement dit je ne m'occuperai pas ici, devant y revenir ailleurs. Je n'étudierai maintenant que la façon dont ces chevaux sont montés, et leurs allures. Les seules connues sont le galop et le pas. Avec ces deux allures combinées, l'animal arrive à parcourir 150 kilomètres en 18 heures, et, après une journée de repos, il est prêt à recommencer. Sa seule nourriture est l'herbe de la prairie, jamais on ne lui donne d'avoine. Il est conduit rênes entièrement flottantes, sans éperons, et stimulé seulement avec un fouet. On ne se sert de la bride que pour arrêter la monture et la faire changer de direction.

Le cavalier, assis tout à fait sur l'arrière-main, a les étrivières très courtes et les étriers si petits qu'il ne peut y engager que l'extrémité de sa botte souple. Cette tenue, de même que l'habitude de chausser très peu l'étrier, sont la conséquence de la nécessité où se trouve le Gaucho de toujours retomber sur ses pieds, lorsque, dans ses luttes incessantes avec les bêtes à cornes des pampas qu'il doit prendre au lasso, son cheval roule à terre. Avec un étrier assez grand pour lui permettre de le chausser, les accidents seraient fréquents.

Ce qui vient d'être dit s'applique aux chevaux de la Plata. L'équitation du cavalier chilien est fort différente. Les étrivières sont très longues et les cuisses du cavalier très descendues, ce qui place ce dernier, à l'opposé du Gaucho, très droit sur sa selle. Le mors, sorte de cercle analogue au mors des Arabes, est d'une extrême puissance; le cheval le redoute tellement qu'il s'arrête immédiatement, même à toute vitesse, dès que le cavalier le fait agir. En fait, le cavalier s'en sert aussi peu que de ses énormes éperons. Ce mors a tant d'action que le cheval s'encapuchonne dès qu'on l'emploie comme moyen de conduite et perd de son perçant. Cette équitation rappelle beaucoup, par la dureté du mors et par la position du cheval, celle de nos écuyers du moyen âge.

Comme son voisin de la Plata, le cheval chilien ne connaît que le pas et le galop : mais, vivant dans des régions très accidentées, alors que son congénère ne quitte pas la plaine, il a acquis une habileté héréditaire bien supérieure et peut galoper à toute vitesse dans des terrains inégaux et pierreux.

Je ne veux retenir de ce qui précède qu'un point essentiel : tous les chevaux dont je viens de parler ignorent le trot et connaissent seulement le pas et le galop. Il en est exactement de même d'ailleurs des chevaux de l'Australie, qui galopent sur les terrains les plus durs. Ce point fort intéressant viendra à l'appui de ce que je dirai ailleurs : que le galop, en tous cas sous certaines formes, n'est pas plus fatigant, — et peut-être même l'est moins, — que le trot.

Il serait du plus haut intérêt de pouvoir déterminer par des photochronographies la nature du galop que pratiquent tous les chevaux dont je viens de parler. Les recherches exposées plus loin prouveront que sous le nom de galop se rangent des allures fort dissemblables, et produisant par conséquent chez le cheval des degrés de fatigue très différents.

§ 2. — L'équitation chez les Arabes.

J'avais eu l'intention, dans mes précédentes éditions, de parler du cheval arabe, qu'il me fut donné de juger dans les contrées les plus diverses, du Maroc jusqu'au fond de l'Asie, mais les observations que j'ai pu faire n'étant pas conformes à ce qui a été écrit sur ce sujet j'avais préféré m'abstenir.

Il était intéressant de connaître, l'équitation des Arabes du désert, entièrement soustraits à la civilisation européenne, et que l'on a le plus rarement occasion d'observer. Il était en outre nécessaire que leur équitation fût étudiée par un écuyer possédant une compétence indiscutable.

J'ai eu l'heureuse fortune d'obtenir, pour faire cette enquête, le concours d'un officier d'état-major dont l'habileté équestre supérieure est au service d'un esprit observateur des plus remarquables. Je veux parler du capitaine J.-B. Dumas, dont j'aurai encore l'occasion de citer le nom dans cet ouvrage.

L'enquête menée pendant une tournée militaire, sur les limites extrêmes de l'Algérie a porté sur plusieurs milliers de cavaliers des grandes tentes (2 000 cavaliers des Ouled-Sidi-Cheik, 800 à Mecharia, 2 000 au Kreider, etc.). L'auteur les a vus et fait travailler à son aise; il a monté leurs chevaux, et voici ce qu'il m'écrivit à la suite de ses observations :

« Tout d'abord, et à l'appui de vos observations relatives à l'homme de cheval en général, le cavalier arabe ne monte nullement raccroché comme on le représente habituellement. Il a la position allemande, la cuisse est verticale, et, à partir des genoux, la jambe s'infléchit en arrière pour conserver le contact avec le flanc du cheval. L'attache des étriers est très en arrière, comme aux selles allemandes et à nos nouvelles selles de cavalerie.

« Les cavaliers arabes, ceux des Ouled-Sidi-Cheick, notamment, qu'on peut considérer comme les plus habiles, montent à l'éperon, et l'une des pointes internes d'avant ou d'arrière de leurs étriers est constamment employée.

Ils combinent ces effets en donnant la direction par les déplacements de poids du corps accompagnés du jeu des jambes, l'une sur la sangle, l'autre très en arrière, déplacements sur lesquels j'ai eu occasion d'insister ailleurs, en faisant remarquer que les bons jockeys, au train allongé, ne parviennent à diriger que par ce moyen, toute action sur la bouche devenant alors à peu près illusoire, puisque le cheval met ses forces au service de la ligne droite.

« A certains moments, le cavalier abandonne complètement ses rênes pour faire usage de ses armes. Étant en plein galop de charge, sans toucher aux rênes, il arrête en 30 mètres à l'éperon et par le déplacement complet de sa masse sur l'arrière-main. Quelques-uns, après l'arrêt, insistent sur l'action des éperons en arrière des coudes du cheval. L'animal alors se vousse, et galope en arrière les quatre pieds se touchant.

« Les positions de l'encolure et de la main sont également intéressantes à observer. Le cavalier arabe ne se sert pas de filet, il n'a qu'un mors assez brutal dont on croit généralement qu'il se sert brutalement. Ce n'est pas ce que j'ai constaté. Il se sert très peu du mors ; mais comme l'animal le redoute beaucoup, il monte, suivant une expression hippique bien connue, dans le vide. La main du cavalier est très haute, et il la tient plus haute encore que ne le nécessiterait le pommeau très élevé de sa selle. Le cheval a l'encolure complètement verticale, et la tête reste horizontale, car chaque fois qu'il baisse l'encolure il rencontre la main par l'intermédiaire du cercle rigide en fer formant gourmette, mais *jamais le cavalier ne lui laisse prendre de point d'appui sur ce mors.* L'extrême solidité que donne au cavalier la nature de sa selle peut seule empêcher les violents à-coups que donnerait ce manque complet de liaison entre la main et la bouche. Le mors n'est pour le cavalier qu'une sorte de réserve qu'il utilise exceptionnellement. Il en résulte que le cheval est, comme je le disais à l'instant, dans le vide

Fig. 5. — Effets du mors arabe manié trop brutalement.
(D'après une photographie instantanée trouvée dans le commerce.)

et flotte un peu; mais il en résulte aussi des chevaux à bouche très fine exigeant une main très légère. Ils battent cependant à la main, parce qu'ils n'ont pas un léger appui constant sur le filet. Redoutant beaucoup la main, ils n'osent jamais allonger leur encolure. Ce sont des chevaux en arrière de la main, mais le cavalier est toujours maître de leur impulsion pour l'arrêter ou la restreindre, ce qui, en raison de la nature des terrains très coupés où ils circulent, est capital. »

« La plupart des chevaux observés étaient des animaux à petits moyens longtemps répétés. Ils sont très adroits dans les pentes et les rocailles; leur galop est tout en hauteur. Ils n'ont jamais les allures allongées et coulantes des Anglo-Syriens. »

Je pense que les lecteurs un peu cavaliers apprécieront tout l'intérêt des observations précédentes. Il serait inutile d'insister sur les enseignements qu'elles comportent. Je me bornerai à attirer l'attention sur l'emploi de l'éperon pour l'arrêt. Ce fait très curieux est tout à fait conforme à ce que j'aurai occasion de dire dans le chapitre consacré à l'emploi de l'éperon. Si les Arabes savaient placer la tête de leurs chevaux, et n'abusaient pas quelquefois du mors, on pourrait certainement affirmer de leur équitation qu'elle est parfaite.

CHAPITRE IV

DE LA DURÉE DU CHEVAL, SUIVANT SON DRESSAGE ET CELUI DE SON CAVALIER

Durée du cheval dans diverses cavaleries de l'Europe. — Documents statistiques. — Importance des économies budgétaires réalisées par le dressage. — Tableau des causes d'usure prématurée du cheval.

Après avoir étudié les méthodes d'équitation en usage dans les diverses cavaleries, il ne deviendra pas inutile de rechercher l'influence du dressage, et de la façon dont est manié le cheval, sur la durée de l'animal.

Il serait très intéressant de connaître la différence de durée des chevaux dans les diverses cavaleries, suivant qu'on y pratique le dressage complet du cheval et du cavalier, comme en Allemagne ou en Angleterre, ou le dressage sommaire, comme en France. Mais le problème comporte trop d'éléments variables et sujets à discussion pour qu'on puisse donner des chiffres précis. Il paraît résulter de certaines indications que la durée utile du cheval de guerre est de sept ans en France et neuf ans en Allemagne. Par une étude des plus attachantes et des plus pratiques on arriverait à préciser ces chiffres[1]. Cette

1. Si l'on suppose deux armées comprenant chacune 200 000 chevaux (cavalerie, artillerie, etc.) du prix moyen de 1 000 francs chacun, il est facile de voir, par un calcul très simple, que celle

différence de deux ans de durée entre le cheval parfaitement ou sommairement dressé, me paraît d'ailleurs très faible, et probablement au-dessous de la réalité. L'appréciation de la limite à laquelle on doit s'arrêter dans l'emploi du cheval fait la difficulté des statistiques sur ce point. Un cheval âgé ou usé peut encore faire un bon service pourvu qu'il soit ménagé. Son insuffisance se manifeste seulement pendant une campagne ou à la suite de grandes manœuvres. Une armée voulant n'avoir que des chevaux toujours prêts à entrer en campagne est forcément obligée de réformer des chevaux qui, pour un service journalier ordinaire, seraient encore excellents.

D'une façon générale, on peut dire que la durée du cheval dépend en très grande partie du dressage de l'animal et du dressage du cavalier. Le même cheval, qui durera dix ans dans les mains d'un cavalier, sera taré et ruiné en deux ou trois ans dans les mains d'un autre.

Les causes d'usure prématurée du cheval, — en dehors de celles qui, touchant à l'hygiène, à la nourriture, peuvent être considérées comme indépendantes du dressage et de l'habileté équestre du cavalier, — sont nombreuses, et, comme on les chercherait vainement dans les livres d'équitation, je vais les résumer dans un court tableau.

TABLEAU DES CAUSES D'USURE PRÉMATURÉE DU CHEVAL

Cheval monté avec les mains trop dures et les rênes trop tendues. — Le cheval ainsi monté, — et c'est ainsi que le

dont les chevaux durent neuf ans dépense pendant cette période 57 millions de francs de moins que celle dont les chevaux ne durent que sept ans. On voit quelles conséquences indirectes peut avoir sur le budget l'étude du dressage.

montent la plupart des cavaliers civils ou militaires — prend l'habitude de relever la tête ou au contraire de s'encapuchonner pour se soustraire à l'action du mors. Il s'ensuit dans le premier cas l'écrasement de l'arrière-main et dans le second celui de l'avant-main. Résultat final : tares des articulations et usure prématurée des membres surchargés. L'action permanente du mors est la principale cause, non seulement de l'usure prématurée du cheval, mais encore de la plupart de ses défenses. Je traiterai ce point en détail dans le chapitre consacré au maniement des rênes et j'y renvoie le lecteur.

Cheval poussé aux allures vives sans avoir été équilibré d'abord par le dressage. — Le cheval exagérant sa tendance naturelle à se porter sur l'avant-main, ses mouvements se font sans souplesse. Il dépense, pour un travail donné, beaucoup plus d'efforts que cela ne serait nécessaire. Ses membres antérieurs se fatiguent et s'usent prématurément. L'animal perd beaucoup de sa solidité, butte et tombe facilement.

Cheval dont le cavalier retombe au trot enlevé toujours sur le même diagonal. — Fatigue et usure prématurée des membres composant ce diagonal. Le cheval se trouve dans le cas d'un porteur obligé de faire une longue route sans pouvoir changer son paquet d'épaule.

Cheval galopant toujours du même côté. — Même usure prématurée que dans le cas précédent.

Cheval monté avec les étriers trop courts. — Nos expériences, consignées dans cet ouvrage, montrent que dans le trot à l'anglaise, le raccourcissement des étriers augmente dans une proportion énorme la pression exercée par le cavalier sur l'étrier à chaque enlevée. Il en résulte pour le cheval un travail supplémentaire, accru d'ailleurs d'autre part par ce fait que le cavalier, ayant les étriers courts, s'enlève plus haut, et par conséquent retombe d'une hauteur plus grande et plus lourdement que le cavalier portant les étriers longs.

Il est assez difficile d'évaluer en chiffres le supplément de travail imposé ainsi au cheval. Des calculs approximatifs montrent qu'il peut être au moins doublé[1]. Deux cavaliers de même poids, montant le même cheval, arriveront donc à des résultats fort différents au point de vue de la fatigue imposée à l'animal, suivant la façon dont ils allongeront leurs étriers. Je connais des écuyers, qui, malgré leur poids de 100 kilog., fatiguent beaucoup moins leurs chevaux que des cavaliers plus légers.

Pour peu que le cavalier, trottant les étriers courts, ait l'habitude, d'ailleurs générale, de s'enlever toujours sur le même diagonal, l'usure de son cheval sera fort rapide. Le trot enlevé est un peu comme la langue d'Esope, la meilleure et la pire des choses, suivant la façon dont on s'en sert; et on comprend que pendant si longtemps il ait été condamné. Pratiqué comme le font encore la plupart des cavaliers, c'est très justement qu'il méritait d'être proscrit. Le trot assis est très préférable pour la durée de l'animal que le mauvais trot enlevé.

Cheval poussé pendant trop longtemps à de vives allures. — C'est le meilleur moyen de ruiner complètement un cheval en un temps très court. En une heure, à la chasse,

1. Supposons deux cavaliers pesant chacun 80 kilogrammes, à un trop tel qu'ils s'enlèvent une fois par seconde. Admettons d'autre part, que le premier ne s'enlève qu'à 10 centimètres au-dessus de la selle et le second à 30 centimètres. Le surcroît de travail imposé au cheval par le second cavalier sera en une heure $(80 \times 0,30 - 80 \times 0,10) \times 3\,600 = 57\,600$ kilogrammètres, soit 16 kilogrammètres par seconde.

on peut tarer le meilleur cheval pour toujours. Si l'animal, grâce à sa grande résistance, n'est pas immédiatement victime des exigences de son cavalier, et atteint d'emphysème pulmonaire, ou de tares diverses des articulations et des tendons, il reste détraqué dans ses allures, constitue une bête dépourvue de tout moelleux, et fort désagréable à monter. C'est là le cas de la plupart des chevaux de chasse et des trotteurs de courses quand, pour un motif quelconque, on en fait des chevaux de promenade. Il faut tout un dressage spécial pour leur rendre la régularité de leurs allures.

Cheval n'ayant reçu qu'un dressage sommaire. — Indépendamment des chutes fréquentes auxquelles l'expose la surcharge de son avant-main, le mauvais engagement de ses postérieurs et son défaut de souplesse, le cheval qui n'a pas été équilibré par le dressage dépense toujours plus de forces pour exécuter un travail donné que le cheval bien dressé. Il en résulte, en dehors de l'usure générale, celle des membres, se manifestant surtout par une grande faiblesse des jambes de devant, aussitôt que l'animal commence à vieillir. Le cheval mal dressé n'a plus ni solidité ni résistance, à un âge où un cheval bien dressé possède encore toute sa solidité et tout son fond. Le second supportera aisément une longue étape qui épuisera entièrement le premier.

Dissymétrie du cheval et du cavalier. — La dissymétrie du cheval est le plus souvent la conséquence de la dissymétrie des aides du cavalier. Il est rare que le cavalier n'ait pas la main tenant les rênes trop portée d'un côté, ce qui entraîne une déviation de la tête du cheval et une gêne sensible de ses allures. Il est rare aussi qu'il n'ait pas l'habitude de dévier un peu l'axe du corps d'un côté, ce qui entraîne une pesée plus forte sur l'un des étriers, et une répartition inégale du poids du corps sur le cheval. Le cavalier se corrige aisément de ces défauts quand on les lui signale. Sinon ils constituent à la longue une cause sérieuse de fatigue, et par conséquent d'usure pour le cheval.

Parmi les chevaux ayant servi aux expériences fondamentales de cet ouvrage se trouvait un pur sang que son cavalier avait rendu tellement dissymétrique qu'il levait, en marchant, un antérieur beaucoup plus haut que l'autre; ce qui l'avait conduit, outre la diminution de sa solidité, à un boitillement fort désagréable. Il m'a fallu plus d'une semaine de travail pour rectifier son allure.

Cheval dressé trop jeune. — Avant l'âge de cinq ans, il ne faut guère demander au cheval que du travail en ligne droite et de peu de durée. Les longues courses de même que les airs artificiels, notamment le petit galop rassemblé, déterminent rapidement chez le jeune cheval des tares aux membres postérieurs (éparvins, molettes, suros, etc.). Les pur sang seuls, en raison de leur résistance héréditaire, peuvent être dressés à un âge moins avancé, mais l'état de leurs membres doit être surveillé journellement.

Défauts d'aplomb résultant d'une mauvaise ferrure. — Un vétérinaire militaire distingué, mort récemment, M. Watrin, a montré que les défauts de ferrure étaient extrêmement fréquents et qu'il en résultait des vices d'aplomb qui, en dehors des boiteries lorsqu'ils sont exagérés, ont toujours pour conséquence la modification des allures. Le défaut d'aplomb amène la flexion ou l'extension d'une articulation que le cheval rectifie en reportant une partie du mouvement sur une autre articulation. Il en résulte que, comme le cheval de fiacre fatigué, l'animal immobilise le jeu de plusieurs articulations, ce qui altère entièrement ses allures. On dit alors qu'il a de la raideur dans le genou ou le boulet, qu'il a les épaules chevillées, etc. En réalité, il est simplement mal ferré. Il suffit, par exemple, de laisser au cheval les talons trop hauts, ce qui arrive toujours dans certaines ferrures, notamment dans celle dite Charlier, pour voir se produire des efforts de tendons ou de boulets, des molettes et des défauts d'aplomb amenant la chute fréquente du cheval sur les genoux.

Je renvoie au travail de M. Watrin pour l'étude de ce sujet. L'auteur est arrivé à cette conclusion, d'une réalisation pratique très simple, — en suivant ses indications, — quelle que soit la conformation ou l'altération du pied, le sabot du cheval doit être paré de façon que sa coupe inférieure soit parallèle à la surface plantaire du pied s'y trouvant contenu. On voit immédiatement si cette condition est réalisée en recherchant si le plan passant par la face inférieure du sabot est perpendiculaire au plan passant par l'os du canon, lorsque le membre est soulevé et placé dans l'extension libre[1].

1. J'ai eu connaissance de l'ouvrage de M. Watrin, « *Le pied du cheval et sa ferrure* », par un habile marchand de chevaux. Les indications de l'auteur ont une importance pratique tellement grande, que ce marchand a installé chez lui tout le matériel nécessaire pour faire ferrer sous ses yeux les chevaux dont il fait l'acquisition, et qui presque toujours sont mal ferrés. Très souvent leurs propriétaires s'en étaient défaits à vil prix pour des défauts auxquels une bonne ferrure eût rapidement remédié.

LIVRE II

LES ALLURES DU CHEVAL

CHAPITRE I

RECHERCHES SUR LE MÉCANISME DU PAS ET DU TROT

§ 1. *Importance de l'étude photographique des allures.* — Cette étude est destinée à former un jour la base des principes hippiques. — Insuffisance de nos connaissances actuelles. — Les allures dites naturelles du cheval. — Raisons pour lesquelles, chez le cheval monté, aucune allure ne peut rester naturelle. — § 2. *Mécanisme du pas.* — Complication de cette allure. — Limites considérables dans lesquelles elle peut être modifiée par le cavalier. — Recherches sur les oscillations de l'encolure. — Le pas est de toutes les allures celle où l'encolure exécute le plus de mouvements et le trot celle où elle en exécute le moins. — Conséquences pratiques. — § 3. *Mécanisme du trot.* — Ses variations. — Le trot n'est pas le plus souvent une allure en deux temps. — Règles de conduite déduites de l'étude des mouvements de l'encolure. — Pourquoi il faut demander au pas le maximum de vitesse et ne pas dépasser au trot une vitesse moyenne. — Inconvénients du trot abandonné tel qu'il est pratiqué par la majorité des cavaliers.

1. — Importance de l'étude photographique des allures.

L'étude pratique des allures repose sur des données théoriques qu'il importe de connaître, et sans la connaissance desquelles il serait impossible de faire de grands progrès en équitation. Nous devons donc les indiquer sommairement. Nous en profiterons pour exposer nos recherches personnelles sur ce point.

La connaissance des allures du cheval sera certainement un jour la base de l'équitation courante et de l'équitation dite de haute école. De l'équitation courante, parce que c'est seulement en s'appuyant sur cette connaissance des allures qu'on arrive à savoir comment obtenir du cheval le maximum de travail avec le minimum d'efforts. De la haute école, parce que cette même connaissance nous indique dans quelles conditions d'équilibre il faut placer le cheval, pour le mettre à même de produire aisément des airs de manège compliqués, tels que le travail de deux pistes, le passage, etc.

L'étude scientifique de la position des membres du cheval aux diverses allures est récente. Chacun sait que ce fut l'Américain Muybridge qui réussit le premier à fixer par la photographie instantanée les positions successives que prennent les membres du cheval pendant les divers temps du galop. En décomposant pour la première fois les phases diverses des mouvements d'un cheval au grand galop, cet opérateur rendit un grand service à la science, mais il exerça la plus désastreuse influence sur la peinture équestre. Il ne s'ouvre guère d'exposition où l'on ne voie des chevaux galopant avec les quatre jambes ramassées sous eux ou dans d'autres positions grotesques, qu'aucun œil n'a jamais contemplées, et qui représentent seulement une phase isolée d'une série de mouvements dont nous ne percevons qu'une sorte de moyenne. Si le peintre veut nous donner l'illusion de la réalité, il doit reproduire les choses telles que l'œil les voit, et non pas telles qu'elles sont pour un instrument scientifique. Si les photographies instantanées devaient servir de guide exclusif au peintre, ce dernier serait alors obligé de représenter parfaitement nets les rayons des roues d'une voiture en mouvement. Or, pas un peintre n'a encore osé le faire, sachant bien que ce n'est qu'en brouillant tous ces rayons, c'est-à-dire en les montrant tels que l'œil les voit pendant le mouvement du véhicule, qu'il réussira à donner l'illusion de la vitesse.

Muybridge fut suivi de quelques imitateurs, mais on ne peut pas dire qu'il en ait eu beaucoup d'heureux. L'obtention d'images photographiques successives à raison d'une douzaine par seconde, est une opération hérissée de telles difficultés que l'on ne pourrait citer en quarante ans que deux auteurs, Anschütz en Allemagne, Marey en France, qui aient réussi à obtenir des séries régulières de chevaux en mouvement. Ils n'en ont obtenu d'ailleurs que fort peu, et c'est pourquoi nous voyons dans les ouvrages spéciaux les mêmes séries toujours reproduites, et l'étude des allures en réalité si peu avancée.

Ces images photographiques successives présentent, au point de vue pratique, un intérêt considérable; c'est pourquoi nous les avons multipliées dans l'atlas qui termine cet ouvrage. Grâce à l'appareil de M. Londe, qui donne au besoin douze images successives par seconde, et peut être transporté facilement partout, j'ai pu reprendre la théorie des allures et prouver ce fait fondamental et fort imprévu que chez le même cheval, les mêmes allures, en y comprenant celles qui semblaient les plus simples et les mieux connues, le trot ordinaire par exemple, sont extrêmement variables et dépendent uniquement du cavalier. De ces allures en réalité fort diverses pouvant être prises par le cheval au pas, au trot ou au galop, il en est évidemment de plus avantageuses que d'autres au point de vue de l'économie de la fatigue du cheval, et par conséquent de la prolongation de sa durée.

Les résultats déjà acquis permettent de pressentir l'importance de ceux qui pourront être obtenus un jour. Nous entrevoyons le moment où nous saurons avec certitude comment le cheval doit être équilibré et conduit aux diverses allures, pour ménager ses forces et prolonger sa durée. Avec les effrayants budgets de guerre d'aujourd'hui, c'est par centaines de millions que se chiffrerait en quelques années, pour un grand État, une prolongation de durée des chevaux en service dans la cavalerie, ainsi que je l'ai déjà fait remarquer dans un autre chapitre.

On divise, dans tous les livres, les allures du cheval en allures naturelles, que l'animal exécute spontanément sans éducation, telles que le pas, le trot et le galop, et en allures artificielles, résultant d'un dressage spécial, telles que le passage, le trot espagnol et les divers airs d'école. Au point de vue de l'équitation, une telle division ne saurait être admise. *Chez le cheval monté il ne saurait exister d'allures naturelles, on ne peut observer que des allures artificielles.* Sans même faire intervenir le dressage, et par le fait seul que le cheval est soumis au travail artificiel de porter sur son dos un poids chargeant d'une façon exagérée son avant-main, son allure n'est plus naturelle. On peut comparer le cheval surmonté d'un cavalier à un portefaix portant un fardeau, très irrégulièrement réparti. Les expériences exécutées sur les poids relatifs de l'avant-main et de l'arrière-main du cheval chargé d'un cavalier, et du cheval non chargé, ont prouvé combien le poids de l'homme fait varier irrégulièrement le rapport naturel entre la charge de l'avant-main et celle de l'arrière-main.

Ceci posé, nous allons aborder très succinctement l'étude des allures fondamentales du cheval : le pas, le trot et le galop, telles qu'on les observe sur l'animal monté. Nous renvoyons à l'atlas placé à la fin de cet ouvrage pour les détails qui ne pourraient prendre place dans ce chapitre.

§ 2. — Mécanisme du pas.

Le pas est une allure en quatre temps dans laquelle les membres se lèvent et se posent successivement en diagonale, faisant entendre quatre battues. Un membre antérieur se lève généralement le premier. Si c'est l'antérieur droit qui entame la marche, le postérieur gauche le suivra, puis l'antérieur gauche, et enfin le postérieur droit. Les membres se posent dans l'ordre de leur lever.

Suivant que le pas est raccourci, ou plus ou moins allongé, les empreintes des pieds postérieurs sur le sol peuvent rester en arrière des empreintes des pieds antérieurs du même côté, les couvrir ou les dépasser.

L'étude scientifique des empreintes a montré l'allure du pas compliquée et variable. Pratiquement, il suffit de savoir qu'au pas ordinaire l'animal présente des bases diagonales longues en étendue et en durée, entrecoupées de bases latérales courtes et instables. A mesure que le pas s'allonge, l'étendue et la durée des bases diagonales diminuent au profit des bases latérales. Si le pas continue à s'allonger, les battues diagonales disparaissent pour ne laisser subsister que les bases latérales, et l'animal se trouve à l'allure employée autrefois, abandonnée aujourd'hui, nommée l'amble.

Théoriquement, des chevaux de même taille et de même force peuvent atteindre la même vitesse au pas par deux procédés fort différents, l'un par de petites enjambées fréquemment répétées, l'autre par de grandes enjambées beaucoup moins répétées. Il serait difficile de montrer expérimentalement lequel des deux procédés produit le moins de fatigue. Cela dépend surtout de la structure du cheval et de son dressage. Pratiquement, les grandes enjambées m'ont toujours semblé préférables.

La façon de conduire le cheval modifie considérablement la forme, l'étendue et la vitesse du pas. Un cheval au pas allongé, non gêné par l'action des rênes, balance constamment son encolure, fait de grandes enjambées dans lesquelles les empreintes de ses postérieurs couvrent, et le plus souvent dépassent, celles de ses antérieurs, du même côté. Dès que le cavalier exerce une tension sur les rênes[1], l'encolure se fixe, les empreintes des postérieurs se posent derrière celles des antérieurs, l'animal perd la franchise de son allure, ralentit son pas, et, s'il est un peu vigoureux, dépense son énergie dans un trottinement aussi fatigant pour lui que pour le cavalier. Plus le cavalier tirera sur les rênes, plus l'animal trottinera, et au bout de quelque temps, ce trottinement sera devenu une allure normale dont il sera difficile de corriger l'animal.

L'action permanente des rênes au pas fait donc perdre

1. Je parle uniquement ici, bien entendu, du cheval insuffisamment dressé, c'est-à-dire de celui qu'on rencontre le plus souvent. Chez l'animal bien dressé, le relèvement de l'encolure par les rênes aura un résultat fort différent. Si, en même temps qu'il agit sur les rênes, le cavalier maintient l'impulsion par ses jambes, l'animal donnera aussitôt le pas relevé, allure très agréable et fort utile dans les moments où pour une raison quelconque (encombrement de voitures, etc.), on ne peut laisser de liberté à un cheval.

au cheval une grande partie de sa vitesse, tout en lui imposant un excédent de travail. Une des difficultés du dressage, quand on le pratique sur un animal antérieurement monté, est de lui *apprendre à marcher*. Habitué à s'appuyer sur le mors, à ne plus se servir de sa tête comme balancier, à raccourcir ses allures, l'animal, rênes abandonnées, aura une démarche hésitante jusqu'à ce que son cavalier ait réussi à lui rendre la franchise et la rapidité de son allure[1].

Fig. 6. — Cheval au pas, rênes libres.

La raison sur laquelle je me base pour affirmer que la véritable allure du pas doit être le pas allongé, et que cette allure est possible seulement avec un relâchement à peu près complet des rênes, repose principalement sur l'étude que j'ai faite des mouvements de l'encolure et de la tête aux diverses allures.

D'une façon générale, — et sans tenir compte, par conséquent, des cas particuliers qui font exception, — le

1. Rapidité qu'il perdra bientôt dès qu'il tombera entre les mains d'un cavalier peu expérimenté. Après avoir terminé le dressage d'un des chevaux représentés dans cet ouvrage, je l'ai cédé à un manège. L'ayant remonté au bout de peu de temps, je constatai que l'animal ne savait plus marcher, trottinait ou faisait les petits pas qui constituent l'allure de tout cheval habituellement gêné par la main de son cavalier.

pas, lorsque la main du cavalier n'intervient pas, est de toutes les allures celle où les mouvements de la tête sont de beaucoup les plus considérables. Après le pas vient le grand galop, puis le galop moyen, et enfin le trot, allure à laquelle les mouvements de la tête sont presque insensibles.

Les mesures suivantes prouveront ce qui vient d'être énoncé; mais quant au pas et au trot, l'examen le plus superficiel montre l'exactitude de nos assertions. Regardez passer un cheval de fiacre marchant au pas, les rênes flottantes : il balance considérablement la tête dans un plan vertical, en même temps qu'il la porte alternativement, mais sans grand écart angulaire, de chaque côté de ce même plan. Que son cocher le mette au trot, et immédiatement son encolure devient presque immobile.

D'après les mesures que j'ai effectuées sur des photographies instantanées, l'amplitude du mouvement angulaire de l'axe de la tête, au pas, est de 25 à 30°; au galop de course elle est d'environ 15°; au galop moyen, chez un cheval bien dressé, elle ne dépasse guère 5°. Elle est moindre encore dans le trot ordinaire.

Quelles sont les causes physiologiques de ces variations? N'ayant pas réussi à les déterminer avec précision, je préfère ne pas risquer des hypothèses dénuées de base scientifique suffisante, et me borner à la constatation des faits.

Cette constatation prouve que, pour allonger son pas, le cheval a besoin de faire exécuter à sa tête de grands mouvements de balancier. Il semble même que le pas allongé soit impossible sans ce balancement, puisque aussitôt que l'action des rênes intervient, l'allure se ralentit en même temps que le mouvement de balancier s'arrête. La conclusion évidente est, qu'au pas, nous devons conduire le cheval avec les rênes presque flottantes pour obtenir le maximum de vitesse de l'allure.

Sur un cheval habitué à une certaine tension des rênes, leur relâchement jettera d'abord, comme je le disais plus haut, du trouble dans son allure. Il deviendra hésitant, et même peu solide. Mais si les jambes du cavalier sont maintenues en arrière près des flancs, en même temps que les rênes se relâchent, l'animal apprendra bientôt à engager davantage ses postérieurs sous lui, à ne pas craindre la main du cavalier, et à allonger son allure en balançant sa tête en toute liberté.

Il ne faudrait pas en déduire qu'au pas, le cheval doit toujours être conduit les rênes flottantes. Sur un pavé glissant ou en approchant d'un objet pouvant l'effrayer, il faut au contraire le rassembler et le mettre en main pour obtenir des bases, courtes en étendue, longues en durée, qui donnent à l'animal le maximum de mobilité et par conséquent le maximum de facilité pour reprendre au besoin son équilibre menacé.

§ 3. — Mécanisme du trot.

Le trot est défini par tous les auteurs une allure en deux temps, dans laquelle les pieds de chaque bipède diagonal se lèvent en même temps et se posent ensuite en même temps, au lieu de se poser séparément comme au pas.

Suivant que le cheval est au trot raccourci, ou au trot plus ou moins allongé, on constate, de même que nous l'avons vu pour le pas, que l'empreinte d'un membre postérieur reste en arrière de celle de l'antérieur du même côté, la recouvre ou la dépasse[1].

Le trot allongé, mais non le petit trot, comporte, comme le galop, une période de suspension pendant laquelle aucun membre ne touche la terre. On classe à cause de cela cette allure parmi celles dites « sautées », tandis que le pas et le petit trot, où un membre est toujours en contact avec le sol, sont dites des allures « marchées ».

Les règles de la conduite du cheval au trot se déduisent aisément de son équilibre. Nous avons constaté qu'au pas. l'animal a besoin de toute la liberté de son encolure pour exercer de grands mouvements de balancier, et que ces mouvements de balancier cessent dès qu'il passe au trot. Il n'est donc plus nécessaire alors de lui laisser une grande liberté d'encolure. Nous devons d'autant moins lui en laisser, que la tête basse et portée en avant alourdirait son avant-main, déjà trop chargée, comme nous l'avons montré, par le poids du cavalier. Les expériences mentionnées par nous ont prouvé qu'en relevant l'enco-

1. Les élèves de Raabe disent que l'animal se *couvre* ou se *juge*, quand l'empreinte de son pied postérieur vient couvrir celle du pied antérieur du même côté ; qu'il se *découvre* ou se *déjuge*. quand l'empreinte du postérieur se trouve en arrière de celle de l'antérieur : qu'il se *mécouvre* ou se *méjuge*, quand elle est en avant.
Pour que le postérieur ne puisse pas heurter l'antérieur quand il arrive à la place qu'occupait ce dernier, il faut évidemment que le pied antérieur ait quitté le sol avant la pose du postérieur. Il en est habituellement ainsi. Cependant, chez les chevaux usés, ou chez les chevaux dont l'avant-main est surchargée, soit par la mauvaise position de la tête du cheval, soit par celle du corps du cavalier, ce qui augmente la durée d'appui des antérieurs, et par conséquent retarde leur lever, la pince du pied postérieur vient souvent heurter le fer du pied antérieur, et produire un bruit particulier qu'on caractérise en disant que le cheval *forge*. Il suffit le plus souvent de modifier l'équilibre du cheval en relevant l'encolure de l'animal, et en redressant le corps du cavalier pour corriger ce défaut.

lure de la tête, une notable partie du poids du cheval se trouve rejetée sur l'arrière-main. C'est la justification des règles que nous donnerons au chapitre du dressage pour la pratique du trot.

Au pas, nous avons recherché le maximum de vitesse : au trot il n'en saurait être ainsi, parce que ce maximum de vitesse, — que les trotteurs de courses eux-mêmes ne peuvent soutenir bien longtemps, — épuiserait vite le cheval. *Ce n'est pas le chemin parcouru, mais la vitesse, qui use le cheval.* On pourrait même dire d'une façon générale que la longueur du chemin parcouru est en raison inverse de la vitesse. Le bon cavalier doit tâcher d'obtenir un trot moyen bien équilibré, bien cadencé, réduisant la fatigue du cheval au minimum, et réduisant également au minimum les chances de chute de ce dernier. Ces conditions sont réalisées par les règles que nous donnons dans un autre chapitre. Elles conduisent à une allure tout à fait différente de ce trot abandonné adopté par la plupart des cavaliers, qui, en raison de la surcharge exagérée de l'avant-bras, prédispose l'animal aux chutes et amène rapidement l'usure prématurée de ses membres antérieurs.

Nous avons, en commençant ce chapitre, défini le trot une allure en deux temps, dans laquelle les membres se lèvent et se posent simultanément par paires diagonales. C'est la définition donnée par tous les auteurs. Les seules formes dans lesquelles on admet qu'il n'y ait pas synchronisme des battues diagonales, sont le grand trot allongé ou *flying trot*, et le trot désuni, dit traquenardé. Le trot n'est plus alors en deux temps, mais en quatre, et l'on admet, suivant les auteurs, que la dissociation des battues diagonales se produit par le poser initial du pied postérieur ou du pied antérieur.

L'étude, non seulement de nos photographies mais de toutes les séries publiées jusqu'ici (celles de Marey et Anschütz notamment), nous a conduit à admettre que c'est exceptionnellement que le trot devient une allure en deux temps. Presque toujours les deux membres d'un diagonal ne se posent pas tout à fait simultanément mais successivement, et, suivant l'équilibre donné au cheval, ce sera l'antérieur ou le postérieur qui se posera le premier. Les planches de notre atlas le montrent clairement. Je l'ai constaté d'ailleurs sur bien d'autres chevaux. Ces expériences prouvent une fois de plus l'influence de l'équilibre, puisqu'il suffit de faire varier celui-ci pour arriver, chez le même cheval, aux battues diagonales simultanées ou au contraire aux battues très dissociées. Quand la dissociation est assez grande, le trot devient traquenardé.

L'influence de l'équilibre imposé par le cavalier au cheval ne se manifeste pas seulement au trot dans l'ordre du poser des membres. Le trot naturel est une allure lourde et traînante surchargeant considérablement l'avant-main. En relevant l'encolure et engageant les postérieurs, les antérieurs se relèvent et l'avant-main devient plus légère.

Régulariser l'allure du trot est toujours difficile, parce qu'il faut un rapport très juste entre l'action des mains et celle des jambes, et l'on comprend que les anciens écuyers aient fait du trot la base du dressage. Si les jambes prédominent sur les mains, l'animal se borne à accélérer l'allure. Si ce sont les mains qui prédominent, et que les jambes n'agissent pas assez, le cheval ralentit son allure, mais n'engage pas ses postérieurs. On reconnaît facilement l'engagement des postérieurs, non seulement par l'élasticité de l'allure, mais encore parce que l'appui sur le mors diminue avec leur engagement.

CHAPITRE II

RECHERCHES SUR LE MÉCANISME DU GALOP

§ 1. *Les diverses variétés du galop.* — Complication des formes du galop. — La description classique du galop en trois temps. — Cette forme de galop est en réalité la plus rare. — Description de quatre nouvelles formes de galop révélées par nos recherches photographiques. — Peut-on relier le trot et le galop? — § 2. *Recherches sur les mouvements oscillatoires du cheval au galop et sur les variations de son équilibre.* — Description des divers mouvements que le cheval exécute pendant les diverses périodes du galop. — Mesure des mouvements relatifs de la croupe et de la tête. — Pourquoi la période dite de projection n'est qu'une période de suspension. — Phases du galop auxquelles la croupe et l'avant-main présentent les positions les plus élevées et les plus basses. — Variations d'équilibre dont est susceptible le cheval au galop. — Influence d'une surcharge de l'avant-main ou de l'arrière-main. — Possibilité de trouver une forme de galop qui pourrait être fixée par le dressage et dans laquelle le travail du cheval sera réduit au minimum.

§ 1. — Les diverses variétés de galop.

Depuis l'emploi des appareils enregistreurs on a décrit trois formes de galop. Elles diffèrent entre elles par l'ordre dans lequel se posent et se lèvent les membres du cheval et le nombre de bases qu'ils forment en s'associant. L'étude de nos photographies montre des formes de galop fort différentes dépendant entièrement de l'équilibre donné au cheval.

Ayant été amené par mes recherches à donner des descriptions du galop très différentes des descriptions classiques, je rappellerai d'abord ces dernières en quelques mots. Les trois figures suivantes, empruntées à l'ouvrage de M. Fillis, parce qu'il est le plus récent[1], pourraient d'ailleurs à la rigueur dispenser de toute explication.

Fig. 7 à 9. — Le galop classique tel qu'il est représenté dans les ouvrages modernes d'équitation.

(1) 1er temps.
(2) 2e temps.
(3) 3e temps.

Au galop, chaque membre tombant sur le sol fait entendre en marquant sa foulée un bruit nommé battue, ayant servi aux anciens écuyers à définir ce qu'on désigne sous le nom de temps. Si pendant un saut de galop on entend trois bruits, le galop est dit en trois temps. Il est dit en quatre temps si l'on en entend quatre.

Le galop en trois temps se décrit aujourd'hui de la façon suivante, le cheval étant supposé galoper sur le pied droit :

Le *premier temps* ou première battue (fig. 7 à 9, nº 1) est marqué par le poser du postérieur gauche ;

1. Ces figures sont d'ailleurs exactement conformes à celles données par M. Marey dans son livre *la Machine animale*.

Le *second temps* ou deuxième battue (n° 2), est marqué par le poser simultané du postérieur droit et de l'antérieur gauche ;

Le *troisième temps* ou troisième battue (n° 3) est marqué par le poser de l'antérieur droit.

Voici maintenant d'après des auteurs récents la description de toutes les formes connues du galop : le petit galop en trois temps, le galop rassemblé en quatre temps et le galop de course en quatre temps. On n'a décrit jusqu'ici que ces trois

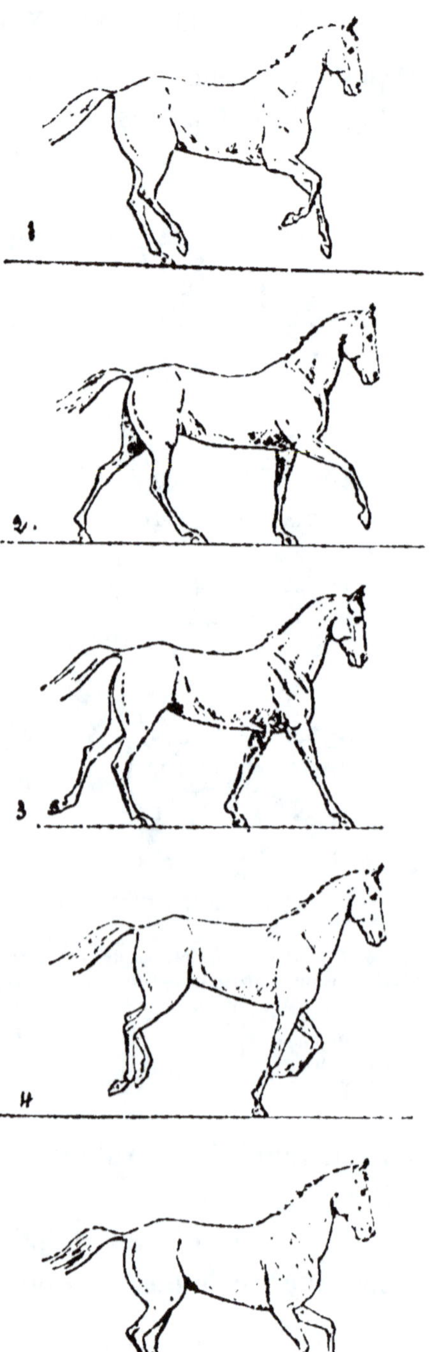

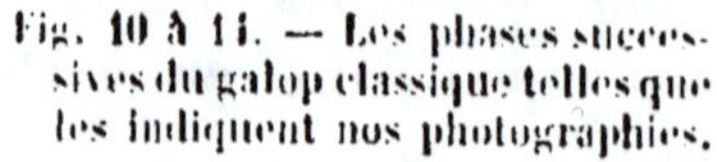
Fig. 10 à 14. — Les phases successives du galop classique telles que les indiquent nos photographies.

(1) 1er temps (Poser du postérieur gauche).
(2) 2e temps (Poser du diagonal gauche)[1].
(3) 3e temps (Poser de l'antérieur droit).
(4) Base unipédale (succédant au 3e temps).
(5) Période dite de suspension qui précède le premier temps.

1. Si les deux membres du diagonal ne se posent pas simultanément, on entend deux bruits. C'est ce qui caractérise pour l'oreille le galop en quatre temps.

formes de galop. Je les reproduis d'après le livre de Barroil et Raabe, le plus complet des ouvrages publiés sur la théorie des allures.

TABLEAU DES FORMES DU GALOP ACTUELLEMENT CONNUES

1. *Galop classique en trois temps sur le pied droit.*

1. Base unipédale postérieure gauche.
2. Base tripédale antérieure gauche.
3. Base diagonale gauche.
4. Base tripédale postérieure droite.
5. Base unipédale antérieure droite.

2. *Petit galop classique en quatre temps.*

1. Base unipédale postérieure gauche.
2. Base latérale gauche.
3. Base tripédale antérieure gauche.
4. Base quadrupédale.
5. Base tripédale postérieure droite.
6. Base latérale droite.
7. Base unipédale antérieure droite.

3. *Galop de course.*

1. Base unipédale postérieure gauche.
2. Base bipédale postérieure.
3. Base unipédale postérieure droite.
4. Base unipédale antérieure gauche.
5. Base bipédale antérieure.
6. Base unipédale antérieure droite.

Sauf pour le galop de course que je n'ai pas eu occasion d'étudier, j'ai pu obtenir par la photographie la reproduction des diverses formes de galop décrites précédemment mais les photographies m'ont prouvé également qu'il en existe bien d'autres. Or, ces autres formes, non encore décrites, sont justement les plus fréquentes, *alors que le galop classique en trois temps des auteurs est la forme la plus rare*. Ces mêmes recherches m'ont également prouvé que les bases latérales, supposées n'exister que dans le galop en quatre temps, s'observent dans la plupart des formes de galop.

Ces diverses formes de galop, depuis celles connues, décrites plus haut, jusqu'à celles inconnues que je vais

Fig. 15. — Premier temps du galop classique.

décrire pour la première fois, ayant été obtenues avec les mêmes chevaux montés par le même cavalier, on ne saurait invoquer aucune anomalie pour les expliquer.

Voici maintenant les quatre formes nouvelles de galop que j'ai pu obtenir et que reproduit mon atlas. Si l'on y joint les trois formes classiques, et celle dite désunie, on voit qu'il existe en réalité huit formes de galop différentes. Ce sera aux écuyers de l'avenir de décider, par des recherches nouvelles, quelles sont parmi ces formes diverses, pouvant être produites au gré du cavalier, celles plus avantageuses au point de vue de l'économie des forces de l'animal.

TABLEAU DE QUATRE NOUVELLES FORMES DU GALOP

1° Le galop latéro-diagonal.	*Observations*
1. Base unipédale postérieure gauche[1]. 2. Base latérale gauche. 3. Base tripédale antérieure gauche. 4. Base diagonale gauche. 5. Base tripédale postérieure droite. 6. Base latérale droite. 7. Base unipédale antérieure droite.	Galop régulier d'un animal parfaitement équilibré. Cette forme du galop diffère du galop classique en trois temps, par l'intercalation de bases latérales. Elle diffère du galop en quatre temps par la présence d'une base diagonale et la non-existence d'une base quadrupédale. Je crois que cette forme du galop doit être considérée comme le véritable galop classique. Pour l'en distinguer, je le désigne sous le nom de *galop latéro-diagonal*.
2° Le galop libre à bases latérales.	
1. Base unipédale postérieure gauche. 2. Base latérale gauche. 3. Base tripédale antérieure gauche. 4. Base tripédale postérieure droite. 5. Base latérale droite. 6. Base unipédale antérieure droite.	Ce galop diffère du galop classique en quatre temps par la suppression de la base quadrupédale. Le même cheval qui a donné ce galop donne d'ailleurs parfaitement, et à volonté, la base quadrupédale ainsi qu'on peut le constater sur notre atlas.
3° Le galop assis à bases bipédales et quadrupédales.	
1. Base unipédale postérieure gauche. 2. Base bipédale postérieure.	Galop d'un animal très renfermé entre les aides avec prédominance de l'action du mors.

1. Dans les photographies de mon atlas, le cheval galope tantôt sur le pied gauche, tantôt sur le pied droit. Pour mettre de l'uniformité dans les descriptions, j'ai supposé, — comme on le fait généralement, — le cheval galopant sur le pied droit. Dans la planche correspondant au galop que je décris maintenant, l'animal galope sur le pied gauche, il s'ensuit donc que les appuis sont inversés.

3. Base tripédale antérieure gauche.
4. Base quadrupédale.
5. Base tripédale postérieure droite.
6. Base unipédale antérieure droite.

Ce galop diffère du galop en quatre temps ordinaire par la disparition des bases latérales, et par l'intercalation d'une base bipédale postérieure. C'est un des temps de ce galop que représentaient les dessinateurs du temps de La Guérinière ; et, à ce point de vue, on voit que leurs représentations, contrairement à ce qu'on a soutenu, étaient fort correctes, au moins pour la base bipédale. Avec les mors très brutaux dont on faisait alors usage, le cheval était forcément conduit à cette forme de galop.

4° Le galop de charge.

1. Base unipédale postérieure gauche.
2. Base bipédale postérieure.
3. Base diagonale gauche.
4. Base bipédale antérieure.
5. Base unipédale antérieure droite.

Ce galop diffère du galop de course ordinaire par la formation d'une base diagonale. Il diffère du galop classique en trois temps par la présence de deux bases bipédales et la suppression des bases tripédales. Cette forme de galop est celle dans laquelle on rencontre le plus souvent une base diagonale, tandis que le galop classique en trois temps est la forme où cette base diagonale, — contrairement à l'opinion unanime des auteurs, — se rencontre le moins souvent.

Nous venons de voir que le galop peut prendre des formes très diverses. En dehors de l'équilibre imposé par le cavalier, d'autres facteurs, dont bien peu encore sont déterminés, peuvent produire ces variations de formes.

Parmi eux, il en est un : l'inclinaison du terrain, dont l'influence fut mise en évidence par le capitaine J.-B. Dumas. D'après les notes qu'il a bien voulu me communiquer, le cheval galopant sur une descente se latéraliserait. L'écart entre le poser des deux membres formant le diagonal central serait d'autant plus grand que la pente serait plus forte. Dans les montées le cheval se diagonaliserait au contraire, c'est-à-dire poserait simultanément les deux membres de son diagonal central. On aurait donc dans les descentes le poser des membres dans l'ordre suivant :

et dans les montées :

Suivant le même auteur, le cheval donnerait les airs diagonaux (passage, trot espagnol) beaucoup mieux dans les montées que dans les descentes. Il affirme aussi que les coureurs se latéralisent dans les descentes, alors que l'homme, comme le cheval, fait habituellement marcher ses membres par paires diagonales.

Le galop est-il plus fatigant que le trot ? Une telle question surprendra beaucoup de cavaliers, et cependant il est fort difficile encore d'y répondre. Il y a des contrées où les chevaux ignorent le trot et galopent sans cesse ; tels, par exemple, le Chili et l'Australie. Dans ce dernier pays, chacun fait ses courses au petit galop libre, sans modifier l'allure sur les pavés. Au Chili, le cheval galope constamment, même dans les descentes pierreuses.

Il serait du plus haut intérêt, je l'ai dit déjà, de pouvoir déterminer, par des photographies en séries, quelle forme de galop le cheval peut ainsi soutenir pendant des heures entières sans fatigue, alors que le galop des chevaux européens les fatigue si vite. Une fois trouvée, rien ne serait plus facile que de fixer cette forme par le dressage. Provisoirement, je crois pouvoir dire qu'elle doit se rapprocher beaucoup de la première des formes du galop décrites dans le tableau précédent.

On répète généralement, et il semble en effet à l'œil, que dans le galop d'un côté, à droite par exemple, le bipède latéral droit dépasse toujours le bipède latéral gauche. L'examen des planches de notre atlas prouve qu'il le

1

2

3

Fig. 16 à 18. — Formation des bases bipédales (1 et 3) dans le galop un peu rapide.

dépasse en effet, mais seulement pendant les deux tiers d'une foulée de galop; durant l'autre tiers, c'est au contraire le bipède latéral gauche qui est en avant du bipède latéral droit. Il y est notamment pendant toute la durée de la suspension et une grande partie de la période d'appui unique sur l'antérieur droit.

Le temps de durée des appuis de chaque membre, dans le galop en trois temps, prête également à plusieurs observations intéressantes. Si on représente par une seconde la durée totale des appuis, pendant une foulée de galop, on voit que le bruit des trois battues est effectué pendant la première moitié de la seconde.

Si on recherche la durée du temps pendant lequel le cheval repose sur trois membres et sur un membre, en prenant toujours l'unité précédente (une seconde pour la durée totale des appuis), on voit le cheval à l'appui sur trois membres pendant 50 centièmes de seconde environ, et sur un seul membre pendant 50 centièmes de seconde également (25 centièmes pour l'antérieur, 25 centièmes pour le postérieur). Le cheval au galop repose donc, moitié du temps sur trois membres et moitié du temps sur un seul. La durée de la période pendant laquelle il repose sur deux membres est trop courte pour que j'aie pu la mesurer exactement.

La période, de durée d'ailleurs assez variable, de suspension, c'est-à-dire celle pendant laquelle le cheval reste en l'air, est à peu près égale au quart de la durée totale des appuis.

Si on représente toujours par une seconde divisée par 100 la durée totale des appuis, on voit chaque membre seul, ou associé à d'autres, à l'appui pendant 50 centièmes de seconde, ce qui indique pour chaque membre un travail d'une durée à peu près égale. Je dis à peu près, parce qu'il m'a paru que la durée totale de l'appui de l'antérieur droit (associé d'abord au diagonal gauche, puis seul) est un peu supérieure.

Je donne tous les chiffres qui précèdent simplement à titre provisoire. Ils auront besoin d'être vérifiés sur un grand nombre de chevaux et avec des instruments fournissant 60 images par seconde.

Peut-on rattacher l'allure du galop à celle du trot? Pratiquement le trot et le galop sont différenciés, surtout parce que l'un est une allure symétrique, l'autre une allure dissymétrique. Théoriquement, le galop, ou du moins la forme de galop dite en trois temps, diffère uniquement du trot parce qu'un des deux diagonaux constitués du trot est dissocié, l'autre ne l'étant pas. On pourrait donc dire que le 2e temps du galop classique correspond à l'un des deux temps du trot. Pour le diagonal dissocié, la dissociation peut sembler fort profonde, puisque entre les posers des deux membres du diagonal dissocié s'intercale le poser du diagonal constitué. Mais ce n'est là qu'une apparence tenant à la façon de compter les temps du galop. Si on part, comme on le fait toujours, de la suspension, les membres, dans le galop ordinaire à droite en trois temps, se posent dans l'ordre suivant :

Postérieur gauche, 1er membre du diagonal dissocié.

Antérieur gauche,
Postérieur droit } Diagonal constitué comme au trot.

Antérieur droit, 2e membre du diagonal dissocié.

Dans ce cas, en effet, on trouve qu'entre le poser du postérieur gauche et de l'antérieur droit, un diagonal s'est intercalé; mais l'intercalation disparaît si, comme il est parfaitement légitime, nous prenons le 3e temps pour point de départ. L'ordre des posers sera alors le suivant :

Antérieur droit Postérieur gauche	Diagonal dissocié, c'est-à-dire membres posant en deux temps, mais sans intercalation d'un diagonal constitué entre le poser de ces deux membres.
Antérieur gauche Postérieur droit	Diagonal constitué comme au trot.

Le galop classique en trois temps pourrait donc alors être défini un trot dans lequel les deux membres d'un diagonal se posent en deux temps. Quand ces deux temps sont très rapprochés, on se trouve en présence d'une allure spéciale, intermédiaire peut-être entre le trot et le galop, désignée sous le nom d'aubin. Les écuyers le caractérisent en disant que le cheval trotte de l'avant-main et galope de l'arrière-main, ce qui d'ailleurs ne veut rien dire.

Je ne donne tout ce qui précède qu'à titre d'hypothèses provisoires. Les allures, le galop notamment, sont encore remplis de telles obscurités, qu'il convient d'apporter la plus grande réserve dans l'interprétation des phénomènes constatés.

§ 2. — Recherches sur les mouvements oscillatoires du cheval au galop, et sur les variations de son équilibre.

On a toujours admis qu'entre le 1er et le 3e temps, puis entre le 3e et le 1er temps, le cheval exécute un double mouvement de bascule comparable à l'oscillation d'une tige rigide autour d'un point fixe. Comme il est certain que l'une des extrémités de la tige monte quand l'autre descend, il a paru évident qu'il devait en être de même pour les mouvements du cheval, c'est-à-dire que, lorsque l'avant-main s'élève, la croupe s'abaisse, et réciproquement. Une étude plus attentive du phénomène montre les choses se passant tout autrement. Si nous reprenons notre comparaison d'une tige oscillant autour d'un point, nous dirons que le corps du cheval est bien comparable à cette tige, mais à la condition de faire varier constamment la position de son centre d'oscillation. Quand le centre sera à une des extrémités de la tige, les oscillations de cette tige pourront être représentées par les branches d'un V couché (<). Quand le support arrivera au centre de la tige, les mouvements de cette dernière seront comparables à celles des branches d'un X également couché (×).

Les mouvements du corps du cheval correspondent aux divers mouvements que je viens d'expliquer. Dans le second, il y a bien un vrai mouvement de bascule, mais pas du tout dans le premier. Dans le mouvement de bascule du cheval, son avant-main s'élève pendant que son arrière-main s'abaisse. Dans le mouvement en < l'avant-main et l'arrière-main s'élèvent et s'abaissent en même temps.

Voici maintenant, d'après une étude minutieuse des photographies, comment les choses s'effectuent le plus souvent chez un cheval bien équilibré. Quand l'animal passe de la position de la suspension à la position du 1er temps, la tête s'élève et la croupe s'abaisse, — mouvement de bascule. Du 1er au 2e temps, la croupe et la tête s'abaissent en même temps : c'est le mouvement en < décrit plus haut.

Du 2e au 3e temps, c'est-à-dire pendant la substitution de l'antérieur droit au postérieur gauche, la tête continue à baisser, mais la croupe remonte : nouveau mouvement de bascule.

Du 3e temps à la base unipédale, la tête et la croupe remontent (la croupe plus que la tête) : nouveau mouvement analogue à celui du <, mais en sens contraire >. La tête se relève alors, et nous avons un nouveau mouvement de bascule qui ramène le cheval au 1er temps, après avoir passé par la suspension.

Plusieurs auteurs enseignent encore que la période de suspension, où le cheval a les quatre pieds en l'air, est en réalité une période de projection, et soutiennent que c'est qu'il atteint alors à ce moment son maximum de hauteur au-dessus du sol. Les mesures effectuées par moi sur un grand nombre de photographies ne me permettent pas de croire qu'il en soit tout à fait ainsi. Sans doute en passant de la base unipédale au 1er temps, c'est-à-dire pendant la période de suspension, le cheval a quelquefois le sommet de la tête légèrement, — très légèrement, — plus élevé que lorsqu'il est sur sa base unipédale, mais la hauteur de la croupe ne s'élève pas. Le cheval est en l'air, non parce qu'il a été lancé, — cela représenterait une dépense de travail parfaitement inutile, — mais parce qu'ayant utilisé successivement tous ses membres pour progresser, il est obligé de les replier sous lui afin de revenir à la position du 1er temps. Il descend donc vers la terre et n'est nullement projeté. Si, comme je l'ai dit, la tête s'élève parfois un peu pendant la suspension, c'est en raison d'un mouvement assez comparable, mécaniquement, à celui du saut périlleux, et qui permet à l'animal de revenir à la position d'appui sur le postérieur caractérisant le 1er temps. Les mesures que j'ai effectuées m'ont prouvé d'ailleurs que l'on n'observe nullement la plus grande amplitude de mouvement du corps, quand l'animal passe de la base unipédale à la suspension, mais bien au moment où il passe du 3e temps à la base unipédale. Il est rare d'ailleurs, avec la plupart des chevaux, que dans les plus grands mouvements d'élévation du corps au galop, la tête et la croupe atteignent au-dessus du sol une hauteur sensiblement supérieure à celle occupée par le cheval en station.

Les divers mouvements venant d'être décrits varient avec l'équilibre donné au cheval.

Tous les cavaliers savent par expérience que le dressage d'abord, la conduite du cheval ensuite, modifient beaucoup ses allures au galop. Tel cheval, aux réactions dures, tirant à la main avec un cavalier, pourra avoir au contraire des réactions très douces et être léger à la main avec un autre cavalier. On se rend compte facilement de l'origine de ces variations. On sait, notamment, qu'en engageant les postérieurs par l'action des jambes, le cheval retombe sur un membre fléchi dont les jarrets font ressort, au lieu de retomber sur un membre vertical et peu susceptible de flexion ; on sait aussi que de simples déplacements de la tête de l'animal et du centre de gravité du cavalier modifient l'allure, et empêchent le cheval de se porter sur le mors. Mais pour traduire ces indications en langage scientifique, et déterminer dans quelles limites doivent osciller les mouvements des membres pouvant se produire au galop, afin que le cheval ait des réactions moelleuses en dépensant le moins d'effort, les documents font entièrement défaut.

Je signale aux expérimentateurs ce sujet d'investigations que je n'ai pu qu'effleurer. Le point le plus important à déterminer est l'amplitude utile des oscillations de l'avant-main et de l'arrière-main : rechercher, par exemple, si, comme cela paraît probable, il est plus avantageux que l'avant-main et l'arrière-main se soulèvent également au lieu de se soulever d'une façon inégale; rechercher ensuite l'influence des déplacements de la tête et de l'encolure sur ces divers mouvements; ce qui indiquerait le degré de liberté pouvant être laissé à l'encolure du cheval au galop.

Je ne puis qu'indiquer ces questions dont la solution eût demandé un temps dépassant beaucoup celui dont je pouvais disposer, et me bornerai à énoncer les résultats de quelques-unes de mes observations. Elles montrent combien sont étendues les limites dans lesquelles peuvent varier les mouvements de l'animal, suivant la forme du galop, le cavalier, le dressage, etc.

Au galop moyen en trois temps, chez un animal parfaitement dressé, galopant la tête verticale, l'amplitude des mouvements de l'avant-main est un peu supérieure à celle de l'arrière-main[1].

Au petit galop très raccourci, l'avant-main ou l'arrière-main peuvent l'emporter comme amplitude d'oscillation, selon que le cheval est sur les épaules, comme tous les vieux chevaux de manège, ou très assis, suivant un terme expressif de l'argot hippique. Cette dernière variété de galop, fréquemment employée dans l'ancienne équitation (fig. 19), est assez rare aujourd'hui.

Pour le galop de course, je ne suis pas encore entière-

1. D'après des mesures effectuées sur des photographies instantanées du cheval dont il est ici question, le plus grand écart des hauteurs de la tête, entre le 3e temps, où elle était la plus basse, et le 1er temps, où elle était la plus haute (un peu plus haute même que pendant la suspension), a été de 24 centimètres. Pour la croupe, entre le 2e temps, où sa position était la plus basse, et pendant l'appui unipédal antérieur, où elle était la plus haute, l'écart observé a été de 18 centimètres.

ment fixé : l'échelle des photographies que je possède est trop réduite pour que leurs mesures puissent fournir des résultats suffisamment précis. La tête semble cependant à cette allure avoir les plus grands mouvements d'oscillation.

Les déplacements angulaires de l'axe de la tête paraissant en tout cas, à cette allure, atteindre leur maximum. Leur amplitude peut gagner 15 degrés, soit trois fois plus que dans les autres formes de galop. Toutefois, on le remarquera, ces grands déplacements angulaires de la tête ne sont pas en rapport uniquement avec son élévation. Ils dépendent en effet : 1° de la flexion de la tête sur l'encolure ; 2° de l'allongement ou du raccourcissement de l'encolure ; 3° de l'élévation ou de l'abaissement de l'avant-main. Ces causes s'additionnent accidentellement, mais il peut arriver aussi qu'une ou plusieurs finissent par se soustraire.

Fig. 19. — Le galop tel qu'il était autrefois pratiqué.

(Figure extraite de l'ouvrage de La Guérinière.)

On comprend aisément que le galop puisse être pour le cheval une allure peu fatigante, ou au contraire très fatigante, en voyant combien peuvent différer les variations du mouvement de bascule de l'avant-main et de l'arrière-main. Dans le galop bien équilibré, ce mouvement est symétrique. Chez les chevaux à encolure un peu basse, l'élévation de l'arrière-main l'emporte visiblement (série photographique de Bonnal, par exemple). Chez ceux gênés par l'action brutale du mors, l'arrière-main est au contraire écrasée et quitte à peine le sol : c'est l'avant-main seule qui bascule. Tels sont les chevaux représentés dans les livres des écuyers du dernier siècle, La Guérinière notamment, et dont j'ai donné un spécimen (fig. 15). Cette forme du galop, observée à peine aujourd'hui dans quelques cirques, est la plus pénible de toutes pour le cheval. Celle avec prédominance de l'arrière-main, tout en étant fort mauvaise et aussi fatigante que dangereuse pour le cavalier, est probablement moins désavantageuse pour le cheval que le galop assis.

J'ai, dans tout ce qui précède, parlé du cheval en général, sans m'occuper des cas individuels. Mais si l'on tient compte de ces derniers, les questions d'équilibre se compliquent singulièrement. Pourtant dans ces cas particuliers, cette étude a de l'importance, non seulement au point de vue de l'allure, mais encore de la durée du cheval. La taille des chevaux n'est pas, comme on le sait, la même à la croupe et au garrot : l'un ou l'autre l'emporte généralement de quelques centimètres. Les chevaux hauts ou bas du devant doivent être équilibrés d'une façon différente : c'est surtout chez eux que la trop grande surcharge d'un bipède, l'antérieur ou le postérieur suivant la structure du cheval, a pour conséquence son usure prématurée. Il en résulte la nécessité pour le cavalier d'alléger, soit par sa position, soit par le placement de la selle en avant ou en arrière, soit par la position de la tête du cheval, le bipède surchargé. Des expériences faites à Alfort ont montré qu'il suffit d'élever artificiellement de quelques centimètres la hauteur du train antérieur ou du train postérieur d'un cheval, — de façon à obtenir à volonté des chevaux hauts ou bas du devant, — pour faire varier considérablement le poids de l'avant-main et de l'arrière-main.

En élevant la taille au garrot on a pu réduire de 6 à 30 kilogrammes, suivant les chevaux, l'excédent de poids du train antérieur. En élevant, au contraire, la croupe, on a augmenté dans des proportions analogues l'excédent du train antérieur. Les écarts de ces chiffres révèlent, d'ailleurs, que des facteurs encore mal connus doivent intervenir dans leur composition.

Ce court exposé montre quelles nombreuses variétés d'équilibre peut prendre le cheval au galop. Cette allure peut varier dans des limites considérables non seulement au point de vue de sa vitesse mais encore quant à sa forme. On conçoit donc, et je reviens ainsi au côté pratique de ces recherches, qu'il soit possible de fixer par le dressage l'allure dans laquelle le cheval donnera le maximum de travail avec le minimum d'effort. Pour des raisons mécaniques évidentes, cette forme sera celle où les mouvements oscillatoires du cheval auront été réduits à leur minimum et où l'effort sera le mieux réparti sur les quatre membres. Il est très probable, dans ces conditions, que le galop sur un sol élastique ne comporte pas plus de fatigue que le trot.

LIVRE III

L'ÉQUILIBRE DU CHEVAL

CHAPITRE I

LES VARIATIONS D'ÉQUILIBRE DU CHEVAL

Équilibre du cheval non monté et monté. — Les allures du cheval monté sont toujours des allures artificielles. — Formes diverses d'équilibre qu'on observe le plus fréquemment. — Le cheval sur l'avant-main. — Le cheval sur l'arrière-main. — Le cheval acculé. — Inconvénients du rassembler tel que le pratiquaient Baucher et Raabe. — Pourquoi il détruisait le perçant. — L'acculement psychologique. — Le rassembler par simple engagement des postérieurs. — Ses conséquences. — Nécessité d'amener le cheval à marcher sur des bases longues ou des bases courtes, à la volonté de son cavalier.

Le cheval non monté et vivant en liberté est naturellement parfaitement équilibré, et si le cavalier constituait un poids négligeable il serait, je le répète, inutile de songer à modifier son équilibre. Mais le poids du cavalier est considérable, et de plus très inégalement réparti. Les anciennes expériences de Morris et Baucher, confirmées par celles du capitaine Dumas, exécutées en plaçant les extrémités antérieures et postérieures d'un cheval sur les plateaux d'une grande balance, ont prouvé que les deux tiers environ du poids du cavalier surchargeaient l'avant-main. En relevant l'encolure de l'animal, on peut diminuer d'une vingtaine de kilogrammes cette surcharge. Le poids d'un cavalier ne produit donc pas une simple surcharge, mais aussi une rupture de l'équilibre naturel existant entre l'avant-main et l'arrière-main du cheval, rupture qui modifie ses allures naturelles et l'oblige à chercher des attitudes en rapport avec son nouveau travail. Donc, par le fait seul qu'un cheval est monté, il n'y a plus chez lui d'allures naturelles, mais seulement des allures artificielles. Il peut être assimilé à un portefaix soulevant un fardeau très inégalement réparti.

Supposons, — et c'est le cas le plus général, — le cavalier se fiant à l'instinct du cheval pour se tirer d'affaire tout seul. L'animal s'en tirera sans doute, mais les attitudes conseillées par l'instinct seront-elles au bénéfice de l'animal et de son cavalier? Là est tout le problème.

Or, l'expérience prouve que le cheval agira comme tout être vivant le ferait à sa place : il cherchera l'attitude la moins gênante momentanément sans se préoccuper de ses inconvénients futurs. Il imitera le conscrit sur le dos duquel on place un sac et qui, si on le laissait faire, se pencherait en avant pour se soulager, sans songer aux conséquences lointaines de l'inclinaison de sa colonne vertébrale, de la compression de ses viscères, etc. Il faut que le chef chargé de dresser le conscrit, auquel l'expérience a enseigné les meilleures attitudes à adopter, vienne les lui enseigner.

Il en est de même pour le cheval : on doit lui enseigner à rectifier son équilibre. Si nous ne le lui apprenons pas, nous aurons bientôt un animal habitué à charger son avant-main, trottant en rasant le tapis et exposé aux chutes incessantes. Il évitera peut-être ces chutes, s'il est très vigoureux, mais il n'échappera sûrement pas à une usure prématurée des membres antérieurs, qui réduira considérablement la durée de son service.

Le cheval en station peut, soit par la position du cavalier, soit par ses dispositions naturelles, soit par le dressage, prendre des équilibres variés faciles à représenter assez clairement par le petit nombre de schémas figurés dans les figures ci-dessous. Le cavalier imposant à volonté ces divers équilibres à l'animal est absolument maître de ce dernier.

Graphiques des divers équilibres que peut prendre le cheval en station (fig. 20 à 24).

Représentons le corps du cheval par une ligne horizontale, sa tête par une ligne oblique, terminant cette dernière, les membres par des lignes verticales. L'animal étant en station, les membres peuvent prendre des positions variées d'où résulteront les équilibres suivants.

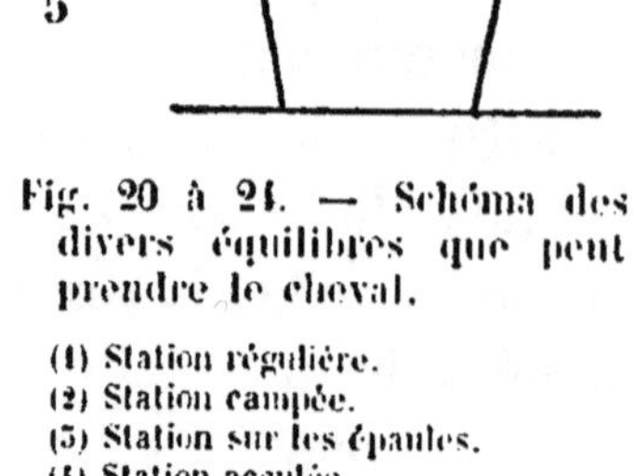

Fig. 20 à 24. — Schéma des divers équilibres que peut prendre le cheval.

(1) Station régulière.
(2) Station campée.
(3) Station sur les épaules.
(4) Station acculée.
(5) Station rassemblée par convergence des antérieurs et des postérieurs.

Station régulière (n° 1). Cheval bien placé. Son poids est réparti convenablement sur l'avant-main et sur l'arrière-main. Cette position est celle qu'il peut conserver le plus longtemps avec le minimum d'effort.

Station campée (n° 2). Les membres sont éloignés de la verticale, l'encolure est relevée, le dos affaissé. Le cheval ne peut sortir de cette position qu'avec effort et n'est apte par conséquent à prendre aisément aucune allure. C'est la position du cheval de voiture dont on a relevé l'encolure par un enrênement artificiel.

Station sur les épaules (n° 3). Dans cette position, le cheval est dit *sur les épaules*. C'est la position qu'il prend le plus souvent lorsqu'il est monté sans avoir été assoupli par le dressage ou lorsqu'il tire un fardeau.

Station acculée (nº 4). Dès que cette position s'exagère, l'animal arrive au reculer. Ceci est l'acculement dû à un mauvais équilibre. Mais il existe une autre forme d'acculement qu'on observe avec un équilibre quelconque et auquel on pourrait donner le nom *d'acculement psychologique*. C'est celui de l'animal qui ne se porte plus en avant sous l'influence des jambes de son cavalier, et se trouve par conséquent entièrement soustrait à son action. Cette forme d'acculement est la plus dangereuse.

Station rassemblée par convergence des antérieurs et des postérieurs vers un centre commun (nº 5). Ce rassembler fut celui enseigné par Baucher pendant la plus grande partie de sa carrière, et conservé par son élève Raabe. Il enlève au cheval son perçant et, dans les mains d'un cavalier inexpérimenté, conduit rapidement à l'acculement psychologique dont il a été parlé plus haut. Ce sont surtout les conséquences désastreuses de ce rassembler qui ont fait abandonner en France la méthode de Baucher.

Station rassemblée par convergence des postérieurs (même figure que le nº 1 mais avec la ligne verticale représentant les postérieurs engagés sous le corps). C'est là le rassembler de l'ancienne école Française, mais avec beaucoup moins d'affaissement de l'arrière-main. Baucher y était revenu à la fin de sa vie. Dans cette forme de rassembler, les antérieurs restent dans leur position verticale, les postérieurs propulseurs sont seuls engagés sous le centre. L'élévation de l'encolure empêche absolument l'encapuchonnement et ses conséquences. Ce mode de rassembler, adopté en Allemagne, accroît le perçant du cheval et allège son avant-main.

Reprenons quelques-unes des formes d'équilibre représentées par nos figures, et montrons leur importance. Les deux formes principales les plus faciles à observer sont le cheval sur les épaules et le cheval sur l'arrière-main. Le type du premier est le cheval traînant un lourd fardeau; le type du second, le cheval de cirque.

Le cheval est sur les épaules lorsqu'une grande partie de son poids et de ses forces se trouvent rejetés sur l'avant-main. La surcharge des épaules le rend lourd à la main et peu mobile. Il affaisse son encolure, tire sur les mains du cavalier, rase le tapis en trottant et, s'il est vigoureux, s'emballe aisément.

Le cheval sur l'arrière-main concentre au contraire ses forces dans son arrière-main, manque d'impulsion et tend

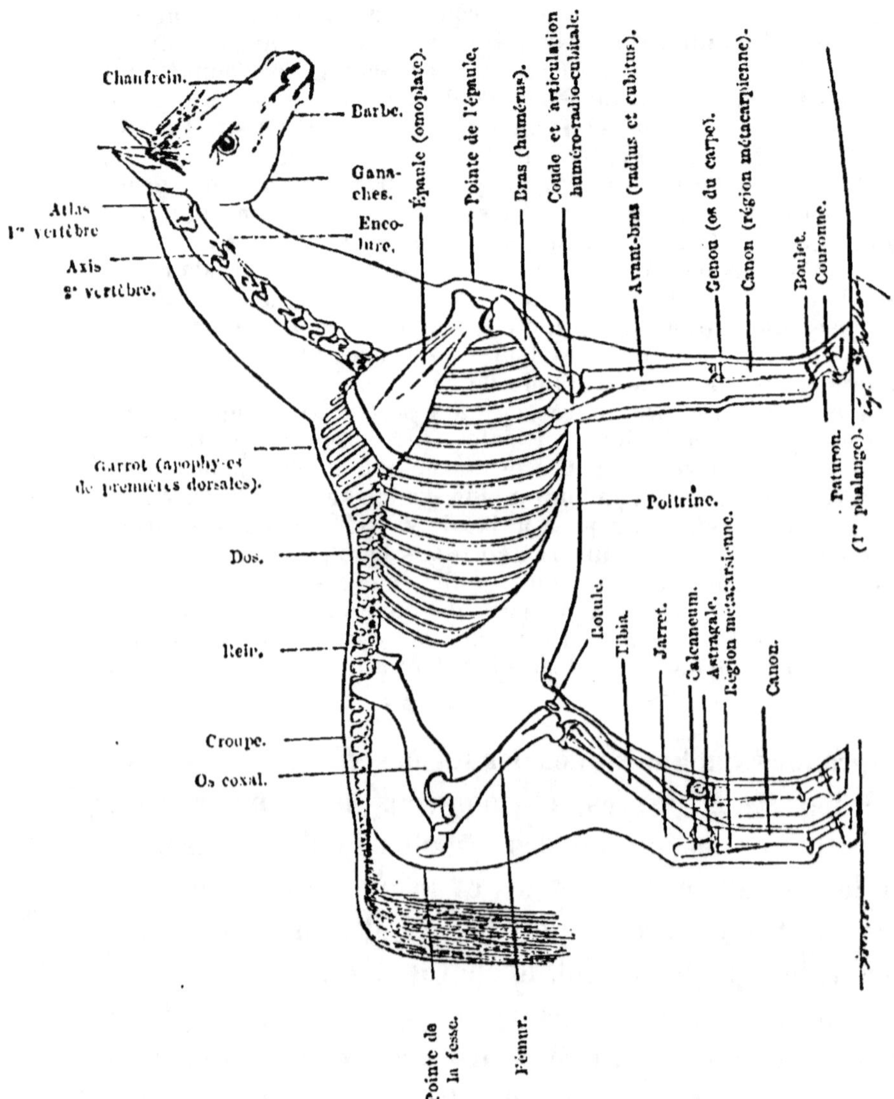

Fig. 25. — Rapports du squelette du cheval avec ses formes extérieures.

à fuir la main de son cavalier. Il a souvent ce défaut à la suite d'un dressage maladroit. Non seulement alors il fuit la main en s'encapuchonnant, mais en outre il ne se porte plus en avant sous l'action des jambes. Il est dans cet état particulier appelé l'acculement. « Un cheval est acculé, écrit Baucher, toutes les fois que ses forces et son poids se trouvent refoulés sur la partie postérieure. L'acculement est le principe des défenses, puisqu'il tend à prendre constamment sur l'action propre au mouvement, à reporter le centre de gravité en arrière et au delà du milieu du corps du cheval, à rejeter ainsi le poids du corps sur l'arrière-main. Le cheval n'est plus soumis momentanément à l'action des jambes, les forces se trouvent en arrière des jambes du cavalier.... Il faut, pour éviter l'acculement, que dans tous les mouvements les jambes du cavalier précèdent la main, et que le soutien des jambes se continue jusqu'à ce qu'il ait obtenu la légèreté. C'est lorsqu'elle sera parfaite que l'on reconnaîtra que le cheval n'est ni acculé ni sur les épaules; c'est alors qu'il sera, entre la main et les jambes, soumis à la volonté du cavalier. Amené à cet état d'équilibre, même au pas, le cheval est aux trois quarts dressé. »

Baucher a très bien défini ici l'acculement, mais il ne sut pas montrer à ses élèves les moyens de l'éviter. Aussi sa méthode tomba-t-elle en France dans un complet discrédit. A la fin de sa vie, ce grand écuyer remédia à ce grave défaut par le relèvement de l'encolure, mais il était trop tard, le jugement porté resta définitif.

L'acculement, auquel sont arrivés presque tous les élèves de Baucher, ne se produisait pas toujours par une rupture d'équilibre au profit de l'arrière-main. C'était plutôt ce que j'ai déjà appelé l'acculement psychologique, c'est-à-dire l'hésitation à se porter en avant d'un animal placé dans cet état d'équilibre trop instable donné par un certain mode de rassembler. Nous allons en comprendre aisément la cause en étudiant cet équilibre particulier.

La figure 24 montre bien ce qu'on entend par le rassembler tel que le pratiquait d'abord Baucher et ont continué à le pratiquer tous ses disciples, Raabe notamment. Les quatre extrémités des membres sont ramenées vers un centre commun en arrière de la ligne d'aplomb des antérieurs. L'encolure dans cette position est forcément affaissée — beaucoup plus que sur la figure. — Ainsi disposées, l'avant-main et l'arrière-main se trouvent également équilibrées, mais cet équilibre est fort instable. Il peut être rompu aussi facilement au profit du mouvement en arrière qu'au profit du mouvement en avant. De toutes façons, la tendance à l'impulsion est annulée par suite de la concentration des forces vers le centre de gravité. Si les demandes du cavalier ne sont pas absolument justes, le cheval s'encapuchonne et s'accule. L'encapuchonnement lui est d'ailleurs rendu extrêmement facile par l'affaissement de son encolure. A moins d'une habileté supérieure de son cavalier, l'animal ainsi dressé a beaucoup perdu de son impulsion et de sa franchise et est bien près d'être rétif.

De tels écueils n'étaient pas dangereux pour un écuyer comme Baucher, ne travaillant d'ailleurs qu'au manège; mais la plupart de ses élèves ne les évitèrent pas. Il finit par se rendre compte lui-même des désavantages de sa méthode et arriva, vers la fin de sa vie, à un rassembler fort différent du précédent, se rapprochant beaucoup de celui de l'ancienne école de Versailles. Les antérieurs ni les postérieurs ne sont plus rapprochés du centre, — ce qui exagère l'affaissement de l'encolure et tous les inconvénients qui en découlent, — les postérieurs seuls sont ramenés sous le centre. Les antérieurs restent dans leur ligne d'aplomb, ce qui permet de maintenir l'encolure élevée et d'éviter l'encapuchonnement et le défaut d'impulsion.

Dans ce mode de rassembler, on surcharge évidemment un peu l'arrière-main, mais cela n'aurait d'inconvénient que si on arrivait, comme au temps de La Guérinière, à asseoir le cheval d'une façon exagérée.

Entre le cheval en station régulière et le cheval rassemblé par simple engagement des postérieurs, à peine y a-t-il 3 à 4 centimètres de différence de hauteur du sommet de la croupe au sol.

Le rassembler ainsi obtenu produit les effets suivants : 1° il rejette une partie du poids de l'animal sur son arrière-main; 2° il produit pendant la marche le relèvement des membres antérieurs; 3° il produit, si les jambes du cavalier fonctionnent convenablement, l'engagement des postérieurs propulseurs, ce qui augmente beaucoup la vigueur de l'allure.

Ce mode de rassembler non encore enseigné en France dans les manèges civils et militaires est le seul pratiqué dans l'armée allemande.

Nous n'avons, dans ce paragraphe, étudié le rassembler qu'au repos. Il peut se maintenir à toutes les allures, et a pour conséquence de raccourcir les bases de sustentation de l'animal. Le cheval travaille alors sur des bases courtes, ce qui accroît sa mobilité, mais réduit nécessairement sa vitesse. Dès qu'on veut accélérer cette vitesse, on renonce au rassembler, et l'animal travaille alors sur des bases longues. Tout l'art du dressage est de savoir obliger le cheval, suivant les cas, à marcher sur des bases longues ou sur des bases courtes. Le cheval passera alors sans difficulté du travail de la haute école aux exercices de steeple-chase. Quand un écuyer a su conduire son cheval à ce point, il comprend aisément que la vieille lutte entre l'équitation rassemblée et l'équitation allongée s'évanouit faute d'objet.

CHAPITRE II

LE ROLE DE L'ENCOLURE ET LES EFFETS DE LA MISE EN MAIN

§ 1. *Mouvements de l'encolure aux diverses allures.* — Mobilité au pas et au galop de l'encolure. — Son immobilité au trot. — Rôle de l'encolure pour modifier l'équilibre et amortir les chocs sur les jarrets. — § 2. *Résultats des diverses positions de l'encolure.* — L'encolure horizontale abaissée. — L'encolure relevée. — Effets consécutifs. — Expérience sur les résultats produits par le relèvement de l'encolure sur la domination du cheval et les variations de sa vitesse. — Nécessité d'accompagner le relèvement de l'encolure de l'engagement des postérieurs. — § 3. *Les effets de la mise en main.* — Définition de la mise en main et énumération de ses effets consécutifs. — Erreurs des explications données sur les causes des effets de la mise en main. — Inconvénients de la mise en main incorrectement pratiquée.

Je vais aborder dans ce chapitre un des sujets sur lesquels on a le plus écrit, et qui, faute d'expériences suffisantes, reste encore très obscur. Pour pouvoir élucider définitivement les questions que je vais traiter, il faudrait des recherches scientifiquement conduites sur un grand nombre de chevaux. Elles ne sauraient donc, par conséquent, être à la portée d'un simple particulier.

Tous les auteurs considèrent avec raison l'encolure comme une sorte de gouvernail réglant les mouvements du cheval, et en même temps une sorte de balancier qui peut faire refluer une partie du poids de l'avant-main sur l'arrière-main, ou réciproquement, et modifier ainsi la vitesse de l'allure. Le cheval allonge son encolure pour accélérer sa vitesse et la raccourcit pour la ralentir; il la porte à droite pour aller à droite, et du côté opposé pour aller à gauche. Rien n'est plus clair ni moins contestable, mais ce sont là des données fort sommaires, et quand on veut en déduire des règles pratiques pour la conduite du cheval, on constate bientôt que les diverses écoles arrivent aux assertions les plus contradictoires.

Pour tâcher de faire un peu de lumière sur ce sujet, j'essayerai de déterminer, en prenant surtout mes expériences photographiques pour base, les effets des variations de position de l'encolure. Auparavant, je dirai quelques mots du degré de mobilité de l'encolure aux diverses allures.

§ 1. — Mouvements de l'encolure aux diverses allures.

Ainsi que je l'ai expliqué précédemment, le pas est l'allure où les mouvements de l'encolure atteignent la plus grande amplitude. Au trot, elle se fixe presque entièrement; au petit galop, elle est, au moins chez la plupart des chevaux, peu mobile; au grand galop, l'amplitude du mouvement angulaire de l'encolure est assez grande, mais moindre qu'au pas.

Il s'en faut d'ailleurs que tous les chevaux utilisent de la même façon leur encolure et ce fait complique encore le problème. En observant, au concours hippique, les chevaux à l'instant où on les lance à toute vitesse pour franchir la rivière, j'ai constaté qu'ils se servent très différemment de leur encolure, quelques-uns même ne s'en servent pas du tout. En général on peut dire que les pur-sang à encolure allongée s'en servent beaucoup, et que les chevaux à cou court et ramassé s'en servent assez peu. Par le dressage, — et ce point a une grande importance, — nous pouvons apprendre à un cheval à se servir beaucoup de son encolure, ou au contraire à s'en servir très peu. Il est donc nécessaire de savoir dans quelles limites le dressage doit agir.

Il m'est encore impossible de dire pourquoi le cheval mobilise considérablement son encolure au pas, l'immobilise dès qu'il prend le trot, et la mobilise de nouveau au grand galop. Ces questions de mécanique animale demanderont encore bien des recherches avant d'être clairement résolues. L'étude des graphiques de l'encolure sur le plan de terre aux diverses allures fait constater, sous une autre forme, les mouvements dont je viens de parler, mais ne fournit nullement leur explication.

En dehors de son rôle au point de vue de l'équilibre, il paraît certain que l'encolure doit agir encore pour amortir les chocs sur les jarrets de l'animal. Elle peut être considérée, en effet, comme une charnière mobile qui, lorsqu'elle fonctionne, décompose les chocs et ne les transmet qu'amortis par l'intermédiaire de la chaîne des vertèbres aux reins, puis aux jarrets supportant à un moment donné tout le poids du corps. Une encolure courte ou une encolure longue mais rigide, dont par conséquent le cheval ne se sert pas, n'amortit rien et laisse arriver aux jarrets tous les chocs sans les atténuer. Quand le cheval ne sait pas se servir de son encolure, ou quand le cavalier l'empêche de s'en servir, l'état de ses jarrets le montre clairement.

Nous disons que les mouvements de l'encolure se propagent à toute la série des vertèbres de la colonne vertébrale. La théorie l'indique et l'observation le prouve en faisant voir que la queue, représentant une des extrémités de la chaîne des vertèbres dont l'encolure forme le commencement, participe aux mouvements de l'encolure dans tous les exercices violents, le saut et le galop, par exemple. Elle agit aussi comme balancier, mais en sens inverse de l'encolure. Leurs mouvements réciproques se font, comme ceux des membres, en diagonale.

Examinons maintenant les effets des diverses positions de l'encolure.

§ 2. — Résultats des diverses positions de l'encolure.

Encolure horizontale. — L'encolure complètement horizontale représente le cheval abandonné à lui-même. Evidemment, ce serait la plus simple et la plus naturelle de toutes les positions, si, lorsque l'animal est monté, la plus grande partie du poids du cavalier n'était pas rejetée sur l'avant-main. On peut recommander la position de l'encolure horizontale dans certaines formes du pas et du galop; mais au trot elle a pour conséquence inévitable le peu de solidité du cheval et l'usure rapide de ses antérieurs. En lui relevant l'encolure à cette allure, on rejette du poids sur son arrière-main, et on évite la surcharge permanente de ses membres antérieurs.

Les anciens écuyers avaient parfaitement reconnu les inconvénients qu'il y a à laisser le cheval allonger son encolure. Dès 1559, le célèbre Grison faisait remarquer que le cheval tête libre et en avant va « avec l'eschine abandonnée et laschée », et a les mouvements irréguliers.

Abaissement de l'encolure. — L'horizontalité de l'encolure conduit bientôt le cheval à l'abaissement de l'encolure, lui permettant de s'encapuchonner dès que les rênes agissent sur la bouche. C'est pour lui un moyen infaillible de se soustraire à l'action de son cavalier. Le cavalier tirant sur les rênes d'un cheval dont l'encolure est habituellement horizontale reste sans action sur lui, puisque l'animal n'a qu'à l'abaisser pour annuler les effets du mors. Le cheval est alors absolument maître de son allure, et on le voit, tantôt sur les épaules, tantôt sur les jarrets, reculant, avançant ou s'emballant à volonté. Il cède au poids de sa masse en avant ou en arrière. S'il se lance en avant, ses mouvements se multiplient spasmodiquement en nombre et se rétrécissent en durée. Si un dressage mal conduit lui a appris à fléchir à volonté son encolure, l'encapuchonnement lui est extrêmement facile. C'est ce qu'ont dû constater autrefois les cavaliers suivant les premières prescriptions de Baucher. Au bout de quelque temps, ils avaient des chevaux encapuchonnés et acculés, inutilisables en dehors du manège.

Relèvement de l'encolure. — J'arrive à la troisième position qu'il est possible de donner à l'encolure, la position relevée.

Nos photographies nous ont prouvé, et le lecteur s'en rendra aisément compte en parcourant notre atlas, l'influence tout à fait considérable du relèvement de l'encolure sur les allures, et la domination qu'elle assure sur le cheval. Ce relèvement constitue à mes yeux un des points fondamentaux de l'équitation, le meilleur moyen de régler à volonté la vitesse du cheval et d'abréger immensément la durée du dressage.

Les effets du relèvement de l'encolure sont faciles à constater, mais leur cause m'est encore inconnue. L'explication ordinaire, qu'en relevant l'encolure nous rejetons du poids du cavalier sur l'arrière-main et dégageons l'avant-main est insuffisante. Les effets sur l'allure obtenue par des relèvements d'encolure seront les mêmes, que le cheval soit monté par une fillette ou par un lourd cuirassier; cependant, dans le premier cas, les translations de poids sur l'arrière-main seront bien peu de chose pour le cheval. Ce relèvement d'encolure doit avoir pour résultat certain tassement des vertèbres, ou la mobilisation des points d'insertion de certains muscles, d'où résultent les modifications de l'allure, et notamment le ralentissement *forcé* du cheval, quel que soit le poids du cavalier. Peut-être pourrait-on rapprocher de cet effet ce qu'on observe chez l'homme. Si dans une course ce dernier essaie de redresser le buste et la tête, il est bientôt forcé de ralentir sa vitesse.

Ce ralentissement forcé de l'allure par relèvement d'encolure, je l'ai constaté par des expériences déjà nombreuses exécutées par moi-même, ou à mon instigation, sur beaucoup de chevaux. J'en ai même tiré des règles pratiques extrêmement simples, qui, avec les trois quarts des chevaux (le quart faisant peut-être exception comprend les chevaux à encolure dite renversée), permettent d'éviter l'emballement et de régler le trot et le galop absolument à la vitesse qu'on désire.

Le cheval conduit exclusivement sur le filet, la main haute appuyée contre le corps et tout à fait fixe, les jambes très en arrière pour engager les postérieurs, est sous la domination complète de son cavalier et dans l'impossibilité totale d'accélérer sa vitesse sans la permission de celui-ci. On pourra l'attaquer à l'éperon sans qu'il accélère ses mouvements si la main ne bouge pas. Il bondira peut-être, multipliera les lançades, mais ne pourra accroître son allure avant que la main s'abaisse. C'est là un effet physiologique incontestable. Il m'est arrivé par ce moyen, après un court travail, de mettre au galop d'école des chevaux qui ignoraient absolument cette allure. Ayant possédé pendant quelque temps un petit cheval fort emballeur, j'essayai plus d'une fois, comme expérience, de l'emballer lorsque l'encolure était relevée, mais sans y avoir jamais réussi, quel que fût son degré d'excitation. Sous l'action de l'éperon, avec la main haute, il se bornait à donner des coups de raquette et galopait presque sur place. Il n'y avait alors qu'à baisser la main de quelques centimètres pour le voir filer à toute vitesse[1], et il fallait alors un temps assez long pour arrêter l'animal, qui employait tous les moyens en son pouvoir pour se soustraire au relèvement de son encolure.

Le relèvement de l'encolure n'a pas seulement pour conséquence de permettre des variations de vitesse et la domination absolue du cheval; il a aussi celui d'amener le

1. Le capitaine J.-B. Dumas me cite, à l'appui de ces observations, une jument ayant une surcharge de poids de 125 kilogrammes sur l'avant-main une fois montée (cette surcharge dépasse fort rarement 100 kilogrammes). Personne n'osait s'embarquer sur elle au galop, parce que l'animal s'emballait immédiatement. Le capitaine l'a dressée en huit jours, pour un général, à faire du petit galop. « Je n'ai employé d'autre moyen, m'écrit-il, que l'élévation de l'encolure fixée sur les attaques d'éperon. Au moindre jeu d'encolure au début, la tendance reparaissait. L'éperon lui a appris à y renoncer. » C'est probablement parce que, quoi qu'on fasse, l'encolure prend toujours un peu de jeu chez les chevaux à encolure renversée, que l'exagération du relèvement de l'encolure n'agit pas chez eux et ne peut empêcher l'emballement. Le capitaine Dumas est cependant convaincu, d'après ses expériences, et contrairement à l'opinion généralement reçue, que l'emballement avec l'encolure renversée n'est possible que parce que cette encolure ayant beaucoup de jeu paraît fixée à son maximum d'élévation alors qu'elle ne l'est pas. Si on la fixait suffisamment, l'emballement resterait, suivant lui, impossible.

relèvement des antérieurs, de rendre l'animal beaucoup plus léger, et finalement d'empêcher absolument l'encapuchonnement, cet écueil de la haute école où sont venus verser, comme je le disais plus haut, la plupart des élèves de Baucher. L'illustre écuyer avait fini d'ailleurs par le reconnaître lui-même, et était arrivé, lui aussi, à exiger de ses chevaux une encolure très haute. Le rédacteur de ses dernières leçons, le général Faverot de Kerbrecht, revient à chaque page sur l'importance de ces relèvements d'encolure.

Fig. 26. — Pur-sang en station (rênes libres).

Les écuyers de haute école n'ont pas seuls reconnu l'utilité de relever l'encolure du cheval. Les Américains, fort pratiques et peu initiés aux finesses de l'équitation, font un usage constant du filet releveur.

Le relèvement de l'encolure permet seulement de régler l'impulsion et de la distribuer au cheval par quantités voulues, en augmentant ou diminuant le degré du relèvement. Pour la pratique courante, on peut considérer comme très suffisamment dressé un cheval dont l'encolure peut être relevée à volonté, la tête se maintenant toujours, après ce relèvement, à peu près verticale, et qui en même temps sait bien engager ses postérieurs. Un traité d'équitation et de dressage qui se bornerait à indiquer les moyens d'obtenir ces résultats, — pouvant, comme nous le verrons ailleurs, se lire en quelques lignes, — constituerait un ouvrage très suffisant dans la majorité des cas, et permettrait d'avoir des chevaux fort supérieurs à ceux dont se contente l'immense majorité des cavaliers, dans notre armée notamment.

Fig. 27 et 28. — Relèvement progressif de l'encolure au galop pour obtenir des variations de vitesse. (Au début du dressage, la main du cavalier doit être beaucoup plus haute.)

Le point que je viens de mentionner en passant, l'engagement des postérieurs, est essentiel. Si l'on se bornait au simple relèvement de l'encolure avec la main, on arriverait très vite à écraser l'arrière-main du cheval et à provoquer cet éloignement des membres postérieurs observé souvent sur les chevaux de voiture, dont l'encolure est maintenue par un enrênement artificiel. Il faut donc, en même temps qu'on relève l'encolure, engager les postérieurs au moyen des jambes portées très en arrière, au moins au début du dressage. On obtient alors du même coup le relèvement des membres antérieurs.

Le relèvement de l'encolure doit, dans les exercices de haute école, être complété par la mise en main, dont nous allons étudier les effets.

§ 3. — Les effets de la mise en main.

La mise en main est constituée par la décontraction des muscles du cou et de la mâchoire. Les signes visibles de cette décontraction sont : l'arrondissement de l'encolure, la verticalité de la tête et la mobilité de la mâchoire sous l'influence de la plus légère traction.

Si cette mise en main avait simplement pour résultat de donner une position gracieuse à l'encolure et à la tête du cheval, elle mériterait à peine d'être mentionnée, mais elle comporte en outre les effets très importants que voici :

1° Rendre le cheval obéissant aux moindres indications des aides, c'est-à-dire très léger :

2° Le placer sous la domination absolue du cavalier et paralyser toutes ses défenses ;

3° Lui permettre de varier à volonté son équilibre, son allure et sa vitesse ;

4° Amortir les réactions qui par la chaîne des vertèbres se propagent aux jarrets et aux boulets, et sont très dures quand l'encolure est rigide ;

5° Rendre le cheval attentif et moins craintif. Un animal ombrageux, faisant des écarts pour la moindre chose, semble transformé dès qu'il est en main.

Tels sont les effets variés de la mise en main. Ces effets, tous les écuyers ont pu les constater, mais quant à leur explication scientifique, je la cherche encore. A peine pourrait-on dire, des défenses, qu'étant précédées d'une contraction générale des muscles de l'encolure et de la fixité de la colonne vertébrale, la mise en main les empêche, en assurant la décontraction de l'encolure et par conséquent la mobilisation d'une partie de la tige rigide formée par la colonne vertébrale. Mais cette explication superficielle, très suffisante pour un écuyer, est très insuffisante pour un physiologiste. Dans tous les cas, elle ne s'appliquerait qu'à un des effets de la mise en main.

Fig. 29. — Commencement de mise en main.

Les écrivains équestres qui tiennent le premier rang, le colonel Pigouche, le colonel Gerhardt, etc., en sont réduits, pour expliquer les effets de la mise en main, à reproduire à peu près dans les mêmes termes l'explication donnée par Wachter, un des meilleurs élèves de Baucher : « La mise en main, dit-il, a pour but de maîtriser le « cheval en plaçant sa tête dans la position perpendicu- « laire, la plus favorable à l'action du mors, qui agit alors « à angle droit. »

Or, cette explication est inadmissible pour deux raisons aussi catégoriques l'une que l'autre. La première, c'est que lorsque le cheval a été mis en main, la force à exercer sur sa bouche pour « maîtriser le cheval » est tellement minime que, quelle que soit la position du mors, la puissance dont on aura à faire usage sera toujours immensément inférieure à celle dont on peut disposer.

Fig. 50. — Mise en main d'un cheval bien dressé en agissant simplement sur le filet[1].

La deuxième raison est aussi catégorique. Si on veut examiner nos photographies de chevaux en main, on se convaincra très aisément que les rênes le plus souvent ne font pas avec le mors un angle se rapprochant de l'angle droit dans la position verticale de la tête.

Les avantages de la mise en main sont donc absolument indépendants de l'angle que fait le mors avec la bride. Il n'y a intérêt à se préoccuper de cet angle que chez les che-

1. Cette photographie est la reproduction d'un tableau de Debat Ponsan représentant l'auteur de cet ouvrage.

vaux braqués, n'ayant subi aucun dressage, qu'on ne pourrait par conséquent chercher à mettre en main, et sur lesquels on ne peut agir que par des effets de force.

J'aime mieux ne pas donner d'explication des causes des effets de la mise en main que d'en proposer d'aussi insuffisantes que celles données jusqu'ici. Les effets constatés tiennent surtout, je crois, à ce que le cavalier assez habile pour obtenir la mise en main à volonté a, par le fait même, convaincu le cheval de sa supériorité sur lui. C'est un effet moral auquel viennent s'ajouter ceux mécaniques dus au relèvement de l'encolure et aux modifications de l'équilibre.

Il demeure certain, en tous cas, que la mise en main ne donne d'effets utiles que l'encolure haute. Avec l'encolure basse, elle enseigne simplement au cheval à se soustraire aux exigences de son cavalier. L'encolure basse et en outre molle au garrot, fait un cheval fort difficile à diriger, surtout dans les tournants. Telles étaient les conséquences de la mise en main avec encolure basse de Baucher, et de ses désastreuses flexions latérales qui ont perdu tant de chevaux.

A part quelques exceptions isolées, la flexion correcte de l'encolure; fort bien pratiquée dans l'armée allemande. n'est pas encore généralisée en France. Dans les rares manèges où l'on essaie de mettre en main certains chevaux, la flexion de la tête est toujours obtenue avec une encolure beaucoup trop basse, ce qui porte le cheval sur les épaules, amène l'encapuchonnement, l'acculement et tous les inconvénients que j'ai signalés. On peut s'en convaincre par les photographies instantanées publiées dans l'ouvrage *le Langage équestre*, écrit par le directeur d'un des plus importants manèges parisiens. On a évidemment cherché à mettre en main les chevaux qui y figurent; mais, dans les cas peu fréquents où l'on y a réussi, l'encolure est infiniment trop basse.

Ce qui précède indique qu'il ne faut pas confondre l'apparence de la mise en main avec la véritable mise en main.

L'animal tirant sur le mors, c'est-à-dire « en avant de la main », et l'animal fuyant le contact du mors, c'est-à-dire « en arrière de la main », forment les deux limites extrêmes d'une série. C'est entre ces termes opposés que le cheval doit être amené par le dressage. L'animal est bien dressé quand il repose légèrement sur la main, c'est-à-dire quand il prend un appui très léger sur le mors, ne le fuit jamais, se porte invariablement en avant sous l'action des jambes en engageant bien ses postérieurs, et travaille par conséquent toujours dans l'impulsion.

On doit considérer la mise en main comme une sorte de réserve dont il ne faut pas abuser. Si, comme on l'a fait bien souvent, on représente l'avant-main et l'arrière-main du cheval par les deux plateaux d'une balance, on voit que dans la mise en main les plateaux sont bien près d'être également chargés. Avec cette position, à la moindre maladresse du cavalier, au plus léger à-coup, le plateau représentant la partie postérieure de l'animal l'emporte, ce dernier est en arrière de la main et bien près de l'acculement. En dehors du travail de haute école où il faut que le cheval n'ait aucune surcharge sur les épaules, la mise en main ne doit être demandée que d'une façon momentanée.

La plupart des cavaliers modernes ne pratiquent plus la mise en main. J'en ai vu de fort habiles qui ne savaient même pas au juste en quoi elle consiste. Ils en avaient entendu parler seulement comme d'une chose à rejeter, parce qu'elle demande beaucoup de travail et conduit le cheval à l'acculement et à l'encapuchonnement. Ces critiques ne sont pas d'ailleurs sans fondement. Autant la mise en main pratiquée intelligemment est utile, autant elle est désastreuse lorsqu'elle est l'œuvre d'une main inexpérimentée. Il faut la considérer en réalité comme un travail de haute école, accessible seulement à des cavaliers ayant reçu une éducation spéciale, d'ailleurs en train de disparaître en France aujourd'hui.

LIVRE IV

LE DRESSAGE DU CHEVAL

CHAPITRE I

CONSTITUTION MENTALE DU CHEVAL

Caractères généraux du cheval. — Variétés de caractères d'un cheval à l'autre. — Grande mémoire du cheval. — En quoi elle rend fort dangereuses les erreurs du dressage. — Douceur des chevaux quand ils ne sont pas maltraités. — Amitiés qu'ils contractent. — Émulation et amour-propre. — Caractère craintif du cheval. — Degré d'intelligence du cheval. — Ruses variées dont il est susceptible. — Sa capacité d'attention et de réflexion. — Côtés vindicatifs de son caractère. — Ses tendances à l'imitation. — Sa sensibilité aux bons traitements. — Ses sentiments à l'égard de son cavalier. — Le cheval reflète toujours l'intelligence et le caractère du cavalier.

Avant d'étudier les moyens qui permettent d'arriver au dressage du cheval, nous commencerons par étudier un peu sa constitution mentale. Cette étude préparatoire est indispensable, car nous comptons démontrer bientôt que le dressage du cheval doit avoir pour base essentielle certains principes de psychologie, et qu'une application intelligente de ces principes permet de réduire énormément la durée du dressage. Pour savoir dans quelles limites ces principes peuvent être utilisés, il est nécessaire de posséder quelques notions sur l'intelligence et le caractère du cheval. Je me bornerai à des indications très brèves et exposées à un point de vue exclusivement pratique. Dans l'état actuel de nos connaissances, il serait impossible d'écrire un travail complet sur la psychologie du cheval ou d'un animal quelconque. Le jour où cette tâche aurait été accomplie pour le plus modeste des animaux de la création, la psychologie de l'homme se trouverait avoir franchi les modestes limites où elle reste confinée aujourd'hui.

La caractéristique fondamentale de la psychologie du cheval est la mémoire. Peu intelligent, il paraît doué d'une mémoire représentative fort supérieure à celle de l'homme, et, s'il savait parler, il obtiendrait sans doute bien des prix dans les concours scolaires. Le cheval retrouve beaucoup mieux que nous les chemins où il a déjà passé dans une forêt, et, dans les régiments, il retient souvent plus vite que les recrues le sens des diverses sonneries. Il lui suffit de quelques jours de manège pour comprendre et exécuter, à la voix de l'écuyer, malgré les indications maladroites ou contraires de son cavalier, des ordres très variés : pas, trot, galop, arrêt, changement de main, voltes, etc. Si on a pris cinq ou six fois sur une route l'habitude de faire partir un cheval au galop à un endroit déterminé, il galope de lui-même en arrivant à cet endroit[1].

Fort utile pour l'éducation du cheval, cette mémoire rend infiniment dangereuses les erreurs du dressage et

1. La mémoire est d'ailleurs inégale chez les divers chevaux, mais il n'est pas impossible de mesurer ses différences d'un animal à l'autre. Je l'ai fait souvent en recherchant combien de fois je devais passer par un sentier pour que le cheval le prenne de lui-même, et au bout de combien de mois il le reconnaissait.

les maladresses du cavalier inexpérimenté. Qu'un cheval traversant une route dirigée du côté de l'écurie tente de la prendre, et que son cavalier finisse, après de faibles résistances, par céder, l'animal recommencera sûrement la fois suivante, sachant parfaitement, grâce à sa mémoire, qu'il lui suffira d'accuser ses défenses pour être maître de son cavalier. Il deviendra ainsi rapidement rétif.

Les aptitudes du cheval et les dispositions de son caractère présentent de grandes variétés d'un animal à l'autre. On rencontre des chevaux très bons et d'autres très méchants. Il y en a de très doux, et aussi d'irascibles et vindicatifs. Leurs degrés d'intelligence sont également variables. On en trouve de particulièrement compréhensifs, les pur-sang notamment, et d'infiniment bornés.

Le dressage discipline le cheval, assouplit sa volonté; mais, pas plus que l'éducation chez l'homme, ne transforme définitivement son caractère. Un cheval méchant, bien dressé, ne manifeste pas sa méchanceté par peur de son cavalier, de même que la bête féroce ne s'abandonne pas à ses instincts devant son dompteur. Cependant il faudra toujours s'en méfier. Les dompteurs finissent généralement par être plus ou moins mangés, et le cavalier qui possède un cheval méchant est à peu près certain d'en devenir un jour ou l'autre victime. A un moment donné, sous l'influence d'un excitant imprévu, l'animal oubliera la crainte que lui inspirait son cavalier, sa nature reparaîtra, et alors commencera une lutte désespérée dont le cavalier aura peu de chance de sortir intact.

Quand on ne le maltraite pas, et quand rien ne l'effraye, le cheval est le plus souvent un animal doux et bienveillant. Je connais plusieurs exemples de palefreniers ivrognes ayant passé la nuit entre les pieds d'un cheval, dans des positions très gênantes pour l'animal, sans que ce dernier, malgré la fatigue, ait essayé de faire un mouvement, de peur de blesser l'homme couché entre ses jambes et appuyé sur elles.

La bienveillance des chevaux n'est d'ailleurs nullement collective, et ne s'adresse ni à tous les hommes ni à tous les individus de leur espèce. Un cheval aimera beaucoup un palefrenier et pourra ne pas en supporter un autre. Réunis dans un pré, les chevaux contractent entre eux, — abstraction faite du sexe, — des amitiés très vives les faisant se rechercher et se caresser, alors qu'ils envoient des ruades aux autres chevaux voulant les approcher.

Beaucoup de chevaux, les pur-sang surtout, se trouvent doués d'une forte dose d'émulation et d'amour-propre. Ces animaux sont, pour cette raison, parfois ennuyeux à monter quand on est en compagnie d'autres chevaux. La crainte qu'ils ont d'être dépassés rend leur allure irrégulière ; ils trottinent au pas, traquenardent au trot, se désunissent au galop, et oublient leur obéissance habituelle.

Le cheval est un animal généralement craintif. Dominé par la peur, il cesse d'obéir à son cavalier, fait des écarts, des tête-à-queue, et devient dangereux. Il s'habitue heureusement assez facilement, par un dressage régulier, à devenir indifférent à la vue des choses qui l'effrayaient tout d'abord. Pour les objets trop imprévus, le cavalier n'a que la ressource, assez insuffisante d'ailleurs, de tâcher de calmer l'animal par la voix et les caresses, s'il ne lui a pas donné au moyen d'un dressage convenable l'habitude de l'obéissance absolue. Dans ce dernier cas tous ses mouvements sont trop faciles à paralyser pour qu'il puisse devenir bien dangereux.

Malgré le peu de développement de son intelligence, —

très supérieure cependant à ce qu'on croit généralement, — le cheval est susceptible de ruses ingénieuses. J'ai connu une écurie où des chevaux savaient très bien défaire eux-mêmes leur licol pour aller retrouver un ami dans sa stalle : opération qu'ils ne font jamais quand on les regarde. Des faits de cette nature sont d'ailleurs rapportés par plusieurs auteurs, Samson et Romanes notamment. Toutes les personnes qui ont eu occasion de conduire une voiture à deux chevaux, savent fort bien qu'il y a souvent un des deux animaux assez rusé pour faire exécuter la plus grande partie du travail par son camarade, en se bornant à donner à la chaîne le reliant au timon la tension nécessaire pour avoir l'air de tirer, simulation que l'animal cesse d'ailleurs dès qu'un coup de fouet lui apprend que le cocher n'est pas dupe de sa ruse.

Le cheval est certainement capable d'attention. Toutes les personnes ayant dressé ces animaux en haute école savent qu'ils font des efforts très grands pour comprendre l'ordre de leur cavalier, essayant parfois successivement plusieurs mouvements, jusqu'à ce qu'ils soient arrivés à exécuter les exercices demandés.

Étant donné que l'aptitude à la réflexion est une qualité peu répandue chez l'homme, elle ne saurait être bien développée chez le cheval. J'ai entendu cependant plusieurs dresseurs soutenir que le cheval réfléchit à son écurie. Ils en donnent pour preuve qu'un travail nouveau qu'il exécute d'abord assez mal est souvent beaucoup mieux exécuté le lendemain au début de la leçon ; mais il est probable que le travail qui se fait alors dans l'esprit de l'animal se passe dans les obscures régions de l'inconscient.

Souvent vindicatif, le cheval se venge des injures longtemps après qu'il les a reçues. Les histoires de chevaux maltraités par des charretiers, et qui, un jour, quand l'occasion est propice, mordent et piétinent leurs persécuteurs, sont nombreuses.

Le cheval a une grande tendance à l'imitation. Il suffit que dans une écurie un cheval ait un tic, le balancement de la tête par exemple, pour que tous ses voisins imitent le même tic.

Cette tendance à l'imitation est très utilisée par les Allemands et les Autrichiens dans le dressage. Aux débuts, ils font toujours accompagner le jeune animal par un vieux cheval dressé, fidèlement suivi et imité par le cheval inexpérimenté.

Le cheval est fort sensible aux bons traitements, e surtout à la voix ou aux caresses. On le rend beaucoup plus familier, et bien moins facile à s'effrayer, en lui parlant et en le caressant fréquemment. Un bon écuyer qui monte un cheval pendant quelque temps l'arrête bientôt à la voix. Les coups et les mauvais traitements le rendent irritable et craintif. Il est facile, en entrant dans une écurie, de voir uniquement par la physionomie que prennent les chevaux, quand on s'approche d'eux, comment ils sont habituellement traités par le palefrenier qui les soigne.

L'attachement du cheval à son maître ne paraît pas bien vif; mais il le reconnaît parfaitement, sait la mesure de ses exigences, et aussi ce qu'il peut espérer ou craindre de lui. Il n'osera jamais tenter, pour s'en débarrasser, ce qu'il essaiera avec un cavalier novice le montant pour la première fois.

Le cheval possède d'une façon très nette le sens de l'équité. Il comprend parfaitement, lorsqu'ils sont bien clairs, la signification des châtiments et des récompenses. Il ne se révoltera guère contre un châtiment mérité, mais regimbera vivement contre la punition donnée mal à propos.

Le cheval possède beaucoup plus de finesse qu'on ne le croit généralement. Il sait très bien tâter son cavalier, voir si ce dernier sera effrayé par telle ou telle défense, et celle devant laquelle il cédera. On ne doit jamais donner à un cheval un châtiment immérité ou dont le sens n'est pas clair; mais il ne faut, sous aucun prétexte, lui céder, c'est-à-dire renoncer à lui faire exécuter ce qu'on lui a demandé, si l'on est certain qu'il a bien compris le sens de l'ordre donné.

Le cheval se montre généralement fort patient; mais cette patience n'est pas illimitée. Lorsqu'on a dépassé les bornes de sa tolérance, l'animal entre en pleine révolte, ne supporte plus rien, refuse d'obéir et tâche, par tous les moyens possibles, de se débarrasser de son cavalier. Connaître la limite des exigences que le cheval peut supporter pendant chaque période du dressage, représente une des grosses difficultés de cette opération. Si la limite est dépassée, et que le cavalier ait le dessous, comme cela arrive le plus souvent, dans la lutte entreprise avec le cheval, le dressage se trouve sérieusement compromis pour longtemps. L'expérience ayant appris à l'animal les moyens de se débarrasser d'un cavalier gênant, les bornes de sa patience seront désormais beaucoup moins étendues qu'auparavant.

Le cheval reflète toujours par son obéissance, par ses résistances ou ses hésitations, par le degré de perfection de son dressage, par ses allures, le caractère de son cavalier. Il n'est pas généralement très difficile, étant donné un cheval, de diagnostiquer l'intelligence et le caractère de celui qui le monte habituellement.

Je ne veux tirer de ces courtes indications pratiques qu'une conclusion essentielle : c'est que, pour obtenir du cheval le meilleur parti possible, il faut prendre la peine d'étudier son caractère ; ne pas le considérer, avec beaucoup de cavaliers, comme un être stupide sur lequel il n'y a qu'à taper pour le faire marcher. La psychologie moderne est un peu plus avancée qu'au temps de Descartes, et le dernier des écoliers sait qu'on ne regarde plus aujourd'hui les animaux comme de simples machines privées de raisonnement.

CHAPITRE II

BASES PSYCHOLOGIQUES DU DRESSAGE

§ 1er. *Application de la loi des associations par contiguïté au dressage. Établissement d'un langage conventionnel entre le cheval et le cavalier.* — Principes psychologiques fondamentaux de l'éducation du cheval. — Ils sont les mêmes pour tous les animaux. — Exemples divers des transformations que l'éducation peut leur faire subir. — § 2. *Transformation des associations conscientes en associations inconscientes. Théorie psychologique de l'obéissance.* — La volonté du cavalier. — Comment elle s'impose. — Le dressage des Gauchos. — Comment les associations conscientes deviennent automatiques. — Influence de la répétition. — Comment on peut abréger le dressage en substituant à la répétition l'intensité de l'une des impressions associées. — Le prestige du cavalier. — Pourquoi la lutte subie une fois ne doit pas être répétée. — A quel moment peut intervenir exclusivement la douceur. — Pourquoi les dresseurs professionnels n'ont jamais pu expliquer leurs méthodes.

En examinant les diverses méthodes d'éducation auxquelles on peut soumettre un être vivant, qu'il s'agisse d'un enfant, d'un cheval ou d'un animal quelconque, je suis arrivé à cette conviction que toutes celles connues dérivent d'un petit nombre de principes psychologiques fondamentaux pouvant s'énoncer en quelques lignes. Ces principes étant bien compris, la solution de tous les cas particuliers s'en déduit facilement.

Le dressage du cheval est un peu compliqué de ce fait, qu'il ne suffit pas d'établir un langage conventionnel entre le cavalier et l'animal, puis dominer la volonté de ce dernier pour lui faire exécuter les mouvements demandés. Pour qu'il puisse effectuer ces mouvements avec un maximum de facilité et un minimum de fatigue, il faut le placer dans certaines conditions que la connaissance physiologique des allures et de l'équilibre nous enseigne. Nous avons étudié ailleurs ce qui concerne cet équilibre et ces allures. Nous ne nous occuperons actuellement que des bases psychologiques du dressage.

§ 1. — Application de la loi des associations par contiguïté au dressage. Établissement d'un langage conventionnel entre le cheval et le cavalier.

Quel que soit l'exercice demandé à un cheval, du plus simple au plus compliqué, cet exercice ne peut être obtenu que sous les deux conditions suivantes : d'abord enseigner au cheval un langage conventionnel qu'il comprenne facilement, et ensuite l'amener à obéir d'une façon absolue aux signes constituant ce langage. Ce double résultat ne peut être atteint que par l'application d'une des lois les plus fondamentales de la psychologie, celles des associations.

Personne n'ignore aujourd'hui que la loi d'association est une des pierres angulaires de la psychologie moderne. Elle a ruiné les vieilles théories des facultés mentales, et nous a donné la clef de phénomènes jadis inexplicables. La supposant connue de tous mes lecteurs, je me bornerai à rappeler que les deux formes de l'association auxquelles se ramènent toutes les autres, sont les associations par contiguïté et les associations par ressemblance.

Le principe des associations par contiguïté est le suivant : Lorsque des impressions ont été produites simultanément ou se sont succédé immédiatement, il suffit que l'une soit présentée à l'esprit pour que les autres s'y représentent aussitôt.

Le principe des associations par ressemblance peut se formuler ainsi :

Les impressions présentes ravivent les impressions passées qui leur ressemblent.

L'éducation du cheval est surtout basée sur le principe des associations par contiguïté.

En dehors de très rares mouvements qu'il fait naturellement, comme de tourner la tête à droite, quand on tire sur la rêne droite, le cheval non dressé, si obéissant qu'on le suppose, ne pourrait se conformer, faute de les comprendre, aux diverses exigences du cavalier. Le meilleur cavalier sur un cheval non dressé ne se fera pas mieux comprendre de lui qu'un Japonais n'arriverait à se faire entendre d'un Espagnol, en parlant le japonais. Il faut d'abord qu'il s'établisse entre le cheval et son cavalier un langage conventionnel.

C'est en s'appuyant sur le principe cité plus haut, des associations par contiguïté, qu'on peut arriver à faire comprendre au cheval les signes qui sont la base de ce langage.

Pour montrer comment le principe des associations par contiguïté permet d'amener un cheval à comprendre le langage du cavalier, prenons un cas bien simple, dépourvu d'ailleurs d'intérêt pratique : apprendre, par exemple, au cheval au trot ou au galop à s'arrêter immédiatement quand il reçoit sur l'épaule un coup de cravache. Il suffit pour y arriver de faire comprendre au cheval que ce coup de cravache est un signe exprimant la volonté du cavalier qu'il s'arrête. Pour obtenir ce résultat il suffit, le cheval étant en marche, de frapper le cou avec la cravache et immédiatement après on arrête brusquement la bête au moyen de la bride. On répète cette double opération un nombre de fois suffisant, c'est-à-dire jusqu'à ce que le cheval ayant bien associé ces deux opérations successives : coup de cravache, puis arrêt brusque avec la bride, la première opération, le coup de cravache, suffise (association par contiguïté) à déterminer l'arrêt sans que l'on ait besoin de passer à la seconde. Par une opération analogue on parvient en très peu de temps, à arrêter un cheval au trot ou au galop, en tirant simplement sur la crinière.

Avec des associations du même ordre on apprend au cheval à exécuter les choses en apparence les plus difficiles et les plus contraires à sa nature, telles, par exemple, que de rapporter un lièvre, ainsi que le lui faisait faire le colonel Pigouche.

Quel que soit l'exercice qu'on leur demande le dressage de tous les animaux se pratique uniquement par l'application de cette loi des associations. Les résultats obtenus par les dresseurs de profession sur des bêtes variées montrent que cette éducation peut être poussée fort loin. On peut même arriver à créer artificiellement chez l'animal des sentiments moraux très développés. J'ai possédé un chien du Saint-Bernard auquel j'avais appris à dominer sérieusement ses réflexes, à ne pas céder à l'impulsion du moment, à réprimer ses passions et au besoin à sacrifier son intérêt à celui de son prochain, degré de moralité que ne possèdent pas toujours un grand nombre d'individus de notre espèce. Sans doute l'animal manquait parfois à ses devoirs, cédait aux tentations, ainsi que cela arrive d'ailleurs à des êtres placés à un échelon bien plus élevé de la hiérarchie animale, mais alors les hurlements désespérés après la faute montraient à quel point le sentiment du remords avait été développé chez lui.

Nous venons de voir comment s'établit entre le cavalier et le cheval un langage conventionnel. Recherchons maintenant comment on peut obliger l'animal à obéir à ce langage.

§ 2. — Transformation des associations conscientes en associations inconscientes. — Théorie psychologique de l'obéissance.

Supposons que, par une série d'exercices basés sur les principes précédents, nous ayons fini par établir entre le cavalier et le cheval un langage conventionnel dont tous les signes soient parfaitement clairs pour ce dernier. Le cheval comprend tout ce qu'on lui demande, mais ce qu'on lui demande est parfois désagréable à exécuter, et il peut être tenté de refuser l'obéissance. Comment arriverons-nous à l'obliger à toujours nous obéir?

En appliquant encore la loi des associations par contiguïté qui nous a déjà servi à établir un langage conventionnel entre le cheval et nous. Il suffira de faire suivre *immédiatement* et *toujours* l'obéissance d'une récompense (caresses, avoine, sucre, etc.), et le refus d'obéissance d'une punition (éperon, cravache, gronderie), pour que le cheval finisse par perdre toute velléité de résistance.

Grâce à la répétition, l'obéissance au langage du cavalier deviendra de moins en moins hésitante, de plus en plus instinctive. Des stratifications successives se feront dans les couches impressionnables des centres de la mémoire. De nouveaux réflexes se formeront graduellement, et le jour où ils seront solidement fixés, l'exécution de l'ordre correspondant à un signe donné sera automatique. L'obéissance est alors absolue; châtiments ou récompenses sont devenus à peu près inutiles et le dressage est terminé. Pour en arriver là, il faut beaucoup d'énergie d'abord, de douceur ensuite, surtout avec les chevaux irritables. Le mélange irraisonné de faiblesse et de violence engendre nécessairement les défenses, et comme dans ces défenses le cavalier est exposé à avoir le dessous, le résultat immédiat est de donner au cheval, — toujours par voie d'association, — conscience de sa force, et lui apprendre le moyen de se débarrasser de son cavalier. Le dressage dans ce cas, rend seulement l'animal plus dangereux qu'il ne l'était auparavant. Ainsi se forment ces nombreux chevaux rétifs, dont les défauts révèlent l'ignorance de ceux qui les ont dressés. La volonté du cavalier doit être un mur que le cheval se sente impuissant à franchir. Le mur est illusoire sans doute, mais l'art du cavalier consiste à persuader le cheval de son existence. Le jour où l'expérience enseigne au cheval que ce mur est fictif, il ne l'oubliera pas, et à dater de ce jour le dressage sera sérieusement compromis.

La plus dangereuse maladresse pouvant être commise dans le dressage est de donner au cheval conscience de sa force, en lui révélant les moyens de se débarrasser de son cavalier. Il ne faut à aucun prix être désarçonné par le cheval qu'on dresse. Le dressage à pied, à la cravache, évite ce grave écueil, et là réside certainement une des raisons de la supériorité des résultats obtenus avec lui.

Loin donc d'aider le cheval à découvrir, qu'avec un peu d'habileté il se débarrasserait très facilement de son cavalier, il faut arriver à lui faire croire qu'il est absolument dans la puissance de ce cavalier, et que la cravache, l'éperon, etc., sont des engins formidables devant lesquels toute résistance est inutile. L'animal doit, suivant la pittoresque expression de Raabe, être persuadé qu'il a le bon Dieu sur son dos et le diable sous son ventre. Il se sent alors dans la nécessité d'obéir à Dieu afin de n'avoir pas affaire au diable. Les lions ne mangent qu'assez exceptionnellement leurs dompteurs, parce que ces derniers ont réussi grâce à des moyens très simples (gestes impérieux, menace d'une barre de fer chauffée au rouge, etc.) à les convaincre d'impuissance. L'animal est aussi craintif devant le détenteur d'une puissance qu'il suppose infinie, que le dévot devant l'idole de plâtre à laquelle il suppose un pouvoir également infini.

Les Gauchos de l'Amérique qui appliquent instinctivement ces principes arrivent, en quelques minutes, à rendre suffisamment dociles les chevaux sauvages qu'ils désirent monter. Attrapé au lasso, roulé par terre, et au besoin un peu étranglé, l'animal terrifié n'ose plus lutter contre un être aussi redoutable et se laisse docilement monter. S'il essaie encore de se dégager, on le laisse galoper à toute vitesse et se livrer aux défenses les plus désordonnées en le rouant de coups de lanière sans discontinuer. Au bout d'une demi-heure de ce régime, l'animal le plus féroce est mâté pour toujours. Le célèbre dompteur Rarey ne paraît pas avoir employé des moyens plus compliqués envers les chevaux vicieux qu'on lui amenait. La soumission ainsi obtenue l'était pour longtemps, par suite de la conviction de son impuissance dans laquelle restait l'animal. De tels moyens ne sont malheureusement qu'à la portée de cavaliers possédant une solidité inébranlable.

Il ne faudrait pas croire l'action de tels moyens transitoire. Si l'impression a été très forte elle subsiste longtemps, grâce à l'étonnante mémoire du cheval. Le général Marbot en fournit un curieux exemple dans ses *Mémoires*. Cet officier avait acheté une magnifique jument possédant toutes les qualités, mais aussi le grave défaut de mordre avec férocité toutes les personnes qui l'approchaient. Il fallait quatre hommes pour la seller, et encore était-on dans la nécessité de lui attacher les membres et de lui couvrir les yeux. Le palefrenier qui la soignait eut un jour l'idée de lui présenter un gigot rôti brûlant. Elle le mordit aussitôt à belles dents. La douleur fut si vive que l'animal se trouva guéri de la manie de mordre son palefrenier et devint docile comme un chien pour lui. Le général employa alors le même moyen, et le cheval eut le même respect pour l'officier que pour le palefrenier. Cette jument continuait d'ailleurs à mordre tous les étrangers, et ce fut fort heureux pour son propriétaire, car, à la bataille d'Eylau, elle lui sauva la vie en arrachant la figure à un soldat russe, et en déchirant le ventre d'un officier qui l'avait blessée dans ses tentatives pour atteindre son cavalier.

Ces exemples prouvent le rôle que joue la théorie fondamentale des associations dans le dressage. Elle est une arme à deux tranchants, car, suivant la façon dont on l'emploiera, elle rendra le cheval extrêmement rétif ou, au contraire, extrêmement obéissant.

L'éducation du cheval est terminée, avons-nous dit, orsque les associations entre les signes constituant le langage du cavalier et les mouvements demandés par ces signes sont devenues automatiques. La production de l'un détermine alors nécessairement la manifestation de l'autre. L'obéissance volontaire, toujours incertaine, se fait mécaniquement et par conséquent est involontaire et fatale. Récompenses et punitions sont maintenant à peu près inutiles. Le dressage est complet.

Qu'il s'agisse du cheval ou d'un être quelconque, y compris l'homme, l'éducation nous le répétons n'est véritablement terminée que quand les associations sont devenues automatiques. Elles se passent alors dans les régions de l'inconscient et ne demandent plus aucun effort. Le pianiste qui, au début de ses études, cherchait péniblement les touches sur lesquelles il devait frapper, arrive à déchiffrer une partition et à la jouer, tout en suivant une conversation. Le nageur ayant besoin d'abord de tous ses efforts pour rendre ses mouvements réguliers, les exécute ensuite d'une façon tout à fait instinctive. Qu'il tombe à l'eau brusquement, et la seule immersion suffira à déterminer la production régulière de ces mouvements. Toute éducation doit avoir pour but de transformer les actes conscients en actes inconscients. Il suffit alors de la production de l'un des signes associés pour que le mécanisme des associations se déroule tout seul. Le type de cet enchaînement est donné par l'histoire de ce vieux soldat devenu cuisinier, qui laissa brusquement tomber par terre une pile d'assiettes dont ses bras étaient chargés pour exécuter le commandement militaire « Fixe! », crié sur un ton d'autorité par un mauvais plaisant.

Qu'il s'agisse de dresser le cheval ou son cavalier, la méthode est toujours la même : répéter les associations jusqu'à ce que la manifestation de l'un des signes provoque fatalement l'exécution de l'acte associé à ce signe. La moralité elle-même ne se crée pas d'une façon différente. Elle n'est stable que lorsque les actes qualifiés moraux s'exécutent inconsciemment. Il faut chez l'homme pas mal d'accumulations héréditaires pour en arriver là, parce que le raisonnement intervient trop. Chez les animaux, où il intervient beaucoup moins, l'éducation est plus rapide.

Nous venons de voir la répétition graver les associations dans l'inconscient. L'opération est parfois assez longue, mais la psychologie enseigne un moyen d'abréger le temps nécessaire à la fixation des associations.

Il suffit d'ajouter à la répétition l'intensité de l'une des impressions associées. Les impressions fortes, même peu répétées, gravent beaucoup plus vite les associations dans l'esprit que les impressions faibles souvent réitérées. Un enfant ayant mis une fois sa main dans de l'eau bouillante, — impression forte, — ne recommencera jamais son expérience, alors que tous les discours répétés de ses parents, — impression faible, — sont souvent impuissants à le convaincre du danger d'un pareil essai. Il en est du cheval comme de l'enfant; l'intensité des impressions peut en remplacer la répétition.

Le dressage instantané des chevaux des Gauchos dont nous parlions plus haut, est un exemple des résultats fournis par l'intensité des impressions; mais le dressage ordinaire en fournit également de nombreux.

L'assouplissement de l'encolure du cheval au moyen des flexions montre l'utilité qu'il peut y avoir à substituer l'intensité des impressions à leur répétition. Dans le but d'obtenir la flexion de l'encolure et de la mâchoire du cheval, Baucher et ses successeurs pratiquaient des assouplissements gymnastiques avec les rênes. En opérant ainsi, ils ne faisaient qu'associer par voie de répétition dans la tête de l'animal ces deux notions qu'une certaine tension sur les rênes doit s'accompagner d'une certaine décontraction des muscles du cou et des mâchoires. Mais cette décontraction, demandée seulement par voie de répétition, était très lente à se produire et toujours incertaine, parce que l'exercice exigé devenait gênant et que le refus d'obéissance du cheval n'avait guère d'inconvénients pour lui. En associant aux flexions l'emploi méthodique de l'éperon, on arrive à obtenir en quelques jours, au lieu de quelques mois, une flexion instantanée, parce qu'elle est demandée par une pression des jambes, d'abord suivie d'un pincer énergique de l'éperon dans un endroit déterminé du corps. Ce pincer fort désagréable pour le cheval, suivant immédiatement la pression des jambes, l'association par contiguïté se fait très rapidement dans son esprit et on arrive ainsi à obtenir ensuite par le simple rapprochement des jambes, sans intervention de l'éperon, une obéissance instantanée.

On voit nettement le rôle que jouent les impressions fortes dans le mécanisme de l'obéissance. Les chevaux sont un peu comme les peuples et les enfants : les impressions fortes sont à peu près les seules qui se fixent rapidement dans leur esprit et dont ils se souviennent toujours. Rappelons-nous les expériences dont nous avons tiré parti dans la vie. Ce ne sont guère que celles dont nous avons eu vivement à souffrir et qui nous ont occasionné de cruels déboires.

Le grand avantage des impressions fortes, quand il s'agit du dressage du cheval ou de l'éducation de l'enfant, c'est d'avoir à peine besoin d'être renouvelées. Il ne faut pas même d'ailleurs les renouveler afin d'éviter les luttes. La lutte implique la discussion de l'autorité et la possibilité de s'y soustraire. Admettons-la une fois pour prouver notre puissance, mais ne la répétons pas. Le cheval doit absolument être persuadé que nous possédons un pouvoir supérieur contre lequel il serait inutile d'essayer de résister. Quand cette conviction sera entrée dans son esprit, l'idée de la lutte ne germera même plus et la soumission sera parfaite.

En raison de l'application des principes qui viennent d'être exposés, l'éperon, manié avec intelligence, — et ce n'est guère ainsi que le manient la plupart des cavaliers, — permet d'abréger immensément la durée du dressage du cheval et d'obtenir en très peu de jours une obéissance parfaite aux ordres donnés. L'intensité des impressions permet alors d'éviter leur répétition. On trouve, par exemple, l'encolure d'un cheval trop basse et on veut la lui relever, on y arrivera aisément avec le filet; mais le cheval, gêné par cette position nouvelle, ne manquera pas de tirer sur les mains du cavalier, qui devra, au prix de grandes fatigues, agir pendant des semaines sur l'encolure avant d'amener l'animal à la maintenir de lui-même relevée. Si à la tension des rênes nous associons l'éperon toutes les fois que l'animal tirera, il sera très vite guéri de l'habitude de s'appuyer sur la main et maintiendra bientôt son encolure à la hauteur demandée. S'il vient à s'oublier, un simple attouchement de l'éperon le rappellera vite à la convention établie.

Le cavalier se rendant compte du principe de la fixation des associations par l'intensité de l'une des impressions associées possède la clef du dressage. Tous les cas particuliers sont contenus dans ce principe.

Malheureusement l'application en est rendue difficile pour beaucoup de cavaliers, parce qu'au début l'emploi de l'éperon s'accompagne de quelques défenses, devant lesquelles le cavalier hésite, comme hésite parfois le père de famille devant les lamentations bruyantes produites par une correction énergique infligée à un enfant. Ces hésitations ne font naturellement qu'indiquer au cheval les moyens de se soustraire aux demandes de son cavalier. Les défenses du cheval ne sont jamais bien longues, et il faut savoir les supporter sans céder. Le célèbre dresseur Fillis a parfaitement raison de dire que tôt ou tard, dans un dressage, une lutte est inévitable et que « tant qu'un cheval ne s'est pas défendu, son dressage n'est pas définitif ». La raison en est fort simple. Tant qu'il n'y a pas eu conflit, le cheval ne peut être convaincu de la supériorité de son cavalier sur lui. Une lutte seule peut le convaincre, et il vaut beaucoup mieux la subir au début que plus tard. Dès qu'elle a eu lieu, l'animal est discipliné, et quand il est discipliné pour une chose il l'est pour toutes les autres ; son moral est conquis, et désormais nous pourrons avoir presque exclusivement recours à la douceur. A la douceur tranquille mais sans faiblesse. Quand la volonté du cheval est conquise, le cavalier peut alors, — mais seulement alors, — faire habituellement usage d'une grande douceur.

Il ne faudrait pas supposer d'ailleurs qu'ayant soumis le cheval nous pouvons abuser indéfiniment de sa résignation. Le soldat le plus discipliné se révolterait à la fin si l'on multipliait par trop les exigences ; il en est de même du cheval, surtout pour les pur-sang. Ces animaux fort nerveux, devant les exigences sans fin d'un dresseur malhabile, tombent dans de véritables accès de désespoir et parfois même en pleine révolte. Le dresseur doit être assez fin pour percevoir les signes précurseurs de l'impatience et de la révolte, et s'arrêter à temps. Il est d'ailleurs facile de ne pas impatienter le cheval ; on peut lui demander la même chose pour ainsi dire à l'infini, à la simple condition de le laisser reposer après chaque exercice, et de les varier un peu. Rien n'est plus simple quand on travaille au dehors : après chaque exercice, quelques minutes de pas ou de trot constituent le détente nécessaire et suffisante.

Tous les dresseurs de profession ont forcément plus ou moins appliqué les principes qui précèdent ; mais comme ils ne s'en servaient que d'une façon purement instinctive, ils furent conduits à des recettes empiriques donnant le plus souvent des résultats incertains ou fort lents. L'habileté des dresseurs étant inconsciente et ne résultant que d'une longue pratique, ils n'ont jamais pu donner les raisons de leurs méthodes lorsqu'ils se sont avisés d'écrire des livres, On voit que leurs théories ont été faites après coup, pour expliquer les résultats de pratiques instinctives, et, en fait, elles ne les expliquent pas du tout. Je n'ai presque jamais rencontré le dresseur professionnel capable de répondre à des questions exigeant une réponse précise. Ils sont bientôt acculés à des formules vagues, telles que le tact, l'expérience, etc. Demander à un dresseur comment il obtient tel ou tel résultat, c'est absolument prier un bon marcheur ignorant la physiologie d'expliquer le mécanisme de la marche. Toutes les connaissances des dresseurs étant instinctives, sont aussi inexplicables pour les autres que pour eux.

On est même véritablement frappé, en lisant les livres d'écuyers célèbres, des difficultés qu'ils éprouvent à formuler leurs méthodes et des contradictions que leurs écrits présentent à chaque page. Ils travaillaient à cheval avec leur système nerveux inconscient, et écrivaient dans leur cabinet avec leur système nerveux conscient. Or, ce n'est que très exceptionnellement, et avec des difficultés excessives, que le conscient pénètre dans l'inconscient. Si les grands écuyers n'avaient pas formé d'élèves de leur vivant, — élèves les ayant beaucoup plus imités qu'ils ne les ont écoutés, — aucune portion de leur œuvre ne serait restée.

Je pense avoir suffisamment démontré par ce qui précède, que le dressage du cheval repose sur des principes fondamentaux de psychologie. Lorsque, dans un avenir fort lointain, l'étude de cette science fera partie de l'éducation des écuyers, le dressage du cheval deviendra une opération beaucoup plus simple et beaucoup plus rapide qu'aujourd'hui. Si la France est incontestablement le pays du monde où les chevaux et les enfants sont le plus mal dressés, c'est que les principes d'éducation précédemment énumérés s'y trouvent à peu près ignorés.

CHAPITRE III

LES MÉTHODES ACTUELLES DE DRESSAGE

§ 1er. *Historique des méthodes de dressage.* — En quoi l'équitation ne saurait être séparée du dressage. — Abandon actuel, en France, des anciennes méthodes de dressage. — Conséquences. — But du dressage. — Méthodes de dressage en Allemagne et en Angleterre. — En quoi elles dérivent toutes des principes de la Guérinière et de Baucher. — Simplification de ces méthodes. — § 2. *Chevaux pouvant être soumis au dressage.* — Influence de l'âge et de la race. — Les chevaux de course. — Leur manque de fond. — En quoi l'industrie des courses a exercé une désastreuse influence sur les chevaux. — Nécessité de substituer les courses de fond aux courses de vitesse. — Possibilité pour l'éleveur de substituer le fond à la vitesse.

§ 1. — Historique des méthodes de dressage.

La plupart des cavaliers considèrent le dressage comme un art fort indépendant de l'équitation, et sur mille cavaliers civils ou militaires, je ne sais pas si l'on en trouverait plus d'un ou deux capables de dresser convenablement un cheval.

Il est aisé de concevoir cependant que l'équitation et le dressage ne peuvent être séparés. Par le fait seul d'être sur un cheval, on fait inconsciemment du *dressage* ou du *dédressage*. Le dresseur professionnel ne fait guère que préparer le cheval. Il le conduit provisoirement à un certain niveau, mais ce niveau n'a rien d'invariable. Ce que sera le cheval par la suite dépendra uniquement de la façon dont son cavalier le montera. Mal monté, le cheval le mieux dressé peut devenir rapidement rétif. Un cavalier ne connaissant pas les principes fondamentaux du dressage sera journellement embarrassé pour les cas les plus simples. Vous avez, je suppose, un cheval auquel un dresseur habile a donné une bouche très légère : mais, après l'avoir confié à un palefrenier pendant une absence, vous trouvez qu'il pèse lourdement sur la main. Comment lui rendre sa légèreté? Un cheval qui relevait bien ses antérieurs arrive à raser le tapis et butte constamment ; comment l'obliger à relever ses membres et l'empêcher de butter? Le cavalier ne pouvant avoir un dresseur sous la main pour tous les cas, il faut bien qu'il se tire d'affaire tout seul, ou se résigne à avoir des chevaux mal dressés, et par conséquent bientôt tarés. Les Anglais exigent avec raison que tous leurs cavaliers militaires, sans aucune exception, dressent eux-mêmes leurs chevaux et les conduisent jusqu'aux airs d'école. Ils ont ainsi réussi à posséder une cavalerie merveilleuse. En France, les bons écuyers dresseurs constituent aujourd'hui l'infime exception. Leurs méthodes sont d'ailleurs généralement longues, empiriques, remplies de choses inutiles et parfois même dangereuses. Il ne faut donc pas trop s'étonner que les cavaliers en soient arrivés à abandonner tout dressage raisonné. Le dressage des chevaux se réduit presque exclusivement aujourd'hui, en France, à accoutumer l'animal à supporter un cavalier et à le laisser marcher comme il veut sans essayer de rectifier ses allures[1]. S'il n'en ré-

1. Il n'en est pas autrement dans nos écoles militaires les plus importantes. Si le cheval est difficile ou a trop de sang, on le réduit simplement en lui faisant parcourir à grand galop de longues courses, et le rouant de coups lorsqu'il s'effraie de quelque chose. Il en résulte naturellement une usure rapide de l'animal et une

sultait que des accidents pour le cavalier, les inconvénients seraient restreints, puisqu'en définitive chacun est libre de ne pas s'exposer à ces accidents; mais il s'ensuit, comme je l'ai dit, une usure des chevaux militaires, désastreuse pour notre budget.

Ces procédés sommaires de dressage ne sont vraiment plus acceptables à une époque où tous les peuples de de l'Europe, Anglais, Allemands et Italiens notamment, poussent si loin le dressage de leurs chevaux.

Le but du dressage est : 1° d'obtenir du cheval une parfaite obéissance ; 2° de lui donner une grande légèreté aux indications des aides ; 3° de permettre au cavalier de modifier à volonté l'équilibre de l'animal suivant les allures, et de faire exécuter à celui-ci le maximum de travail avec le minimum d'efforts ; 4° de donner au cheval l'habileté suffisante pour se tirer d'affaire dans tous les mauvais pas.

J'ai déjà fait voir qu'il n'y avait plus à parler d'allures naturelles pour un cheval monté puisque le poids du cavalier charge très inégalement son avant-main et son arrière-main. Suivant l'allure qu'on lui demande, son équilibre doit varier entièrement.

Dans les mouvements rapides en avant, le cheval jette du poids sur son avant-main, dans les mouvements lents et cadencés, il rejette du poids sur son arrière-main. Le cheval non dressé, ou le cheval de course habitué à des

rétivité parfaite. Je pourrais citer comme exemple l'histoire du célèbre pur-sang d'un très illustre personnage, qui, confié pendant huit mois à un écuyer dresseur d'une de nos grandes écoles militaires, fut promptement usé et rendu rétif par ce régime. Au bout de ces huit mois de dressage, l'animal ne savait absolument rien, pas même ranger ses hanches sous l'action des jambes. Il était tout à fait sur les épaules, trottait le nez au vent, buttait constamment, avait les boulets entièrement engorgés et faisait à la moindre alerte des tête-à-queue et des écarts.

allures rapides, est toujours sur les épaules. Le cheval habitué aux allures raccourcies, le cheval de cirque par exemple, est rejeté sur son arrière-main. Le cheval parfaitement dressé sait au contraire rejeter une partie de son poids sur son avant-main ou son arrière-main, suivant la volonté de son cavalier.

Les méthodes empiriques de dressage des anciens écuyers n'avaient aucune base rationnelle et donnaient des résultats fort lents. On faisait usage de mors extrêmement puissants au moyen desquels on obligeait le cheval à s'asseoir sur son arrière-main et à prendre cette attitude écrasée, spéciale, que reproduisent les anciennes gravures. Les cavaliers se servaient beaucoup de leurs mains et très peu de leurs jambes. Il faut arriver à La Guérinière, au dernier siècle, pour voir formuler des règles à peu près déduites de la structure du cheval. Quelques-unes des prescriptions du célèbre écuyer subsistent encore. Baucher est d'ailleurs un des rares écuyers qui ait su leur ajouter quelque chose. Les procédés découverts par lui, bien que très empiriques encore, permettent un dressage rapide, mais il faut, pour les appliquer, beaucoup de tact. Ils conduisent inévitablement le cavalier peu expérimenté à l'encapuchonnement et à l'acculement, aussi la méthode du grand écuyer est-elle tombée en France dans un complet discrédit. Il n'en a pas été de même à l'étranger. En Allemagne et en Angleterre, par exemple, on a parfaitement vu ce qu'il y avait à prendre et à laisser dans Baucher, et l'on est arrivé à des méthodes de dressage parfois compliquées, mais donnant des résultats excellents.

Il n'y a pas à contester, je pense, la supériorité de l'équitation de l'armée allemande, mais la méthode qui y est en usage, véritable paraphrase de l'enseignement de Baucher, est d'une complication extrême. L'ouvrage adopté officiellement pour l'enseignement de l'équitation militaire forme deux énormes volumes, lourds, diffus, chargés de choses inutiles. Les Anglais, plus pratiques, ont réduit tout cela à un fort petit nombre de pages[1].

En France, nous n'avons rien de pareil. Notre règlement officiel se borne à indiquer un grossier débourrage et ne laisse même pas soupçonner au cavalier la possibilité de varier l'équilibre du cheval.

L'ouvrage de Dutilh, longtemps suivi à Saumur, est fort obscur et conseille des procédés bien surannés et d'une efficacité douteuse. Le seul traité un peu clair et suffisamment court, à citer parmi ceux d'équitation militaire, est la petite brochure intitulée : *Réponses au questionnaire de Saumur*, composée par un des capitaines instructeurs de l'école. Mais elle constitue plus un *memento* pour les examens qu'une vraie progression de dressage.

Les chevaux que j'ai successivement possédés étaient des animaux rendus plus ou moins détraqués ou rétifs par leurs anciens cavaliers, et dont le dressage dut naturellement varier suivant les défauts qu'il fallait rectifier. Le principe des associations réglées au moyen de l'éperon, et la connaissance de l'influence des variations d'équilibre sur les allures, m'ont toujours suffi pour leur dressage. Ne travaillant presque jamais au manège, mais dehors, j'étais dans la nécessité de me créer des moyens très simples

1. Au moins dans un court manuel fort répandu dans l'armée anglaise et dont je recommande la traduction : « *The book of aids or the system of military equitation* (Canterbury) ». L'ouvrage est par demandes et par réponses. Bien qu'il conduise le cavalier jusqu'aux airs de haute école, l'équitation proprement dite y est exposée dans 18 pages.

(pratique du trot à extension, contre-changements de mains de deux pistes, etc.) pour arriver promptement à avoir des chevaux utilisables. Si je les conduisis généralement aux exercices de haute école, ce ne fut qu'à titre de distraction ou d'expériences pendant quelques minutes de chaque promenade, et en variant sans cesse les procédés employés afin d'examiner leur valeur comparative. J'aurai d'ailleurs à revenir longuement sur les moyens que j'ai expérimentés, dans le chapitre consacré aux rectifications d'allures et de dressage.

Parmi les méthodes régulières de dressage à la portée de tous les cavaliers, il en est une que je dois mentionner avec quelques détails en raison de sa simplicité. Elle dérive de La Guérinière et de Baucher, mais avec des simplifications et des perfectionnements importants. Elle supprime notamment les flexions latérales, et surtout ces désastreuses descentes d'encolure qui déparent tellement l'ouvrage de Dutilh. Enfin elle maintient l'encolure généralement assez haute et évite le plus souvent l'acculement et l'encapuchonnement, gros écueils de toutes les méthodes où on obtient le rassembler en suivant les principes de Baucher.

J'ai vu pratiquer cette méthode par le capitaine Guiraud. Il l'a appliquée avec succès au dressage de chevaux considérés comme très difficiles, d'ailleurs à peu près les seuls qui lui étaient confiés. Cette méthode a pour base l'usage immédiat de l'éperon, — quels que soient le degré de violence et la rétivité de l'animal. — Dès la première leçon on enseigne au cheval des airs d'école pour régulariser ses allures.

Dans les autres méthodes et notamment dans celle de Raabe, la mise à l'éperon ne se faisait que très progressivement et avec beaucoup de précautions. Quant aux airs d'école, ils étaient considérés comme la fin du dressage et non comme son commencement.

Quand le dressage doit seulement comprendre la mise en main aux trois allures, le travail de deux pistes, les pirouettes et le galop d'école, quinze à vingt jours suffisent largement. La première partie du dressage peut être d'ailleurs effectuée par un palefrenier quelconque, se bornant à effectuer les prescriptions de l'instructeur. Pour obtenir le passage et le trot espagnol, il faut environ six semaines avec la plupart des chevaux et beaucoup d'habileté personnelle.

§ 2. — Chevaux pouvant être soumis au dressage.

Le dressage, surtout poussé jusqu'aux airs de haute école, constitue une gymnastique fortifiant beaucoup le cheval et accroissant sa durée. Le capitaine Van den Meer fait remarquer avec raison dans son livre sur l'équitation que les animaux les plus vieux et les moins tarés, se trouvent parmi les chevaux d'école.

A moins qu'il ne s'agisse de pur-sang soumis à l'avoine bien plus tôt que les autres chevaux, il ne faut pas commencer le dressage avant l'âge de quatre ans, et jusqu'à cinq ans ne jamais abuser des exercices sur l'arrière-main. Avec un cheval âgé, on peut au contraire aller très vite.

Le même dressage s'applique à tous les chevaux, quelle que soit leur destination, promenades, chasse, guerre ou courses. On remarquera sans doute que les chevaux de course gagnent aisément leurs prix avec le plus rudimentaire des dressages; mais il ne faut pas oublier que ces animaux sont élevés dans un but unique : fournir pendant un petit nombre de minutes une très grande vitesse. Qu'ils aient la bouche dure, des réactions violentes, soient incapables de résister à une fatigue prolongée, tout cela importe peu. Leur éducation n'a d'autre but que d'accroître de quelques secondes leur vitesse kilométrique. La vitesse du cheval de course ne pouvant être soutenue plus d'un certain nombre de minutes, et devant être suivie ensuite d'un long repos, serait sans utilité pour l'équitation civile ou militaire. L'institution des courses n'a servi qu'à favoriser la reproduction de chevaux capables de donner ces grandes vitesses pendant quelques instants. Ce sont généralement des animaux délicats, extrêmement nerveux[1], au corps allongé et aplati, aux membres grêles, sans résistance à la fatigue, incapables de supporter longtemps la même charge qu'un cheval de guerre, et sans utilité, par conséquent, pour l'armée. Beaucoup de personnes considèrent, pour ces raisons, l'industrie des courses, loin de favoriser l'amélioration de la race chevaline, comme ayant exercé une influence désastreuse sur la production du cheval de selle destiné à résister aux fatigues, tel que le nécessite la cavalerie.

Les courses de chevaux pourraient cependant rendre des services réels, si aux courses de vitesse on substituait des courses de fond. Les prix ne pourraient être alors obtenus que par des chevaux possédant une grande résistance, capables par exemple de faire 60 à 80 kilomètres par jour pendant plusieurs jours, avec quelques courses de vitesse peu prolongées dans l'intervalle, pour

1. Très nerveux, mais très intelligents aussi. Le dressage d'un pur-sang est toujours bien plus facile et plus rapide que celui d'un cheval ordinaire.

savoir ce que le cheval pourrait donner en cas de besoin.

Les éleveurs, par des procédés de sélection bien connus, ont modifié graduellement les descendants des anciens chevaux anglo-syriens en sacrifiant tout à une seule qualité : la vitesse momentanée. Ils obtiendraient vite les qualités de fond si on les leur demandait. Avec les méthodes modernes, l'éleveur crée à volonté dans une race les qualités qu'il désire. Si les courses de fond étaient établies, nos pur-sang seraient entièrement transformés en moins de vingt-cinq ans.

Il ne sera pas sans intérêt de faire remarquer, en terminant ce chapitre, que le dressage raisonné du cheval constitue pour le cavalier une gymnastique de l'intelligence et du caractère qu'aucun enseignement théorique ne saurait remplacer. Elle lui apprend à la fois la fermeté et la douceur, exerce sa patience, développe énormément son jugement et ses facultés d'observation. En dressant un cheval, l'homme se dresse lui-même, et dans bien des circonstances de sa vie, il éprouvera les bienfaits de ce dressage. Je ne connais pas de plus utile complément de l'éducation que le dressage d'un cheval. Les psychologues de profession s'ils pouvaient s'y adonner un peu, seraient surpris de la quantité de choses qu'ils apprendraient. Il y aurait là pour eux un monde de recherches encore inexploré.

CHAPITRE IV

PROGRESSION D'UN DRESSAGE COMPLET DU CHEVAL EN SIX SEMAINES, Y COMPRIS LES EXERCICES DE HAUTE ÉCOLE

§ Ier. *Dressage à pied et à la cravache.* — Observations générales. — Suppression des flexions et des descentes d'encolure. Les six exercices fondamentaux. — § 2. *Travail monté.* — Mise immédiate du cheval à l'éperon. — Série progressive des exercices à exécuter à cheval.

Je vais exposer maintenant la progression du dressage dont j'ai parlé dans le précédent chapitre. Ayant suffisamment fait connaître mes idées personnelles et mes expériences sur le dressage dans diverses parties de cet ouvrage, je me bornerai à une simple description de cette méthode. Il serait inutile d'indiquer ici ses points critiquables. Pratiquement elle donne, ainsi que je l'ai dit, de bons résultats, et je la crois assez simple pour pouvoir être utilisée par beaucoup de cavaliers.

Il est bien évident que, parmi les exercices qui vont suivre, il en est certains, le passage, le trot espagnol, les changements de pied au temps, par exemple, qui demandent dans l'emploi des aides une rapidité et une précision très au-dessus de la portée de la plupart des cavaliers; mais ces raffinements ne sont nullement indispensables. En se bornant à apprendre au cheval la mise en main, les pirouettes, les appuyers, ce qui représente vingt à vingt-cinq jours de travail au maximum, on aura un cheval léger aux aides et dont le dressage sera supérieur à celui des quatre-vingt-dix-neuf centièmes des chevaux de selle ordinaires, civils ou militaires, y compris ceux des officiers de cavalerie.

Six semaines environ sont suffisantes pour un dressage complet; mais à condition qu'il soit comme pour tous les dressages sans exception, entretenu par le cavalier. La façon dont l'animal est monté chaque fois influe en bien ou en mal sur son dressage; ce dressage s'élèvera ou s'abaissera suivant la valeur du cavalier.

Le dressage comprend deux parties, l'une à pied et à la cravache d'une durée de quatre à cinq jours, l'autre montée.

§ 1. — Dressage à pied et à la cravache.

Observations générales. — Si le cheval est rétif, violent, irascible, et surtout méchant, on le met à l'éperon dès la première leçon, — comme nous l'expliquons dans un autre chapitre, — pour assurer la domination du cavalier sur lui. Si le cheval est de caractère facile, on n'emploie l'éperon que lorsque le dressage à pied à la cravache, — demandant quatre à cinq séances, — est terminé.

Lorsque le cheval, tout en étant de bon caractère, a des mouvements désordonnés, une grande somme d'activité à dépenser, le faire trotter en cercle à la longe pendant quelques minutes dès le début de la leçon. Éviter absolument le galop à la longe, qui amène un animal inexpérimenté à se désunir.

Une excessive douceur, un emploi constant des récompenses sont indispensables. Dès que le cheval a exécuté l'ébauche d'un mouvement demandé, si imparfaite que soit l'exécution, le caresser immédiatement pour lui faire comprendre par voie d'association ce qu'on lui demande. Quand l'animal a exécuté à peu près le mouvement demandé, donner un des morceaux de carotte ou de sucre que le dresseur doit toujours avoir dans sa poche. Lorsque le cheval, impatienté à la suite d'un exercice, s'irrite, cherche à frapper ou à mordre, lui donner un coup de cravache très vigoureux, mais un seul, sur le membre agresseur.

Chaque animal, suivant sa conformation, exécute plus facilement certains mouvements que certains autres. On insistera d'abord sur les mouvements qu'il exécute facilement. Pour ceux qu'il exécute difficilement, on demandera fort peu au début. Le dresseur doit saisir les moindres mouvements d'impatience du cheval, et s'arrêter à temps. Ce dernier point est tout à fait capital.

Lorsqu'on arrive à la période où le cheval est monté, commencer toujours la leçon par quelques minutes de travail à la cravache (avancer, reculer et piaffer) et terminer autant que possible chaque leçon par un quart d'heure de promenade au trot ou au galop allongé, sans demander de mise en main et en donnant un léger appui sur le filet. On remet ainsi le cheval sur les épaules, tandis que le travail du manège l'a mis sur les hanches.

Quand on a un aide à sa disposition, on abrège le dressage en le mettant sur le cheval dès la première leçon pendant qu'on travaille à pied l'animal avec la cravache. Le dresseur indique au cavalier les mouvements qu'il doit exécuter avec les jambes, pendant que lui-même fait agir la cravache.

Ordre des exercices du travail à pied. — Les exercices fondamentaux de chaque leçon sont : 1° la mise en main ;

2° l'avancer et le reculer dans la mise en main ; 3° les pirouettes sur de grands cercles ; 4° les appuyers ; 5° l'ébauche du piaffer et du passage ; 6° l'ébauche du pas espagnol.

Les flexions, — la flexion latérale surtout, — sont absolument proscrites. Proscrits également les affaissements d'encolure et les descentes de main. Lorsqu'on donne du repos au cheval, on le laisse se placer comme il le désire sans jamais chercher à abaisser son encolure.

Les six exercices qui viennent d'être énumérés doivent être commencés dès la première leçon et répétés à chacune d'elles. La durée de chaque leçon doit être d'une demi-heure, mais on peut les répéter deux ou trois fois dans la journée si l'on est pressé. Sinon, mieux vaut se contenter d'une leçon par jour. Sa durée peut alors être d'environ une heure.

Position de la main et de la cravache. — Le filet est abandonné sur l'encolure. Les rênes de bride séparées par l'indicateur, les ongles tournés du côté du dresseur, de la main gauche sont tenues à 20 centimètres de la bouche du cheval. La main se trouve ainsi derrière la bouche de l'animal à l'abri de ses morsures. Pendant les deux ou trois premières leçons, on cherche surtout à établir un langage conventionnel et à conquérir l'obéissance du cheval. On ne se préoccupe d'abord pas de la hauteur de l'encolure, mais, par la suite, il faut avoir constamment la main qui tient les rênes très haute, pour la relever. On évitera seulement ainsi l'encapuchonnement et l'acculement, les véritables écueils de tous les dressages à la cravache.

La cravache très longue et très rigide doit être habituellement tenue dans la main droite. Elle peut toucher l'animal de cinq façons, constituant chacune un signe conventionnel différent :

1° En avant du poitrail par petits coups répétés, pour la marche en avant.

2° Très en arrière des sangles, un peu sous le ventre, pour le reculer.

3° Sur le flanc, derrière la sangle et très près d'elle, pour l'arrêt et les corrections.

4° Sur la croupe pour la mise en main, l'engagement de l'arrière-main et le piaffer.

5° Sur les membres antérieurs et postérieurs pour les faire lever dans le pas espagnol.

Tous les chevaux, les pur-sang notamment, ont des parties sensibles que le plus léger contact irrite. Il faut alors, avant tout travail, toucher délicatement avec la cravache la partie sensible, caresser l'animal, et recommencer vingt fois de suite, ou davantage, jusqu'à ce que le frottement répété de la cravache sur l'endroit sensible n'amène aucun désordre.

Voici maintenant la façon d'exécuter les divers exercices qu'il faut pratiquer à chacune des quatre ou cinq séances réservées exclusivement au travail à la cravache. On consacrera toujours quelques minutes à leur répétition, au début de chaque leçon, quand le cheval sera monté.

1° **Mise en main sans avancer.** — L'animal est placé le long d'un des murs du manège, les rênes tenues dans une main, comme il est dit précédemment. Cette main marquera une légère opposition pour empêcher le cheval d'avancer et restant bien immobile, avec l'autre main on frappera à petit coups répétés sur la croupe, ce qui amène l'animal à engager sous lui ses postérieurs et donne comme conséquence la décontraction de la mâchoire. Au plus léger signe de décontraction, caresser et recommencer cinq à six fois. On ne sera exigeant pour la mise en main qu'à partir de la seconde leçon.

Tout le travail, quel qu'il soit, avancer, reculer, piaffer etc., doit être précédé d'une mise en main parfaite. Le cheval doit lâcher son mors et le reprendre constamment. Ce travail, ainsi d'ailleurs que tout le travail à la cravache, doit être fait avec une légèreté de main excessive, les doigts maintenant à peine les rênes. Si la main les serre trop, le cheval prend un point d'appui sur elle, se braque, se cabre ou s'accule. Cette légèreté de main est la seule partie délicate du travail à la cravache. Si la main est suffisamment légère, — et elle ne l'est jamais trop, — le cheval exécute tout son travail avec une mise en main parfaite, et fait constamment entendre un bruit caractéristique de métal, produit par le choc du mors de bride contre celui du filet.

2° **Avancer et reculer avec mise en main.** — Dès qu'on a obtenu quelques ébauches de mise en main, on fait avancer de deux ou trois pas le cheval en frappant le poitrail par petits coups, puis reculer de un ou deux pas en le touchant très loin derrière les sangles, comme il a été expliqué. Arrêter, caresser et ne pas insister sur ce travail dans la première leçon, sous peine d'arriver promptement aux défenses. Dès le premier pas de reculer, on caresse l'animal pour bien lui faire comprendre qu'il a exécuté ce qu'on lui demandait. Ce travail, d'une importance capitale, doit être répété une dizaine de fois de suite, de temps à autre, pendant chaque leçon. L'avancer, et surtout le reculer, sera fait très lentement. Le dresseur avance d'un pas, marque un arrêt, puis un autre pas, marque un second arrêt, et agit de même pour le reculer. Il faut que les membres du cheval, surtout pour le reculer, marchent bien régulièrement par paires diagonales. Cet exercice doit être répété pendant tout le cours du dressage. C'est par lui qu'on apprend au cheval à rejeter à volonté une partie de son poids sur son avant ou sur son arrière-main.

La première fois qu'on frappe un cheval à petits coups au poitrail pour le faire avancer, il recule parfois précipitamment. Si la résistance de la main du cavalier ne suffit pas à l'arrêter, on le suit dans son recul en continuant à frapper. Il arrive toujours un moment où l'animal renonce à reculer et se décide à avancer. Immédiatement on arrête, on caresse, on donne une carotte, puis on recommence. Au bout de quelques minutes, le cheval a compris que son intérêt est d'avancer quand la cravache le touche au poitrail, et dans la suite il ne fait plus de difficultés.

5° **Pirouettes.** — Les deux exercices précédents ont déjà donné de l'obéissance au cheval. Avec des chevaux extrêmement irritables il vaudra mieux s'en tenir là pour la première leçon, mais avec la plupart des animaux on pourra continuer la série des exercices énumérés.

Les premières pirouettes ont pour but d'apprendre au cheval à mobiliser ses hanches sous l'indication de la cravache, ce qui le prépare à le faire plus tard sous l'influence de la jambe. Il faut s'attacher seulement d'abord à ce qu'il range ses hanches sans exiger en aucune façon la régularité de la pirouette.

Les premières pirouettes à exécuter sont les pirouettes

sur les épaules. Le dresseur, du milieu du manège, tenant les rênes comme il a été dit, marchera en décrivant un petit cercle, et en même temps frappera de la main droite à petits coups sur le flanc gauche du cheval. L'animal, pour fuir la cravache, exécutera une pirouette dans laquelle les postérieurs décriront un plus grand cercle que les antérieurs. On recommencera en le faisant tourner en sens inverse, et on répétera plusieurs fois de suite cet exercice, en changeant chaque fois le sens de la rotation. Ce que l'animal décrit ainsi n'est pas la pirouette proprement dite, mais ce qu'on nomme la volte renversée de deux pistes. En la serrant plus tard on arrivera à la vraie pirouette. C'est seulement vers la troisième ou quatrième leçon qu'on essaiera d'obtenir des pirouettes sur l'avant-main correctes, c'est-à-dire l'arrière-main tournant autour d'un membre antérieur servant de pivot et ne se déplacant pas. On ne commencera également qu'à cette époque de dressage les pirouettes sur l'arrière-main.

Pour exécuter correctement la pirouette sur l'avant-main, la main tenant les rênes est baissée, et la tête tirée un peu en avant est tournée du côté du membre servant de pivot, ce qui a pour résultat de décharger l'autre membre. Maintenant la tête dans cette position, on fait tourner avec une extrême lenteur, en s'arrêtant à chaque mouvement du membre, l'arrière-main avec la cravache.

Pour la pirouette sur l'arrière-main, la tête, au lieu d'être baissée et tirée en avant, est relevée et repoussée un peu en arrière pour dégager l'avant-main, et le dresseur l'entraîne très lentement en cercle en maintenant la hanche du côté opposé avec la cravache portée très en arrière, et frappant à petits coups pour empêcher la hanche qui sert de pivot de se déplacer. Il faut aller d'abord très lentement, et ne se servir de la cravache qu'au moment où on voit que la hanche va se déplacer. Les premières fois, les membres postérieurs du cheval doivent exécuter un petit cercle. On arrive à le restreindre de plus en plus jusqu'à ce que le postérieur servant de pivot reste à la même place.

4° Appuyers. — Dans l'appuyer au pas ou marche de deux pistes, le cheval doit entre-croiser ses jambes en avançant, son corps restant toujours parallèle à lui-même. S'il n'avançait pas en marchant, il entre-croiserait ses genoux et pourrait éprouver une douleur qui lui ferait refuser de continuer cet exercice.

Pour exécuter les appuyers, la tête du cheval est légèrement tournée les premières fois du côté opposé à celui où marche l'animal, ce qui constitue l'épaule en dedans dont la théorie sera donnée plus loin. Le dresseur appuie la cravache sur la hanche et fait en même temps avec la main les mouvements d'opposition nécessaires pour empêcher le cheval de tourner au lieu d'avancer.

Pour beaucoup de chevaux cet exercice est fort difficile ; aussi, les premiers jours, on se contentera de deux ou trois pas de côté, et on n'insistera que les jours suivants, progressivement.

5° Ébauches du piaffer et du passage. — Le piaffer, qui, au point de vue de la théorie des allures, est une sorte de trot cadencé sur place sans avancer, a une telle importance au point de vue de l'assouplissement du cheval, qu'on peut le considérer, avec la mise à l'éperon, comme la partie fondamentale du dressage que nous exposons. Il constitue également le plus sûr moyen, et souvent le seul, d'être maître de la croupe et de l'engagement des postérieurs, ce qui constitue les trois quarts du dressage. Plus tard il constituera un moyen infaillible de rendre la légèreté de la bouche et l'équilibre à un cheval bien dressé, mais qui pendant quelque temps aura été monté par un cavalier maladroit.

Le piaffer est considéré comme un air de haute école difficile, et il l'est, en effet, si l'on veut — chose fort inutile — se préoccuper de rechercher des effets diagonaux. Pratiqué comme nous allons le dire, il est d'une exécution assez facile avec les chevaux bien conformés, et l'on doit le commencer dès la première leçon, en se contentant naturellement d'une simple ébauche.

Pour l'obtenir, l'animal étant en main et maintenu en place, le dresseur frappe sur la hanche droite à raison de trois ou quatre coups réguliers par seconde jusqu'à ce que l'animal soulève sa croupe. Dès qu'il l'a un peu soulevée, arrêter, caresser, faire marcher et reculer, puis recommencer. Les chevaux vigoureux donnent un commencement de piaffer excellent dès les premiers jours; les chevaux mous ne le donnent quelquefois qu'au bout d'une dizaine de leçons. Il faut insister jusqu'à ce qu'on l'ait obtenu. Il est tout à fait inutile de se préoccuper dans cet exercice des membres qui sont à l'appui, comme le recommandent Raabe et ses élèves. La cravache, frappant à petits coups d'un seul côté, provoque le soulèvement alternatif des deux postérieurs. Il est évident, en effet, que si le cheval a soulevé un postérieur et que le cavalier continue à agir sur lui, il ne peut faire autrement que de soulever l'autre postérieur. S'il essaie de ruer, il suffit pour paralyser cette défense de lui relever la tête.

Pendant toute la durée du dressage, le piaffer constitue un des exercices journaliers ayant toujours besoin d'être répétés. On l'obtiendra, en général, d'une façon régulière au bout de cinq à six jours. Alors l'animal soulève ses membres par paires diagonales et a l'air de danser sur place, ainsi qu'on le voit sur une des planches de notre atlas.

Quand on a obtenu le piaffer régulier, on est bien près du passage; ou, du moins, de l'un des airs assez variés désigné sous le nom de passage. Cette forme de passage n'est, en effet, que du piaffer exécuté en avançant. L'animal saute d'un diagonal sur l'autre en progressant en avant. On obtient cet air très gracieux en avançant un peu pendant le piaffer, en même temps que la cravache continue à frapper sur la croupe; mais son exécution correcte étant fort difficile, les cavaliers ordinaires ne devront pas chercher à l'obtenir.

6° Ébauche du pas et du trot espagnols. — Le pas espagnol est aussi utile pour régulariser l'allure du cheval que le piaffer et le passage, et il est surprenant de voir combien peu de cavaliers l'ont compris[1]. Il faut le commencer dès la première leçon; mais pour l'obtenir correctement,

1. Je ferai cependant exception pour Wachter, dont le traité d'équitation, bien que fort ancien, est un des meilleurs que je connaisse. « Le pas espagnol et le passage donnent, dit-il, à des « chevaux d'une solidité douteuse jusqu'alors, une rare perfec- « tion dans les évolutions des membres. »

J'ajouterai, en ce qui me concerne, qu'achetant toujours, pour des raisons d'économie, des chevaux plus ou moins rétifs ou détraqués, dont les propriétaires ne peuvent plus tirer parti, je leur ai toujours rapidement donné des allures régulières par le travail de haute école et surtout par le passage, ou du moins par cette forme de passage qu'on désigne aussi sous le nom de trot à extension, et que j'obtiens par un procédé différent de celui indiqué dans ce chapitre.

c'est-à-dire les membres se soulevant par paires diagonales, il faut un tact assez fin. Le pas espagnol des cirques est une allure détestable dans laquelle l'arrière-main se traîne péniblement. Mieux vaut ne pas l'essayer si l'on se sent incapable d'exécuter rigoureusement les prescriptions suivantes :

Il faut d'abord, la première fois, faire lever sur place successivement les quatre membres les uns après les autres. Pour cela, le cheval étant tenu comme d'habitude, on touche son antérieur droit, par exemple, derrière le pli du genou, et on frappe à petits coups jusqu'à ce que l'animal soulève son membre. Dès qu'il l'a soulevé, si peu que ce soit, arrêter, caresser, puis recommencer sur l'autre membre antérieur. On opère ensuite de même pour les deux postérieurs; mais on frappe en avant de l'articulation et non en arrière comme on l'a fait pour les antérieurs.

Au bout de dix minutes, on a obtenu le lever à peu près correct des quatre membres, et on peut s'en tenir là pour la première leçon.

Dès le second jour, il faut essayer d'obtenir le pas espagnol en marchant, et ici il faut opérer habilement. Chaque mouvement doit être fait pas à pas, la cravache agissant tantôt sur l'antérieur, tantôt sur le postérieur en diagonale, suivant le degré d'élévation obtenu. En même temps, la main tenant les rênes tourne légèrement la tête du cheval du côté opposé à celui où un antérieur va se lever, afin de le décharger. La tête étant tenue à gauche, par exemple, on frappe l'antérieur droit, et dès qu'il est levé on tire avec les rênes le cheval en avant, de façon à lui faire poser le membre en extension très au delà de l'endroit où il s'est levé. Puis on agit de même pour l'autre membre. On se préoccupera constamment de l'engagement du postérieur en diagonale, qui se fera généralement bien, si le pas espagnol a été précédé du piaffer. A partir de la quatrième ou de la cinquième leçon, il faut surtout pratiquer le pas espagnol monté, mais on le répétera de temps en temps à pied. En précipitant le mouvement, l'animal est finalement amené au trot espagnol.

§ 2. — Travail monté.

Mettre le cheval à l'éperon. — J'expliquerai dans un prochain chapitre comment le cheval se met à l'éperon. Cette mise à l'éperon a pour résultat d'abord de dompter le caractère de l'animal, puis de décontracter sa mâchoire et produire la mise en main. Si on continue à laisser l'éperon en place en exagérant la pression, on obtient l'arrêt. On l'applique, comme je l'indiquerai, le mollet enveloppant d'abord le cheval, puis l'éperon arrivant progressivement et ne bougeant plus. Relâcher l'éperon quand l'animal a cédé, mais non la jambe. La jambe n'étant plus fixe, l'éperon, au lieu de rester en place, vacillerait, et, au lieu d'opérer par pression, opérerait par à-coups, ce qui produirait un résultat tout à fait différent.

Mise en main. — Quand le cheval a été mis à l'éperon, la mise en main s'obtient instantanément, puisqu'il n'y a qu'à raccourcir les rênes, fixer la main et toucher très légèrement les flancs avec l'éperon, immédiatement derrière les sangles. On répétera cet exercice plusieurs fois de suite par leçon, l'animal étant en marche, en caressant après chaque cession de la mâchoire. Au bout de quelques jours, la pression de la jambe suffit pour donner la mise en main.

Lorsque l'on demande la mise en main à l'éperon les premières fois, il faut frapper en même temps la croupe par petits coups avec la cravache à l'endroit où on la plaçait pour la mise en main à pied. On obtient ainsi l'engagement des postérieurs, le rassembler, et, par suite, plus de légèreté. Toutes les fois que le cheval engage bien ses postérieurs, il est, par ce fait seul, léger à la main; plus tard, la simple application de la cravache sur la croupe suffit à donner la légèreté si elle se perdait.

La mise en main doit toujours être demandée l'encolure haute. On relève celle-ci par de petites saccades sur une seule rêne du filet, dès que l'animal la baisse. On évite la traction continue pour ne pas donner à l'animal de point d'appui.

Dans tout le travail à cheval au manège, la main doit être absolument fixe, mais les doigts mobiles. Il ne faut jamais permettre à l'animal de tirer. Dès qu'il commence à se braquer sur le mors, relâcher les doigts pour lui refuser le point d'appui; s'il résiste, éperon au poil près des sangles.

Pendant le travail au manège, il faut avoir le cheval léger et mâchant constamment son mors. Les effets diagonaux (rêne droite, jambe gauche) augmentent la mise en main; la traction sur la bouche la détruit. L'animal se braque alors sur le mors et immédiatement devient lourd.

La mise en main, qui s'obtient fort aisément au pas, devient beaucoup plus difficile au trot et au galop. Dès que l'animal se braque sur le mors, arrêter, mettre en main à l'éperon en touchant le poil près des sangles, et repartir. S'il se braque de nouveau, répéter plusieurs fois de suite les exercices d'avancer, reculer dans la mise en main.

Quand le cheval, par suite d'une main maladroite, a

perdu de sa légèreté, on la lui rend par quelques instants de travail à pied à la cravache : avancer, reculer et piaffer.

Il ne faut pas demander au dehors une aussi grande légèreté de la bouche qu'au manège, mais il ne faut jamais permettre au cheval de tirer de toutes ses forces sur le bras du cavalier, comme le font la plupart des chevaux actuels. Plinzer, écuyer en chef de l'empereur d'Allemagne, prétend, dans sa méthode de dressage du cheval de troupe que « tous les chevaux doivent arriver à « galoper en équilibre au galop de 500 pas à la minute, en « restant à l'appui constant sur la main, mais si légère- « ment, que le cavalier ne sente pas beaucoup plus que le « poids des rênes ». C'est peut-être beaucoup demander : mais c'est là un idéal dont on doit tâcher de se rapprocher.

Travail de deux pistes. — Tout ce travail est la base même de l'assouplissement, c'est-à-dire de la mobilité, et, par voie de conséquence, de l'habileté du cheval à se tirer d'affaire dans les mauvais pas. Les exercices doivent être pratiqués dans l'ordre suivant, et répétés chaque jour pendant une demi-heure. On débute par l'épaule en dedans (fig. 52, n° 1), que la Guérinière considérait comme la base même du dressage, qui n'est cependant qu'un travail de début, qu'un moyen de forcer le cheval à marcher sur deux pistes. Dès qu'il y est arrivé, on remplace ce travail par la croupe au mur (fig. 52). C'est le même mouvement, mais avec le pli du côté où se dirige l'animal, alors que dans l'épaule en dedans le pli était donné du côté opposé[1].

Dès que l'épaule en dedans a forcé le cheval à marcher sur deux pistes, on pratique chaque jour une demi-heure,

1. Voir la théorie et la pratique de l'épaule en dedans dans le prochain chapitre.

pendant une quinzaine de jours, les exercices suivants que je me borne à énumérer, puisque leur description se trouve partout, et que je les ai d'ailleurs suffisamment indiqués sur les figures schématiques ci-contre. On les exécute au pas d'abord, au trot ensuite, et plus tard, beaucoup plus tard, seulement si on est un parfait cavalier, au galop.

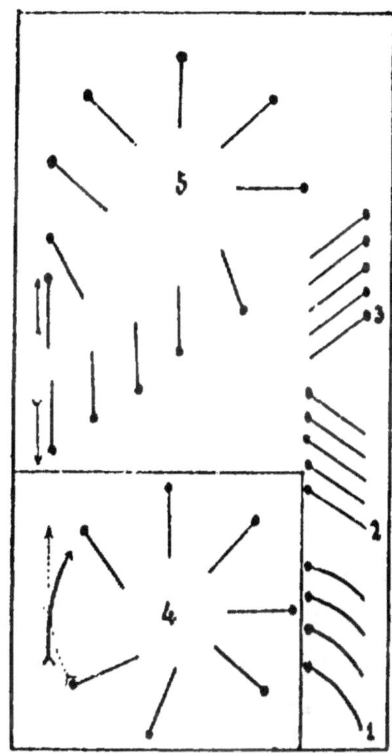

Fig. 31. — Schéma des exercices à faire exécuter par le cheval monté pendant la période de dressage.

Épaule en dedans (fig. 31, n° 1).

Croupe au mur (fig. 31, n° 2).

Tête au mur (fig. 31, n° 3).

De la croupe au mur à la tête au mur, et réciproquement (fig. 31, nos 2 et 3).

Volte sur les hanches (fig. 32, n° 4).

Demi-volte renversée (fig. 31, n° 5).

Contre-changement de main de deux pistes sur la ligne droite (fig. 32).

Pirouettes sur l'avant-main et sur l'arrière-main.

Au début, on emploie la cravache en même temps que la jambe, dont le cheval ne connaît pas encore l'action, et plus tard on fait exclusivement usage de la jambe puis de l'éperon, si le cheval est peu sensible à la jambe. Une des jambes, — celle qui entretient le mouvement — doit rester verticale, l'autre, — celle qui indique la direction du mouvement — doit être portée très en arrière. Il faut avoir toujours soin de peser sur l'étrier du côté vers lequel se dirige le cheval. Cette règle importante dont l'énonciation est facile, est d'une exécution fort difficile. La plupart des cavaliers, non seulement pèsent sur le côté opposé à celui vers lequel appuie le cheval, mais relâchent la jambe du côté vers lequel l'animal appuie. La pression de la jambe de ce côté est nécessaire, non pas tant pour régulariser l'appuyer, que pour obliger l'animal à se porter en avant.

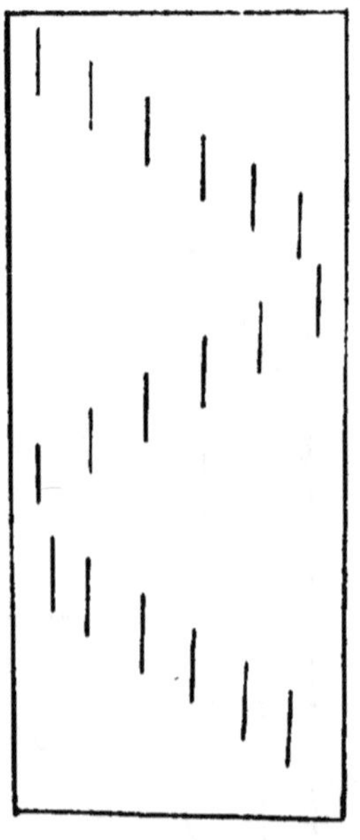

Fig. 52. — Schéma du contre-changement de main de deux pistes.

Le cheval progresse, l'axe de son corps restant toujours parallèle à lui-même. Le travail de deux pistes doit être successivement exécuté au pas, au trot et au galop. Exécuté au galop, il implique des changements de pieds successifs.

Les exercices précédents ont pour résultat de donner une grande mobilité au cheval. Ils constituent des exercices gymnastiques de premier ordre, et, par la suite, donneront au cavalier un moyen sûr de calmer le cheval et de paralyser toutes ses défenses quand il sera excité. La croupe au mur, par exemple, ou tout travail quelconque de deux pistes, par la position oblique qu'elle donne à l'animal, annihile ses mouvements violents, et s'il est un peu « en l'air » le calme fort vite.

Pirouettes sur les épaules et sur les hanches. — L'exécution correcte des pirouettes, surtout celles sur les hanches, étant difficile, ne doit être demandée qu'à une époque avancée du dressage, c'est-à-dire seulement au bout d'une quinzaine de jours. Le cheval y est d'ailleurs bien préparé, car les pirouettes ne sont que des voltes de deux pistes très raccourcies, et c'est précisément en les raccourcissant de plus en plus que nous arriverons aux pirouettes. Celle sur l'avant-main ne présente aucune difficulté. Il n'y a qu'à fixer la tête et presser doucement une jambe du côté où l'arrière-main doit tourner. La pirouette sur la hanche d'une exécution plus difficile est pratiquement beaucoup plus importante. Les mains étant portées du côté où le cheval doit tourner, le jambe du côté opposé placée très en arrière, par une pression énergique, maintient la croupe qui sert de pivot et l'empêche de se déplacer.

Lorsque les pirouettes sur les hanches s'exécutent correctement au pas, on les exécute au trot, la main marquant d'abord un temps d'arrêt. Cet exercice, dont il ne faut pas abuser avec un jeune cheval dont on veut ménager les jarrets, donne à l'animal une mobilité remarquable.

Galop et changements de pied. — Jusqu'ici nous n'avons travaillé le cheval qu'au trot. Il faut le mettre au galop seulement lorsqu'il est bien assoupli. C'est là une prescription dont on ne s'écartera jamais.

Le galop se demande d'abord par simple allongement de l'allure, puis de pied ferme par les moyens ordinaires (bout du nez à droite et jambe gauche pour départ sur le pied droit et *vice versa*).

La difficulté est d'obtenir un petit galop ralenti, régulier et de varier à volonté progressivement la vitesse. Pour y arriver, quand l'animal est confirmé dans l'allure naturelle du galop, on multiplie les départs et les arrêts. On ne demande qu'une ou deux foulées à la fois, on arrête, on recule d'un pas, puis on repart continuant ainsi cinquante fois de suite. Quand l'animal est arrivé à galoper presque sur place, on accélère ou on ralentit l'allure par l'action des jambes, en exigeant toujours la mise en main, et arrêtant immédiatement dès que le cheval se braque, pour le mettre en main et le faire reculer.

Les changements de pied à volonté s'obtiennent en opérant de la façon suivante : une ou deux foulées sur le pied droit, arrêter; une ou deux foulées sur le pied gauche, arrêter; et ainsi de suite vingt ou trente fois par leçon. Au bout de très peu de jours le cheval change de pied par la simple indication de la jambe sans qu'il soit besoin de l'arrêter.

Fig. 55. — Dressage du cheval au passage au moyen de l'éperon combiné avec la cravache. (*La cravache sur les antérieurs exagère leur relèvement. Sur la photographie elle est prête à se poser sur l'antérieur droit au moment de son lever en même temps que l'éperon de la jambe gauche va agir.*)

Piaffer, passage et trot espagnol. — Ces exercices ne sont à la portée que de cavaliers habiles, par conséquent, si on ne se sent pas cette habileté, il est inutile de les essayer, sous peine de détraquer le cheval et d'arriver aux défenses. Je me bornerai donc à les examiner brièvement. Le piaffer et le passage se demandent comme à pied, c'est-à-dire la cravache frappant à petits coups sur la croupe avec la main placée en arrière, puis, en combinant la cravache et les jambes, finalement en ne faisant usage que des jambes.

Le passage ainsi obtenu n'est jamais très relevé; on l'obtient plus brillant soit par l'emploi associé de l'éperon et de la cravache (fig. 51), soit par des contre-changements de main de deux pistes de plus en plus serrés, de façon à lancer l'animal d'un diagonal sur l'autre[1]. Il faut que le

Fig. 51. — La flexion latérale. (*Les flexions latérales constituaient un des pivots de la méthode de Baucher. Elles rendent l'encolure beaucoup trop molle et sont plus nuisibles qu'utiles. C'est un exercice à rejeter à peu près entièrement.*)

cheval ait été d'abord très mobilisé par le passage fréquent de la croupe au mur et *vice versa*.

Le passage correct ne doit être demandé qu'à une période assez avancée du dressage. Le cheval assez gym-

1. En ce qui me concerne, je préfère obtenir le passage simplement par de petites attaques d'éperon au trot, en même temps que la main empêche le cheval d'accélérer son allure. Cette forme du passage est un trot à extension analogue au trot des steppers. Le passage représenté dans une des planches de l'atlas de cet ouvrage a été obtenu ainsi.

nastiqué pour changer à volonté de pied au galop arrive très rapidement au passage.

Le trot espagnol s'obtient lorsque le cheval est au passage, en excitant avec la cravache les antérieurs en même temps que la main et la jambe produisent les effets diagonaux convenables. On obtient ensuite l'extension du membre uniquement à l'éperon ; mais il faut arriver fort juste, c'est-à-dire attaquer lorsqu'un des antérieurs étant à l'appui, l'autre va se lever, c'est pourquoi l'exécution correcte de cet air d'ailleurs aussi fatigant pour le cheval que pour le cavalier est difficile.

Si on tient à pratiquer cependant le trot espagnol, on le fera seulement après avoir pratiqué le pas espagnol pendant quelque temps, et on n'oubliera pas que pour arriver à obtenir les effets diagonaux, il faut d'abord se borner à suivre le mouvement du cheval en abandonnant le corps sans le contracter.

Courbettes. — Je mentionne encore cet air de haute école, parce qu'il est fort gracieux et fait beaucoup valoir un cheval, mais en me hâtant d'ajouter qu'il faut le pratiquer uniquement avec des chevaux très vigoureux de l'arrière-main et ayant peu de tendance à se cabrer. On l'évitera avec les chevaux ayant la conformation des pur-sang.

On obtient la courbette, simplement, en exagérant le ramener de la tête et appliquant en même temps l'éperon très en arrière.

CHAPITRE V

DES REDRESSAGES ET DES DRESSAGES PARTIELS QU'IL EST POSSIBLE DE FAIRE SUBIR AU CHEVAL

§ 1er. *Importance du redressage.* — Silence des ouvrages classiques sur le redressage. — Le redressage est plus fréquent que le dressage. — Le redressage doit se pratiquer au dehors et rarement au manège. — § 2. *Rectification des positions de la tête.* — Relever l'encolure d'un cheval enterré. — Baisser la tête d'un cheval portant le nez au vent. — Importance de la fixité de la main. — § 3. *Rectification de l'équilibre du cheval.* — Cheval trop porté sur les épaules. — Cheval trop porté sur l'arrière-main. Moyen d'apprendre rapidement au cheval à déplacer ses hanches sous l'influence des jambes du cavalier, et exécuter correctement le travail de deux pistes. — Théorie et pratique de l'épaule en dedans. — Importance fondamentale qu'on attache à cet exercice en Angleterre et en Allemagne. — En quoi il diffère essentiellement de la croupe au mur avec lequel on le confond souvent. — De la préférence à accorder aux effets latéraux ou aux effets diagonaux dans l'équitation ordinaire. — Dissentiments fondamentaux des plus célèbres écuyers sur ce point. — Rendre la légèreté de la bouche à un cheval bien dressé qui a été mal monté. — § 4. *Donner à un cheval de l'habileté et de l'initiative.* — Comment l'obéissance se concilie avec l'initiative. — Comment on habitue le cheval à passer par les chemins les plus difficiles, et à se tirer d'affaire tout seul.

§ 1. — Importance des redressages.

Le sujet que je vais traiter dans ce chapitre a toujours été entièrement passé sous silence dans les ouvrages relatifs au dressage. On n'y étudie que le dressage du cheval entièrement neuf, et on ne s'y occupe point du redressage qu'on peut être appelé à faire subir au cheval déjà monté.

ni des dressages partiels et momentanés qu'on peut appliquer au cheval accidentellement monté.

Ces éventualités laissées de côté dans les ouvrages spéciaux, sont cependant les plus fréquentes. Le cheval qu'on achète a presque toujours été monté. Il faut refaire ou compléter son dressage, besogne ordinairement plus difficile qu'un simple dressage.

Des cas se représentant couramment sont ceux du cheval loué dans un manège ou monté provisoirement dans un régiment pendant une période d'exercice. Or l'expérience m'a prouvé que même dans ces circonstances, les principes du redressage trouvent les plus utiles applications pour rectifier certaines allures ou corriger certains défauts : rendre, par exemple, le pas plus rapide, le trot plus régulier, le galop moins dur.

Ce chapitre et le suivant seront consacrés à la solution des cas particuliers pouvant se présenter. Le sujet étant absolument neuf, et mon expérience nécessairement limitée, je serai forcément incomplet. Ce qui va suivre servira au moins à montrer l'utilité de ce genre de recherches, et, je l'espère, à en provoquer d'autres.

Il ne faudrait pas croire nécessaire pour ces dressages partiels, pas plus d'ailleurs que pour aucun dressage, de s'enfermer dans un manège. Le dressage doit se faire surtout au dehors, pendant les promenades. Le capitaine J.-B. Dumas, un des plus habiles dresseurs que je connaisse, et dont les chevaux d'armes ne peuvent être comparés pour la perfection des airs de haute école qu'ils exécutent qu'à ceux de l'écuyer Fillis, fait tout son dressage dehors sur des grandes routes. J'ai été heureux de me rencontrer avec un pareil écuyer dans mon horreur des manèges. Le travail en enceinte fermée fatigue autant le cavalier que le cheval, et ce dernier oublie très vite au dehors les enseignements appris au manège. Au manège on ne donne pas au cheval la franchise dans les allures et l'habitude de ne s'effrayer de rien. Comme le dit avec raison l'auteur que je viens de citer : « C'est précisément dans les établissements où il y a le plus de manèges qu'on rencontre le plus de chevaux rétifs et peureux. » Les manèges ne sont guère utiles que pour des cas bien limités, et surtout quand le temps est trop mauvais pour sortir. En dehors de ces cas restreints, on arrivera seulement au dehors à dresser ou redresser convenablement un cheval.

Ceci posé, je vais examiner dans ce chapitre les rectifications des divers défauts pouvant se présenter. Dans le chapitre suivant, j'étudierai la rectification des allures.

§ 2. — Rectification des positions de la tête.

Le dressage d'un cheval est déjà fort avancé lorsqu'on a obtenu le placement convenable de l'encolure et de la tête. Pour le cavalier sachant se servir de ses jambes, et ayant la main fixe, rien n'est plus facile. On peut, à la rigueur, arriver à ce placement de la tête sans les jambes, mais par le seul fait que le cavalier ne saura pas s'en servir, le dressage restera toujours incomplet.

Deux cas peuvent se présenter : 1° relever l'encolure dite enterrée d'un cheval ; 2° baisser la tête d'un cheval portant le nez au vent.

Relèvement de l'encolure. — Cette opération passe pour difficile, et l'est en effet par suite du défaut de fixité des aides du cavalier. Cependant si ce dernier réussit à garder la main fixe et la jambe près des flancs en arrière, il lui suffira de promener le cheval pendant quelques jours avec la main très haute et le filet bien tendu, — les rênes de mors absolument flottantes, — pour habituer l'animal à relever son encolure et du même coup à ne plus peser sur la main.

Le début de l'opération seul est difficile. Le cheval commence à tirer et tâcher d'arracher les rênes de la main du cavalier. Si ce dernier cède, si peu que ce soit, l'animal, ayant obtenu un succès partiel, insiste et tire davantage. Si au contraire la main, bien appuyée contre la poitrine, reste immuable, en moins d'un quart d'heure le cheval convaincu qu'il n'a rien à gagner à tirer, porte lui-même son encolure. Si à ce moment le cavalier, n'ayant pas la main appuyée contre le corps, se mettait à tirer, le cheval, ne trouvant aucun avantage à faire une concession, recommencerait à s'appuyer sur les rênes pour se débarrasser de leur action.

La main fixe est donc indispensable dans cette opération; la jambe fixe et près des flancs ne l'est pas moins. Il est évident, en effet, que, les rênes étant raccourcies, le cheval s'arrêterait si les jambes pressées contre les flancs ne le poussaient pas en avant.

Le moyen qui précède est tout à fait infaillible. Je l'ai fait employer par des cavaliers tout-à-fait ordinaires sur des chevaux de manège dont l'encolure était très basse et dont la bouche passait pour extrêmement dure. Il était rare qu'en moins d'une demi-heure le cheval ne portât pas son encolure haute sans tirer sur la main de son cavalier. On récompensait l'animal par de fréquents repos (marche au pas avec rênes absolument flottantes). Au bout de quelques jours de ce travail, le cheval relevait lui-même l'encolure dès qu'on agissait légèrement sur le filet.

Pour le cavalier sachant se servir de l'éperon, le relèvement de l'encolure est plus facile encore. Il suffit de faire comprendre à l'animal que dès qu'il tirera sur la main du cavalier, l'éperon arrivera immédiatement pour rappeler la convention : mais, comme je l'ai dit ailleurs, ce moyen ne peut être recommandé qu'à des cavaliers expérimentés.

Le relèvement de l'encolure a des conséquences exposées en détail dans un autre chapitre et que je me borne à rappeler ici : il rend l'animal beaucoup plus léger aux aides, empêche l'emballement, permet de régler la vitesse de l'allure et décharge les antérieurs.

Quand on a habitué le cheval à relever son encolure, on obtient vite la mise en main ou au moins le placer vertical de la tête. Comme le cavalier a fait exclusivement usage du filet, la bouche de l'animal a acquis une grande sensibilité, et dès qu'on agit sur le mors de bride, — l'autre main conservant l'élévation avec le filet, — il place sa tête verticalement, le mouvement en avant étant, bien entendu, entretenu avec les jambes. Avec l'encolure haute et l'éperon employé comme je l'ai dit, on peut obtenir une mise en main instantanée sans aucun danger d'encapuchonnement, quels que soient la maladresse et les à-coups du cavalier.

Chez les chevaux dont l'encolure est tout à fait enterrée et très raide, on réduit beaucoup la fatigue du cavalier et l'élévation de ses mains au début en se servant pendant quelques jours d'un filet releveur pour obtenir le relèvement de l'encolure.

Abaissement de la tête du cheval portant le nez au vent. — Le cheval portant le nez au vent, relève en même temps son encolure. Il faut donc abaisser sa tête et bien se garder de modifier la position de son encolure.

Avec l'éperon aux sangles on place la tête du cheval dans la position verticale en quelques minutes; mais ce

Fig. 55. — Cheval portant « le nez au vent » par suite de la dureté de main de son cavalier.

moyen n'étant pas comme je l'ai déjà répété, à la portée de tous les cavaliers, je n'insiste pas sur son emploi.

D'une façon générale, tous les chevaux portant le nez au vent, le font pour éviter la souffrance causée par la main brutale de leur cavalier. En relevant la tête ils se soustraient un peu en effet à l'action du mors.

J'ai possédé un cheval, qui, lorsque j'en fis l'acquisition, plaçait sa tête horizontalement dès que la main touchait les rênes. Je l'ai d'abord promené pendant quelques jours rênes flottantes pour l'habituer à allonger son encolure sans crainte et à ne plus redouter la main du cavalier. J'exerçai ensuite une tension très légère, la main fixée au pommeau pour la maintenir dans une position absolument invariable. Quand, fatigué de lever le nez, l'animal fléchissait un peu la tête, il éprouvait un soulagement, puisque par suite de la position immuable de la main l'action du mors cessait alors entièrement. Par voie d'association, l'animal arriva très vite à comprendre qu'en plaçant sa tête horizontalement il éprouvait beaucoup plus de gêne qu'en la plaçant verticalement, puisqu'il rencontrait l'action du mors dans le premier cas et ne la subissait pas dans le second. Dans les cas analogues il n'y a qu'à procéder comme je viens de le dire.

Le cheval portant le nez au vent indique immédiatement qu'il est monté par un mauvais cavalier ayant la main brutale, et ce n'est pas alors le cheval, mais le cavalier, dont il faut refaire le dressage. Le cavalier qui se sert du mors de bride sans avoir une main assez sûre pour éviter les à-coups, aura toujours un cheval encapuchonné ou mettant le nez au vent, suivant la conformation de son encolure. Les plus ordinaires des cavaliers éviteront ces deux inconvénients en se servant exclusivement du filet. Sans doute le filet est un releveur, et il semblerait qu'il va encore relever la tête trop relevée déjà, mais il n'en est rien. Le cheval met le nez au vent, bien que cette position soit très fatigante, pour s'éviter la souffrance produite par le mors de bride. Dès qu'il s'aperçoit ne plus éprouver de souffrance, il renonce de lui-même à cette position gênante.

Le cheval portant la tête au vent et qu'on a conduit quelque temps sur le filet, donne aisément la mise en main si le cavalier s'y prend correctement. Il suffit, tenant l'animal sur le mors, de serrer les jambes jusqu'à décontraction de la mâchoire. Si l'animal continue à se contracter, au lieu d'agir sur les deux rênes on agit sur une seule, en même temps que la jambe opposée empêche le déplacement des hanches. Très souvent l'animal cède plus facilement à l'action d'une seule rêne qu'à l'action simultanée des deux.

Je n'insisterai nullement ici sur la mise en main, dont j'ai suffisamment parlé ailleurs, et qui, mal employée, présente certainement plus d'inconvénients que d'avantages. Mise en main signifie cheval léger aux aides, mais avec un tel cheval il faut également des aides fort légers, et cela n'est pas à la portée de la plupart des cavaliers actuels. En se bornant, comme nous l'avons fait dans ce paragraphe, à bien placer l'encolure et la tête, on a un cheval suffisamment léger et suffisamment maniable par tous les cavaliers.

§ 3. — Rectifier l'équilibre du cheval.

Le cheval dont nous avons su disposer l'encolure et la tête est bien près de pouvoir prendre à volonté l'équilibre que le cavalier voudra lui imposer. De cet équilibre dérive la forme que prendront toutes les allures. Notre atlas le prouve suffisamment.

Le défaut d'équilibre du cheval peut se traduire par une des deux situations extrêmes suivantes : l'animal est trop sur les épaules, ou au contraire il est trop sur l'arrière-main.

Dans certains cas, notamment dans celui d'un cheval bien dressé, monté par un cavalier maladroit, le cheval très assoupli sait parfaitement passer d'une forme d'équilibre à une autre pour se soustraire aux exigences de son cavalier.

Le premier des défauts d'équilibre que je viens de mentionner — le cheval trop porté sur les épaules — a pour résultat de rendre l'animal dur à la main, lourd dans ses allures, peu mobile, et, s'il est énergique, emballeur à sa volonté. C'est la forme d'équilibre prise le plus facilement par le cheval que montent de médiocres cavaliers.

Le second défaut d'équilibre — l'animal porté sur l'arrière-main — est le plus rare, mais aussi le plus grave, car il tend à s'exagérer de plus en plus. Après avoir fui l'action des rênes par l'encapuchonnement, l'animal cesse même d'obéir à l'action des jambes. C'est alors l'acculement avec toutes ses conséquences; hésitation constante du cheval, défaut de perçant, refus d'avancer, arrêt brusque, reculer, cabrer, etc. Le cavalier est à la merci du cheval, A cette phase dangereuse arrivaient invariablement, jadis, les cavaliers qui voulaient appliquer la méthode deBaucher, sans avoir à leur service un tact suffisant.

Tout cavalier qui ne sait pas établir un rapport convenable entre l'action de ses jambes et celle de ses mains, arrive forcément aux troubles d'équilibre dont j'ai décrit les deux formes extrêmes. La jambe trop brutale, c'est-à-dire l'éperon agissant par violents à-coups, ou la main trop brutale, c'est-à-dire agissant par saccades, conduisent le cheval à forcer la main, c'est-à-dire à se soustraire à l'action du mors, et nous savons qu'il peut y arriver, soit en enterrant son encolure et s'encapuchonnant, soit au contraire en portant le nez au vent. Au bout de quelque temps, le mors a perdu toute action, et, si le cavalier insiste, l'animal se soustrait le plus souvent à ses exigences par l'emballement.

Recherchons maintenant ce que nous pouvons faire lorsque nous sommes appelés à monter pendant quelque temps les chevaux présentant les défauts d'équilibre venant d'être signalés : animal trop porté sur les épaules ou, au contraire, trop rejeté sur l'arrière-main.

Au premier défaut, on remédie par le relèvement d'encolure, la main fixe et les jambes près, comme il a été expliqué précédemment. On fera souvent reculer l'animal pour l'habituer à rejeter de son poids sur son arrière-main, puis on le mettra au petit trot à extension, encolure haute et jambes très près, en le ralentissant dès qu'il tire sur le mors. J'étudierai en détail, plus loin, le mécanisme de cette allure.

Pour le cheval trop sur l'arrière-main, il n'y a que deux exercices, en dehors du dressage régulier, capables de l'obliger à rejeter du poids sur son avant-main. L'un est le pas allongé pratiqué comme nous l'indiquons plus loin, l'autre, le galop allongé.

Apprendre au cheval à déplacer ses hanches sous l'influence des jambes et exécuter rapidement le travail de deux pistes. — Un cheval qui ne sait pas déplacer ses hanches sous l'action des jambes de son cavalier n'a aucune souplesse et est exposé aux chutes fréquentes, surtout dans les mouvements tournants. En outre, son cavalier n'a que de biens faibles moyens d'action sur lui. C'est pourquoi le travail de deux pistes a une utilité si grande dans le dressage.

Le travail de deux pistes est fort difficile à obtenir au dehors chez les chevaux n'ayant subi que les rudiments de dressage dont on se contente en France. L'animal répondant généralement par quelques défenses aux premières demandes de son cavalier, ce dernier se le tient pour dit et n'insiste pas. .

Il existe pourtant un exercice très simple permettant d'amener rapidement au dehors, le long d'un mur ou même sur le bord d'une route, un cheval au travail de deux pistes, et cela avec la certitude d'éviter toutes les défenses. C'est la leçon de l'épaule en dedans. Le grand écuyer. La Guérinière, la considérait comme la plus importante des leçons à donner à un cheval. Les ouvrages d'équitation militaire publiés en Allemagne, en Autriche et en Angleterre attachent toujours la même importance à la leçon de l'épaule en dedans. Le livre officiel allemand consacre plus de vingt pages à sa description.

En France, cet exercice est à ce point abandonné que la plupart des écuyers professionnels ignorent absolument en quoi il consiste. L'auteur du livre *Le Langage équestre*, assure que l'épaule en dedans « ressemble beaucoup à l'exercice nommé croupe au mur ». Il n'est pas possible cependant de trouver deux exercices plus dissemblables. Dans l'épaule en dedans, le cheval ne regarde pas le chemin où il va, alors qu'il le regarde dans la croupe au mur. Dans l'épaule en dedans l'axe du cheval est plié en demi-cercle, il est droit dans la croupe au mur. L'épaule en dedans s'obtient par des effets latéraux, la croupe au mur par des effets diagonaux. L'épaule en dedans a pour but de *forcer* le cheval non dressé à entrecroiser ses jambes et l'amener à exécuter la croupe au mur, c'est-à-dire à marcher de deux pistes correctement. Il est donc impossible, comme on le voit, de rapprocher deux exercices aussi différents. Cette confusion n'est d'ailleurs qu'une nouvelle preuve de l'état de complète décadence dans lequel l'enseignement de l'équitation est tombé en France aujourd'hui.

Voici comment « l'épaule en dedans » doit être pratiquée d'après le vieil ouvrage de La Guérinière (*L'École de cavalerie*, tome I). Le cheval étant au petit pas le long du mur du manège, « au lieu de le tenir tout à fait droit « d'épaules et de hanches sur la ligne droite le long du « mur, il faut lui tourner la tête et les épaules un peu en « dedans vers le centre du manège comme si, effective- « ment, on voulait le tourner tout à fait : et lorsqu'il est « dans cette posture oblique et circulaire, il faut le faire « marcher en avant le long du mur, en l'aidant de la « rêne et de la jambe de dedans[1], ce qu'il ne peut absolu- « ment faire dans cette attitude sans croiser ni che- « valer la jambe de devant de dedans par-dessus celle de dehors. »

Le cheval au début refuse parfois de croiser les jambes et quitte la ligne de la muraille. « Le cercle, dit La Gué- « rinière, doit alors servir de remède à ces défenses. On « le mènera donc au petit pas et on lui dérobera de temps « en temps des pas croisés des jambes de dedans par-des- « sus celles de dehors, en sorte qu'en élargissant le cercle « de plus en plus insensiblement, on arrivera sur la ligne « de la muraille et le cheval se trouvera dans la posture de

1. Mouvement qu'on facilite en glissant la jambe du dehors un peu en arrière pour empêcher les hanches de se déplacer en dehors, ce qui prépare en même temps le cheval à comprendre les effets diagonaux. (G. Le B.)

« l'épaule en dedans, et dans cette attitude on lui fera « faire quelques pas en avant le long du mur. »

L'épaule en dedans, — effet latéral, — est, comme je l'ai dit, un moyen de dressage pour forcer le cheval à arriver à la croupe au mur, — effet diagonal. — Ce dernier exercice est trop connu pour qu'il soit utile de le décrire. Dès que le cheval l'exécute correctement, il est apte à faire tout le travail de deux pistes, et notamment les contre-changements de deux pistes au trot dont j'ai signalé ailleurs l'importance.

La leçon de l'épaule en dedans force donc le cheval à l'obéissance et c'est avec raison que l'Instruction allemande dit qu'elle est « souvent d'une efficacité invraisemblable », pour obliger un cheval à marcher sur certains objets ou à prendre certaine direction lorqu'il s'y refuse. L'action latérale de la main et de la jambe du même côté lui imposent, en effet, un pli d'encolure qui l'empêche de résister sous peine de tomber. Il est poussé par sa propre masse et court après son équilibre dans la direction qu'on lui impose.

De la préférence à donner aux effets latéraux ou aux diagonaux dans l'équitation ordinaire. — On sait qu'en équitation on fait usage, suivant le degré de dressage, d'effets latéraux ou d'effets diagonaux. Avec les premiers, la main et la jambe agissent du même côté ; avec les seconds, l'effet sur l'avant-main se pratique du côté opposé à l'effet sur l'arrière-main, main droite et jambe gauche, par exemple. On débute généralement par les effets latéraux dont l'action est irrésistible sur le cheval et on finit par les effets diagonaux qui permettent beaucoup plus de précision dans le travail d'école.

Je crois que dans l'équitation courante et dans l'état actuel de notre enseignement équestre, le cavalier doit se contenter des effets latéraux et ne pas se préoccuper beaucoup des effets diagonaux. Il s'en faut d'ailleurs que, même pour les airs d'école, l'opinion des plus célèbres écuyers soit unanime sur la valeur respective de ces deux genres d'effets. Baucher, notamment, a beaucoup varié sur ce point. Dans ses dernières leçons rédigées sous ses yeux par le général de Kerbrecht, il arrive à condamner les effets diagonaux. Voici d'ailleurs comment ce dernier s'exprime :

« Il est à remarquer que l'action d'une rêne et celle de « la jambe du même côté s'entr'aident mutuellement au « lieu de se faire opposition réciproquement, ainsi que « cela se produit dans l'effet diagonal. C'est pour cette « raison que les effets diagonaux, inapplicables du reste « aux allures rapides, doivent être évités. Ils se composent « de deux forces opposées dont l'une pousse dans un sens « et l'autre retient dans le sens diamétralement opposé. « Ces forces s'annulent donc ou tout au moins se nuisent « entre elles si elles ne sont pas égales. Elles ont souvent « pour résultat de provoquer l'animal à résister à leur « double contrainte. »

La plupart des écuyers modernes considèrent cependant les effets diagonaux comme indispensables dans le dressage. Il semble en effet que certains airs de haute école — notamment le pas espagnol — soient d'une exécution bien difficile sans eux. Quelques écuyers vont encore plus loin et, contrairement à l'opinion exprimée plus haut, assurent que les effets diagonaux, loin de restreindre le perçant, l'augmentent. Telle est du moins l'opinion d'un écuyer de premier ordre, le capitaine J. B. Dumas, qui a fait de l'équitation diagonale la base de sa méthode. Le lecteur ne s'étonnera pas trop, je pense, de voir des écuyers éminents professer sur des sujets aussi fondamentaux, des opinions opposées. Les ouvrages d'équitation forment un chaos de contradictions dans lequel les méthodes d'observations scientifiques pourront seules apporter quelque lumière.

Voici, en tout cas, d'après le capitaine Dumas, les moyens pratiques d'arriver très vite aux effets diagonaux. Suivant lui, ils permettent d'allonger l'étendue des foulées au pas et au trot, tandis que le général de Kerbrecht, cité plus haut, assure au contraire qu'ils les restreignent.

Le cavalier, d'après le capitaine Dumas doit s'exercer d'abord au pas et d'un seul côté. Il fera coïncider la pression de la jambe avec le poser de l'antérieur du même côté, exerçant en même temps une légère traction sur la rêne du côté opposé, c'est-à-dire, par exemple, jambe droite, rêne gauche. Après s'être exercé d'un seul côté, il s'exercera du côté opposé, et finalement des deux côtés, alternativement. Pour agir au trot on opère de la même façon. Au moment où l'assiette du cavalier arrive au contact de la selle, on presse le flanc avec la jambe du côté de l'antérieur en même temps qu'on fait agir la rêne opposée. Puis on trotte sur l'autre diagonal et on agit d'une façon opposée. Ce sont là des effets assez subtils, et je crois, d'après des observations faites sur plusieurs personnes, les cavaliers capables de les réussir correctement infiniment rares. Il serait donc impossible de songer à les faire entrer dans l'enseignement alors même que leur utilité serait-elle démontrée.

Rendre la légèreté de la bouche à un cheval bien dressé, mais qui a été mal monté. — Une demi-heure de travail à pied à la cravache: avancer, reculer, et surtout — si l'animal connaît cet exercice — le piaffer, rendent au cheval son équilibre, et par conséquent sa légèreté de bouche.

Si le travail à pied est impossible, on arrivera au même résultat en conduisant le cheval quelque temps au pas, sur le mors, avec la main absolument fixe et les jambes en arrière très près des flancs; l'animal tombera bientôt dans la mise en main.

Ces divers moyens de rendre la bouche légère à un cheval ne peuvent avoir d'utilité que pour les cavaliers tout à fait expérimentés. Plus le cheval aura la bouche fine, plus rapidement il la perdra si la main est maladroite, c'est-à-dire donne des à-coups. Le cheval amené au maximum de la légèreté, c'est-à-dire dans une mise en main parfaite, est très près d'être en arrière de la main, et par conséquent très près aussi de l'encapuchonnement, avec un cavalier douteux. Le cheval doit être d'autant plus en avant de la main que le cavalier se sait moins sûr de sa main. L'emploi exclusif du filet évite au cavalier ordinaire tous les écueils qu'entraînerait fatalement pour lui l'usage de la mise en main.

Donner à un cheval de l'habileté et de l'initiative. Bien que cette partie du dressage ait été fort peu étudiée, je la crois capitale. Les hésitations et les maladresses de certains chevaux au dehors, dès qu'ils sortent d'un chemin bien uni, sont la conséquence de l'habitude de se sentir toujours tenus et guidés par leurs cavaliers. Dès que le cavalier est embarrassé, le cheval devient aussi hésitant et embarrassé que lui et ne sait pas se tirer d'affaire. Gravir un escarpement, passer à travers une haie ou des broussailles, constituent alors un problème redoutable.

L'initiative et l'habileté que nous allons tâcher de développer chez le cheval ne sont nullement en contradiction avec le principe fondamental de l'obéissance absolue exigée de lui. L'initiative apparaît dans l'exécution de l'ordre. Que le cavalier donne, par exemple, au cheval, au moyen des jambes l'ordre de descendre un escarpement. Si l'animal a été bien dressé, il obéira; mais tout en obéissant, choisira de lui-même les meilleurs moyens à employer pour exécuter l'ordre reçu.

Pour exercer l'initiative et l'habileté du cheval, le cavalier le conduira dans des endroits de plus en plus difficiles (pentes très raides, champs contenant des broussailles ou coupés par de petits fossés, etc.). Il aura présent à l'esprit ce que nous avons dit dans un autre chapitre sur l'action des rênes, qui sont le plus souvent une gêne pour le cheval. Il aura donc les rênes toujours très allongées afin de donner à l'animal une grande liberté d'encolure, et les jambes, au contraire, rapprochées pour le pousser en avant.

L'ordre une fois indiqué, le cavalier doit laisser l'animal chercher lui-même les moyens de se tirer d'affaire sans essayer de le guider. Après quelques semaines de ces exercices, le cheval aura acquis une habileté étonnante et passera dans des endroits qui l'eussent fait reculer autrefois. Son habitude d'observer se sera en même temps très aiguisée. Il n'attendra plus que son cavalier l'aide à éviter une pierre ou un trou comme il l'eût fait auparavant. Il a appris à ne plus compter que sur lui-même, à ne plus lancer sa masse à corps perdu en avant sur un seul membre, et à conserver toujours la faculté de reprendre son équilibre en disposant de son centre de gravité au moyen des membres encore en contact avec le sol. Qu'il s'agisse de traverser une haie épineuse, de descendre ou monter un talus, de grimper sur un tas de pierres, le cheval ainsi dressé, dès qu'il sentira l'action des jambes, n'hésitera jamais. Le dressage n'est parfait que lorsque cette condition est remplie.

A la chasse ou dans un rally-paper, le cavalier possesseur d'un cheval ainsi dressé est sûr de passer dans des endroits où d'autres chevaux refuseront de s'engager.

Perçant et vitesse ne doivent pas se confondre, ainsi qu'on le fait généralement. Un cheval a du perçant s'il passe partout sans hésiter quand son cavalier le lui demande, fût-ce à travers la plus épaisse fumée. Le sentiment de l'impulsion donne au cavalier novice l'illusion que son cheval est dans le mouvement en avant, et qu'il n'a qu'à le mettre à une allure vive toutes les fois qu'il veut le faire passer dans un endroit susceptible de l'effrayer ; mais cette illusion lui prépare dans sa carrière hippique bien des accidents.

Le capitaine Raabe fournit un jour un exemple, qu'aimaient à relater ses élèves, de l'obéissance absolue à laquelle un dressage rationnel peut conduire le cheval. Se trouvant avec plusieurs officiers anglais, lui vantant les qualités de leurs pur-sang, auprès d'une jetée dont l'extrémité, dépourvue de garde-fou, dominait de plusieurs mètres une mer houleuse, il paria avec eux que si l'on s'engageait au trot sur cette jetée, tous les chevaux anglais s'arrêteraient avant d'en avoir atteint l'extrémité, tandis que le sien sauterait sans hésitation dans la mer. Le pari fut tenu. Le cheval de Raabe s'élança dans l'eau sans manifester d'hésitation, alors que, malgré les efforts désespérés de leurs cavaliers, et l'emploi énergique de l'éperon, aucun des chevaux anglais ne consentit à plonger dans le gouffre effrayant qui se présentait devant eux.

Le dressage n'est complet que lorsqu'on a obtenu de l'animal cette obéissance absolue, cette absence complète de toute velléité de résistance. C'est pourquoi je considère la définition du dressage, donnée par Dupaty de Clam il y a plus de cent ans, comme la meilleure qu'on puisse encore citer : « Un cheval bien dressé, dit-il, est celui dont toutes les parties du corps sont bien assouplies, et dont la volonté est tellement gagnée qu'il obéisse aux opérations les moins sensibles. »

CHAPITRE VI

RECTIFICATION DES ALLURES DU CHEVAL ET MONOGRAPHIE DU REDRESSAGE

§ 1er. *Rectification des allures.* — Transformations profondes que le cavalier peut faire subir au cheval ayant les allures les plus détraquées. — Rendre le cheval sage au montoir. — Allonger le pas d'un cheval. — Rectifier les diverses incorrections du trot. — Augmenter l'étendue des foulées au trot. — Rectifier le galop. — § 2. *Monographie du redressage.* — Utilité pratique de ces monographies. — Comment elles doivent être faites. — Elles formeront un jour la base la plus sûre de l'équitation et du dressage.

§ 1. — Rectification des allures.

Bien des cavaliers considéreront sans doute les indications qui précèdent comme très compliquées, et n'en percevront pas toujours l'opportunité. Elles conduisent cependant à ce résultat fort pratique de faire une bête excellente d'un animal réputé inutilisable. Je crois pouvoir poser comme règle que, si mauvaises et détraquées que soient les allures d'un cheval, le cavalier possédant des connaissances suffisantes lui fera rapidement subir une complète transformation. L'utilité pratique de tels résultats n'est pas contestable. Un cavalier qui possède un cheval buttant fréquemment, ayant un pas très lent, traquenardant au trot, présentant des réactions dures au galop, voit clairement l'inconvénient de ces défauts et voudrait bien les changer. Il n'y arrivera qu'après avoir un peu étudié et pratiqué ce qui précède. Dans le paragraphe consacré à la monographie du redressage, je donnerai quelques exemples curieux de l'étendue des transformations auxquelles il est possible d'arriver.

Évidemment, si le cavalier devait retenir toutes les explications contenues dans cet ouvrage, ce serait un peu long. Elles conduisent cependant à des règles pratiques fort simples. En ce qui concerne, par exemple, un des points les plus importants de l'équitation, la modification des allures, nous ne demandons au cavalier que les connaissances suivantes : 1° savoir relever l'encolure et la maintenir, suivant les circonstances, au degré d'élévation nécessaire ; 2° avoir la main fixe ; 3° savoir engager avec ses jambes les postérieurs du cheval.

Telles sont les trois clefs fondamentales avec lesquelles nous modifierons à volonté les allures; et nous les modifierons non pas seulement sur les chevaux de valeur, mais aussi sur ceux plus ordinaires. J'en ai vingt fois fait l'expérience avec des chevaux quelconques, montés par des cavaliers également quelconques, qui, en suivant mes indications, étaient tout étonnés de voir, au bout de peu de temps, leurs chevaux modifier entièrement leurs allures, ne plus peser à la main, allonger leur pas, assouplir leur galop, ne plus raser le tapis, ne plus butter, etc. Je dirai même que ce travail seul peut permettre d'arriver à comprendre la théorie du dressage et les étonnants effets produits par l'application de principes fort simples. Ne dédaignez jamais le cheval que le hasard vous appelle à monter; le carcan le plus délabré peut apprendre beaucoup de choses, et il en apprendra même d'autant plus qu'il sera plus délabré. Il est fort instructif d'essayer de régulariser les allures d'un tel animal.

J'ajouterai que le cheval dont on aura réussi à modifier l'allure n'oubliera nullement son dressage quand il sera remonté par le cavalier ayant su la modifier, même après avoir été monté dans l'intervalle par vingt cavaliers lui ayant laissé reprendre ses anciens défauts. Je l'ai observé souvent sur des chevaux de manège montés devant moi par des amis. Il serait sans intérêt de donner ici l'explication de ce fait psychologique fort curieux.

J'aborde maintenant les différents cas pouvant se présenter dans la rectification des allures.

Rendre le cheval sage au montoir. — Beaucoup d'accidents sont produits par l'impatience et les mouvements désordonnés du cheval au moment où on le monte. Au départ on a quelqu'un pour le tenir, en route on n'a personne, et si l'on est obligé de descendre, toutes sortes de difficultés surgissent souvent pour remonter. Le prince Impérial de France perdit la vie pour ne pas avoir eu un cheval sage au montoir. N'ayant pu réussir à enfourcher son cheval trop impatient, il fut massacré par les sauvages, alors que ses compagnons, ayant des chevaux mieux dressés, purent monter et s'échapper.

Ne posséderait-on un cheval que pour quelques jours, il est indispensable de l'habituer à rester absolument tranquille pendant qu'on le monte. Pour y arriver, on le fait d'abord très légèrement tenir ; on monte et on descend une vingtaine de fois de suite, en grondant l'animal et lui donnant une secousse du bridon dès qu'il bouge. Si on ne réussit pas à le maintenir tranquille, on lui met un caveçon dont on lui donne un léger coup dès qu'il fait mine d'avancer. Finalement on le monte sans le faire tenir.

Pour maintenir au cheval la sagesse au montoir, quand

il l'a acquise, il faut : 1° ne jamais le faire tenir quand on le monte. Si on craint un accident, placer à un mètre devant lui l'homme qui l'a amené de l'écurie : 2° ne jamais partir dès qu'on est en selle, attendre toujours quelques secondes, et ne laisser marcher l'animal que lorsqu'il en a reçu l'ordre : s'il part, l'arrêter par un à-coup de bridon assez sec et l'obliger à attendre l'ordre du cavalier : 3° partir toujours au pas.

Allonger le pas d'un cheval. — Le pas est l'allure la plus employée. Il n'est agréable que bien allongé et si l'on n'est point obligé de trottiner pour suivre les cavaliers avec lesquels on se trouve. J'ajouterai que la solidité du cheval au pas croît — comme celle du vélocipédiste — avec sa vitesse.

Théoriquement on peut augmenter la vitesse du cheval au pas par deux moyens différents : 1° en multipliant le nombre de foulées qu'il fait dans l'unité de temps ; 2° en augmentant la grandeur des enjambées, c'est-à-dire l'ouverture des branches de compas que représentent les membres. Le second moyen est le seul pratique. Il a, en outre, cette conséquence importante : par le fait même de savoir allonger l'étendue de ses foulées au pas, le cheval saura les allonger au trot.

Le moyen que je vais indiquer pour allonger le pas est applicable à tous les chevaux sans exception. Il demande cinq à six jours de travail, mais alors l'allongement est acquis pour toujours. Son application demande un peu d'attention au début, mais aucune habileté spéciale. Un officier de réserve de ma connaissance, le capitaine K..., avait eu, pendant sa période d'exercice, la mauvaise chance de monter un cheval le faisant toujours rester en arrière de ses collègues pendant la marche au pas et trottinant constamment. En appliquant la méthode exposée ici, il réussit au bout de quelques jours à dépasser les cavaliers derrière lesquels il se voyait obligé de rester d'abord. Le résultat parut d'autant plus surprenant à ces derniers que, leur camarade n'ayant jamais été séparé d'eux, son travail de dressage était resté inaperçu.

La méthode est fort simple. Les rênes de bride complètement abandonnées, l'animal très légèrement tenu sur le filet de façon à lui permettre d'allonger entièrement son encolure, on glisse un peu les jambes en arrière et on les maintient dans cette position appuyées contre les flancs du cheval. Immédiatement l'animal se met à trottiner, et quelquefois, pour peu que l'appui sur le filet soit exagéré, à partir au trot. Laissant les jambes en place, on arrête par un à-coup sur le filet, puis on rend immédiatement et complètement. L'animal ralentit, et repart aussitôt. On recommence autant qu'il est nécessaire, cinquante fois de suite s'il le faut, les jambes toujours dans la même position. L'animal, finissant par comprendre ce qu'on lui demande, allonge bientôt son pas en engageant beaucoup ses postérieurs, — ce qui lui permet de longues foulées, — et maintient cette allure allongée si les jambes continuent à le pousser en avant.

Si au lieu du filet on se servait du mors, on n'arriverait qu'à énerver le cheval, et provoquer des défenses sans allonger son allure.

J'ai dit de donner un léger point d'appui sur le filet, mais cela n'est pas toujours nécessaire. Avec beaucoup de chevaux on réussit mieux à allonger le pas en laissant les rênes entièrement flottantes, les jambes dans la position indiquée. L'animal, qui n'est pas gêné par la main de son cavalier, arrive à des balancements considérables d'encolure lui facilitant beaucoup l'allongement de ses foulées. J'ai ainsi amené un cheval des plus ordinaires à faire le kilomètre au pas en huit minutes environ, c'est-à-dire en employant deux minutes de moins que les chevaux de cavalerie, devant, d'après l'ordonnance, faire leur kilomètre en dix minutes. L'animal ainsi conduit, rênes flottantes, possède en plus une sûreté de jambe qu'il n'acquerrait jamais s'il était constamment tenu.

J'ai supposé dans ce qui précède un cheval ordinaire possédant les membres antérieurs solides. Lorsque j'ai affaire à un cheval ayant les jambes faibles, rasant le tapis et buttant fréquemment, je m'y prends d'une façon un peu différente. Je consacre d'abord une dizaine de jours à lui apprendre à relever ses antérieurs au pas. Il suffit pour cela de rehausser fortement l'encolure avec le filet, avoir la main fixe et pousser vigoureusement le cheval avec les jambes portées en arrière et très serrées. Aussitôt que l'animal a contracté l'habitude de relever ses membres, on allonge son pas, en opérant comme il est dit plus haut. On chercherait vainement ces moyens dans les traités d'équitation. Ils ont cependant une utilité capitale.

Rectifier les incorrections du trot. — Les cas qui peuvent se présenter le plus fréquemment sont les suivants : 1° l'animal se désunit et traquenarde; 2° l'animal forge; 3° l'animal rase le tapis; 4° l'animal butte fréquemment, faute de solidité de ses antérieurs.

On remédie à ces divers défauts par le même procédé : la pratique du trot moyen à extension.

Ce trot s'obtient simplement avec les jambes près et en arrière, la main haute et par conséquent l'encolure relevée (fig. 57). On ne fera usage que du filet. Cet exercice bien pratiqué transforme un cheval d'une façon étonnante.

Fig. 56. — Le trot à extension avec relèvement de l'encolure. (*Ce cheval avait avant le dressage l'encolure très enterrée.*)

Si j'étais condamné à ne choisir pour améliorer un cheval qu'un exercice, je choisirais certainement le trot à extension.

Nos traités d'équitation civils ou militaires français étant muets sur cette allure, j'aurais jugé fort inutile de m'étendre sur elle, si je n'avais trouvé formulée dans l'ouvrage officiel d'équitation allemande une opinion identique à la mienne. En raison de l'importance toute spéciale de cette allure comme moyen de dressage, je vais reproduire une partie de ce passage :

« Le trot moyen est un trot équilibré d'une vitesse moyenne. Le cheval marche avec plus d'assurance et de franchise qu'au trot naturel et parcourt trois cents pas à la minute[1].

« Le cavalier conservera les poignets fixes, s'enfoncera plus dans la selle, portera le haut du corps en arrière et poussera davantage en avant avec les jambes, et au besoin avec la cravache. Les membres postérieurs s'infléchiront et s'engageront davantage, et chasseront avec plus de vigueur.

« Les aides qui poussent le cheval en avant au trot moyen lui apprendront à faire des battues égales, calmes et cependant énergiques, appuyé sur le mors et fléchi de la nuque. L'attitude s'améliorera et le cheval perdra l'habitude de se faire porter ; ses muscles et ses tendons, surtout ceux de l'arrière-main, se développeront et se fortifieront. Si le trot moyen est bien exécuté et bien employé, les leçons ultérieures ne présenteront pas de difficultés : mais si, au contraire, il n'en est pas ainsi, on se trouvera aux prises avec des difficultés à chaque leçon nouvelle.

« Le trot moyen exécuté sans que la nuque soit fléchie paralysera tout progrès dans le dressage ultérieur.

« Le cheval, par cela qu'il est porté sur le mors, — sur les poignets fixes, — sera forcé d'augmenter l'infléchissement de la nuque ; l'encolure se ramènera davantage et se prêtera par suite mieux aux aides des rênes en empêchant le cheval de s'appuyer sur le mors[2] : l'arrière-main s'abaissera (elle deviendra plus apte à porter le poids), l'avant-main sera plus haute (le cheval gagnera en élévation). En raison de l'allégement de l'avant-main, la démarche sera plus libre et plus relevée, le rein perdra sa raideur, et peu à peu le cheval prendra un trot régulier d'une vitesse moyenne et équilibrée.

« Il est absolument nécessaire que les reprises au trot moyen soient longues si on veut atteindre le but qu'on se propose dans le travail à cette cadence. On perfectionnera beaucoup le trot moyen

1. C'est à peu près la vitesse du trot de notre artillerie de 240 mètres à la minute.

2. Si, — ce qui arrive toujours au début, — le cheval s'appuie sur la main, on augmente le relèvement de l'encolure en tirant un peu le filet sans ralentir la pression des jambes, obligeant le cheval à engager davantage ses postérieurs et à rejeter du poids sur son arrière-main. Le pas allongé et le galop allongé lui font rejeter au contraire du poids sur son avant-main. En alternant ces diverses allures, on apprend au cheval à varier son équilibre à la volonté de son cavalier. (G. Le B.)

en faisant exécuter des flexions pendant qu'on marche à cette allure. Si, après une flexion exécutée aux deux mains, on redresse le cheval, et si on lui fait un peu allonger la cadence, on s'apercevra combien l'équilibre s'est amélioré et combien l'allure est devenue plus étendue et plus vive. Les membres postérieurs et la nuque feront réciproquement ressort en sens inverse. »

J'ai dit que le trot moyen à extension remédie aux diverses irrégularités du trot mentionnées au début de ce paragraphe. J'ajouterai que lorsqu'on a affaire à un animal buttant fréquemment, il faut exagérer le relèvement de l'encolure et l'engagement des postérieurs. Les mains seront donc hautes et fixes, les jambes en arrière. Ces dernières amèneront l'engagement sous le centre des postérieurs propulseurs, ce qui augmente énormément la solidité de l'animal. J'ai obtenu grâce à ce moyen, et vu obtenir par d'autres cavaliers qui appliquaient ces principes, des résultats surprenants. Des chevaux paraissant avoir perdu toute solidité et faisant constamment des fautes, arrivaient, par le seul fait qu'ils avaient modifié leur équilibre, à n'en plus faire.

J'ajouterai, d'après mes observations, que ce moyen est également applicable par des amazones. Une des jambes étant appliquée contre le flanc, l'autre se trouve remplacée par la cravache portée très en arrière et appuyée contre le flanc, en attaquant au besoin par petits coups rapprochés.

Augmenter l'étendue des foulées au trot. — Le cheval, suivant les circonstances et à la volonté de son cavalier, doit pouvoir travailler sur des bases courtes ou sur des bases longues, c'est-à-dire progresser en ouvrant peu ou beaucoup les branches de compas auxquelles on peut comparer ses membres. Le travail de haute école donne toujours des bases très courtes, c'est pourquoi on lui a reproché d'éteindre un peu les allures. Le travail au dehors, dans certaines conditions peut seul provoquer ces grandes foulées étendues utiles à obtenir à toutes les allures. Le cheval les fournit parfois naturellement, mais elles sont considérablement accrues par le dressage.

Le cavalier qui croirait obtenir l'allongement des foulées en précipitant la vitesse, serait victime d'une illusion. Le cheval peut acquérir la même vitesse en faisant des foulées longues peu répétées, ou au contraire des foulées courtes très répétées, mais le premier procédé est le seul acceptable.

Le moyen d'allonger l'étendue au trot des foulées d'un cheval est en réalité assez simple, mais demande beaucoup de patience.

Il faut travailler le cheval d'abord au pas pour augmenter l'étendue des foulées au trot. Par le fait seul qu'il les allongera au pas, l'animal les allongera au trot dès que nous le pousserons en lui donnant une certaine liberté d'encolure. Le trot moyen à extension, pratiqué comme nous l'avons indiqué dans le précédent paragraphe, régularise l'allure mais ne l'allonge pas. Il amène surtout le cheval à donner ses mouvements en hauteur, ce qui est incompatible avec la vitesse. Il prépare cependant indirectement à la vitesse en apprenant au cheval à augmenter l'amplitude des mouvements articulaires de ses membres.

Rectifier le galop. — Sous le nom de galop se rangent, comme nous l'avons montré dans un autre chapitre, des allures très dissemblables, variant suivant divers facteurs. Parmi ces formes diverses de galop, il y a des allures impliquant des réactions très dures, et d'autres au contraire des réactions très douces.

D'une façon générale le galop devient dur dès que le cheval enterre son encolure et fait prédominer l'action de son arrière-main. Il est dur encore lorsque les postérieurs étant mal engagés sous le centre, l'animal retombe sur des membres verticaux au lieu de retomber sur des membres fléchis qui amortissent les réactions.

Les modifications d'équilibre nécessaires pour modifier le galop exigent assez de tact de la part du cavalier, et tout ce qu'on peut faire ici, c'est de lui indiquer les moyens pratiques d'arriver à posséder ce tact. Il y parviendra vite en pratiquant les variations de vitesse par la méthode que je vais indiquer. Ces variations effectuées comme on les enseigne généralement, en modifiant simplement la traction sur la bouche, ne permettent d'obtenir que des ralentissements saccadés et rendent cet exercice d'une exécution difficile. Je ne sais pas si on trouverait un cavalier sur cent, même parmi les élèves des écoles militaires, qui, après avoir mis son cheval au galop de charge, serait capable de le ramener par transition insensible à un tout petit galop, assez ralenti pour ne pas dépasser un cheval au pas.

Les variations d'allures au galop ne sont cependant pas très difficiles à obtenir en suivant certaines règles que je vais indiquer. Elles ont pour base le principe général suivant :

L'engagement plus ou moins grand sous le centre des postérieurs propulseurs et le relèvement plus ou moins considérable de l'encolure, amènent forcément chez le cheval au galop des variations de vitesse.

Le relèvement de l'encolure amenant le ralentissement de la vitesse, l'animal passerait du galop au trot, si la jambe glissée très en arrière — d'autant plus que le ralentissement est plus grand — ne venait compenser l'effet de la main et obliger l'animal à maintenir son allure.

Voici pratiquement la façon d'opérer. Le cavalier ayant mis son cheval au plus petit galop possible par les moyens qu'il emploie d'ordinaire, fera exclusivement usage du filet et relèvera progressivement la main en portant en même temps les jambes d'autant plus en arrière qu'il relèvera la main davantage. Pour obtenir une allure régulière, il est indispensable que la main reste absolument fixe, appuyée contre la poitrine, et que les jambes soient également fixes, appuyées contre les flancs. Si la main n'était pas immobile, le cheval tirerait sur les rênes et accélérerait son allure; si les jambes se relâchaient, l'animal s'arrêterait.

Un galop bien régulier à une vitesse quelconque étant obtenu, le cavalier ayant toujours les jambes fixées en arrière près des flancs, s'apercevra facilement qu'en élevant progressivement les mains, — les premières fois il pourra les élever jusqu'au menton, — l'animal ralentit son allure; et que, dès qu'il les abaisse, celui-ci l'accélère. Il constatera aussi que l'action de la jambe, à mesure que le ralentissement s'accentue, doit devenir plus énergique, sous peine d'arrêt. Les premières fois on n'obtiendra ces graduations de vitesse que par de grandes variations de hauteur des mains; au bout de quelques jours ces variations pourront être très légères.

Cet exercice est excellent pour assouplir le cheval et l'amener à bien engager ses postérieurs. Il ne faut pas le pratiquer plus de huit jours pour accoutumer un cheval à galoper à la vitesse qu'on veut.

Le cavalier apprendra par ces variations de vitesse quelle est, pour un cheval donné, l'allure du galop la plus agréable, et c'est naturellement celle-là qu'il devra choisir.

§ 2. — Monographie du redressage.

Chaque cheval possédant des qualités ou des défauts particuliers, les difficultés qui se présentent avec chacun d'eux varient constamment. Nous avons aujourd'hui des méthodes d'ensemble à peu près suffisantes; mais il importerait de posséder la solution des nombreux cas particuliers pouvant se présenter. J'ai effleuré le problème dans ce chapitre et le précédent; mais, faute d'éléments suffisants, je n'ai pu le traiter à fond. Le dressage s'appuiera sur des bases scientifiques sûres seulement lorsque nous posséderons, avec des photographies à l'appui, l'histoire détaillée de nombreux dressages, et les résultats qu'ils ont produits sur les diverses allures de l'animal dressé. Alors, et pas auparavant, on pourra tirer de tous ces cas particuliers des lois générales rigoureuses, qui remplaceront les principes contradictoires régnant aujourd'hui. Elles permettront certainement d'abréger beaucoup le dressage, en nous faisant connaître avec certitude ce qui est utile et ce qui est nuisible.

J'ai déjà insisté au commencement de cet ouvrage sur l'importance des monographies. Je ne saurais trop les recommander à chaque cavalier. Quelque modestes que puissent être ses capacités équestres, ses observations seront toujours fort utiles et constitueront des éléments de comparaison qui nous font entièrement défaut aujourd'hui.

J'avais donné dans mes précédentes éditions un exemple de monographie de dressage d'un cheval, dont je changeai le caractère irascible et les allures détraquées. Il serait sans intérêt de la reproduire de nouveau. Le lecteur qui voudra tenter de telles monographies trouvera dans les diverses parties de cet ouvrage, et notamment dans ce chapitre et le précédent, des indications qui attireront son attention sur la plupart des cas pouvant se présenter. Pour une monographie complète, exécutée dans un haras ou une école de cavalerie, il serait indispensable, afin de constater les modifications d'allure, d'avoir des épreuves chronophotographiques analogues à celles de l'atlas de cet ouvrage.

J'ajouterai que ce ne sera pas là un travail simplement théorique, mais une étude d'une utilité pratique incontestable, prouvant au cavalier avec quelle facilité il tirerait parti d'animaux considérés comme rétifs, détraqués et inutilisables.

Ces transformations que peut éprouver une monture, je les ai constatées moi-même sur bien des chevaux. Je les observai notamment sur un magnifique pur-sang, rencontré par hasard chez un marchand de chevaux par qui son propriétaire le faisait mettre en vente. Ce propriétaire, quoique très bon cavalier, et aidé des conseils journaliers du directeur de l'un des premiers manèges de Paris, avait renoncé absolument à en tirer parti. L'animal constituait d'ailleurs un remarquable spécimen des résultats de l'équitation française actuelle. Au pas, il faisait des fautes incessantes et boitillait. Au trot, il rasait le tapis et traquenardait horriblement. A toutes les allures, il portait fort bas sa longue encolure et restait constamment braqué sur le mors. En outre très ombrageux il avait des défenses remarquablement dures. Le boitillement seul me faisait hésiter à l'acheter ; mais je n'hésitai plus quand j'eus constaté que ce défaut tenait uniquement à ce qu'un des antérieurs se soulevait beaucoup plus que l'autre dans la marche, conséquence probable de la dissymétrie des aides du cavalier. Au bout de quinze jours de la gymnastique exposée dans ce chapitre, l'animal possédait des allures régulières, donnait un trot à extension superbe, ne faisait plus de fautes et se mettait parfaitement en main à la volonté du cavalier. Ces résultats que j'ai déjà obtenus sur plusieurs chevaux, ne tiennent en aucune façon à une habileté particulière, mais à la simple application des principes exposés dans cet ouvrage. Ces principes sont à la portée de tout le monde, puisque fort souvent je fais monter mes chevaux par le premier palefrenier venu, auquel je demande simplement, — après lui en avoir expérimentalement prouvé l'avantage, — de monter comme je le lui explique, ce qui me demande un quart d'heure de leçon. L'habileté en équitation est certainement quelque chose, mais l'emploi méthodique de principes sûrs conduit parfois à des résultats supérieurs.

LIVRE V

LE MANIEMENT DU CHEVAL

CHAPITRE I

RECHERCHES EXPÉRIMENTALES SUR LE ROLE DES AIDES SUIVANT LE DEGRÉ DE DRESSAGE DU CHEVAL

§ 1er. *Principes fondamentaux du rôle des aides sur le cheval bien dressé.* — Indications sommaires relatives à l'action des mains et des jambes. — § 2. *Recherches expérimentales sur le rôle des aides sur le cheval mal dressé.* — Rôle du mors de bride suivant sa position. — Expériences dynamométriques. — Influence de l'inclinaison du mors.

Nous aurons à étudier dans les prochains chapitres l'action correcte des aides pour le cheval dressé ou à dresser. Dans le but de montrer une fois encore les inconvénients des chevaux sommairement dressés dont nous nous contentons en France aujourd'hui, nous montrerons par des recherches expérimentales la difficulté de les manier. Afin de faciliter les comparaisons, nous allons dire d'abord quelques mots du rôle des aides sur le cheval bien dressé.

§ 1. — Principes fondamentaux du rôle des aides sur le cheval bien dressé.

Le rôle des aides dans la conduite du cheval bien dressé peut être résumé dans la formule suivante :

Les jambes du cavalier donnent au cheval l'impulsion, les mains règlent, par l'intermédiaire des rênes, la forme sous laquelle sera dépensée cette impulsion.

Pour rendre très clair le sens de cette formule, choisissons un exemple. Supposons les jambes rapprochées en arrière, de façon à pousser activement le cheval en avant. Si en même temps les rênes sont relâchées, l'animal dépensera son impulsion sous forme d'accélération de l'allure. Si nous venons alors à tendre les rênes, les jambes donnant toujours la même impulsion, le cheval paralysé dans ses mouvements d'extension dépensera une partie de son impulsion en hauteur, c'est-à-dire élèvera fortement ses membres. Suivant les variations d'action des rênes, il passera du grand trot au trot moyen, puis au trot cadencé à extension, et enfin au trot sur place ou piaffer. Il passera également ainsi du galop allongé au galop moyen, au galop raccourci, et enfin au galop sur place. Dans ces différents cas, les jambes ont imprimé l'impulsion et, suivant la définition précédente, les rênes ont réglé la forme sous laquelle a été dépensée cette impulsion.

Pendant toutes ces variations d'allure, l'action des jambes, contrairement à ce qu'on pourrait supposer, doit être d'autant plus énergique qu'on ralentit davantage l'allure afin de combattre la tendance à l'arrêt produit par l'action des rênes.

Il résulte de ce qui précède que, chez le cheval, l'impulsion donnée par les jambes se traduit à volonté par de l'accélération, ou au contraire par du ralentissement d'allure, suivant la façon dont les rênes sont maniées.

Le rôle des jambes en équitation n'a été bien compris que dans les temps modernes et les écuyers en sont arrivés seulement récemment aux associations d'aides dont je viens d'exposer les principes fondamentaux.

Au moyen âge, et jusqu'à une époque relativement récente, la position du cavalier sur son cheval ne lui permettait pas de se servir de ses jambes, ou sinon par à-coups. La jambe, en réalité, agissait presque exclusivement pour amener l'éperon au contact des flancs du cheval. Les rênes étaient à peu près le seul moyen de conduite du cavalier. Or, tout cheval conduit uniquement avec les mains est mal équilibré et finit forcément par avoir la bouche dure. Il suffit de regarder sur d'anciennes gravures la longueur du mors de tous les chevaux, pour être certain que des animaux capables de supporter de pareils instruments de torture devaient posséder des bouches extraordinairement peu sensibles.

Aujourd'hui le rôle des jambes, — surtout depuis les travaux de Baucher, — est bien compris; et, grâce à leur emploi judicieux, on est parvenu à avoir des chevaux offrant à la fois beaucoup de perçant, de légèreté et de souplesse. On n'y arrive cependant qu'avec des chevaux et des cavaliers parfaitement dressés. Les premiers sont aussi rares en France que les seconds. L'éducation des mains étant d'ailleurs beaucoup plus générale que celle des jambes, la majorité des cavaliers conduisent surtout avec leurs mains, et très peu avec les jambes leurs chevaux. C'est en grande partie pour cette raison que la plupart des chevaux ont la bouche si dure, sont si mal équilibrés et ont des allures si peu moelleuses.

La théorie générale du rôle des aides sur le cheval bien dressé, n'est en aucune façon applicable aux chevaux insuffisamment dressés. Pour ces derniers, il faut tâcher de remplacer l'habileté par la force. On peut être fréquemment appelé à monter de tels chevaux. Il ne sera donc pas sans intérêt de déterminer expérimentalement les meilleurs moyens d'agir sur eux.

§ 2. — Recherches expérimentales sur l'action des aides chez le cheval mal dressé.

Le cheval mal dressé, tel qu'on le rencontre en France aujourd'hui, ne comprenant pas l'action des jambes, il faut bien se résigner à le conduire exclusivement avec les rênes. Essayons de déterminer la meilleure manière de les utiliser.

La façon dont le mors est placé et manié permet au cavalier de faire varier dans des limites étendues la puissance qu'il possède sur l'animal. Ces limites n'ayant été l'objet d'aucune recherche numérique, nous avons essayé de les déterminer par l'expérience.

Le cheval de selle est, comme on le sait, conduit avec deux mors. Un de ces mors formé de tiges cylindriques reliées par une sorte de charnière se nomme mors de filet. Il agit surtout sur les commissures des lèvres et tend à relever la tête de l'animal. Son action très douce, relativement faible, permet aux cavaliers peu expérimentés de le manœuvrer brusquement sans provoquer de défenses. La façon dont on le place ne peut pas faire varier dans de grandes limites la puissance du cavalier sur la bouche.

Le mors de bride constituant un levier, a une action beaucoup plus énergique que celle du mors de filet, et en même temps fort différente. Le second est, en effet, un releveur de l'encolure, le premier un abaisseur.

Aussitôt que le cavalier tire sur les rênes de bride, les branches du mors tendent à basculer et à exercer sur la bouche une pression qui dépend : 1° de la longueur des grandes branches du mors, — longueur invariable et qui n'est pas à examiner ici, puisque le cavalier ne peut la modifier à moins de changer de mors ; 2° de la position plus ou moins avancée du mors sur les barres ; 3° de la tension de la gourmette.

Avec un cheval un peu dressé, une indication, si légère soit-elle, suffit, grâce à l'éducation qu'il a reçue ; mais il en est tout autrement avec le cheval insuffisamment dressé. Sur celui-ci la façon d'emboucher l'animal a une grande importance.

Admettons le mors bien proportionné à la bouche du cheval, c'est-à-dire assez large pour ne pas dépasser les lèvres de plus de quelques millimètres, et voyons successivement les effets : 1° de la tension de la gourmette ; 2° de la position du mors.

Supposons d'abord la gourmette très relâchée. Dans ce cas, aussitôt qu'on tirera sur les rênes, les grandes branches se placeront perpendiculairement aux montants de la bride ; l'instrument, n'étant plus un levier, aura perdu la plus grande partie de sa puissance. Cependant il n'agira en aucune façon comme le mors de filet, ainsi que cela se répète encore dans plusieurs ouvrages.

Supposons maintenant la gourmette très serrée. Lorsqu'on agira sur les rênes, le mors aura son maximum de puissance ; mais si l'on sagissait alors d'une façon constante sur les barres il arriverait, suivant des lois physiologiques bien connues, que leur sensibilité s'émousserait très vite. L'emploi du mors sous cette forme serait dangereux d'abord, et provoquerait des défenses de l'animal ensuite.

En pratique, on place la gourmette de façon à ce que les grandes branches du mors fassent, lorsque les rênes agissent sur elle, un angle de 45° environ avec les montants de la bride.

Les grandes branches du mors peuvent donc, suivant la position de la gourmette, occuper des positions variées, dont le cavalier doit régler les positions intermédiaires suivant la sensibilité et le dressage du cheval.

Mais l'action du mors ne dépend pas seulement de la position de la gourmette; elle dépend aussi, comme nous l'avons dit, de sa position dans la mâchoire. Placé près de l'extrémité de la bouche, son action est beaucoup plus grande que loin de cette extrémité, c'est-à-dire près des molaires. Il en est ainsi, non seulement parce que la sensibilité de la bouche paraît généralement plus grande dans sa partie inférieure, mais surtout parce que, dans le premier cas, on agit le plus loin possible de l'articulation des mâchoires, c'est-à-dire à la plus grande extrémité possible du levier qu'elles forment par leur articulation.

Les expériences dynamométriques suivantes indiquent dans quelles limites ces diverses façons d'emboucher le cheval peuvent faire varier la puissance du cavalier.

Nos expériences ont porté principalement sur trois chevaux représentant à peu près les trois variétés qu'on peut être appelé à rencontrer: 1° cheval un peu dressé: 2° vieux cheval de manège tiraillé depuis de nombreuses années par plusieurs générations d'élèves; 3° cheval de voiture à bouche très dure mis depuis peu de jours à la selle.

Le cheval un peu dressé ne figure dans le tableau que comme terme de comparaison, comme unité, si je puis m'exprimer ainsi; mais certainement les chiffres donnés pour cette unité, si faibles soient-ils, sont encore trop forts. Le cheval dressé, s'arrêtant à la moindre indication, il n'est possible d'obtenir de résultats au dynamomètre qu'en essayant de tromper l'animal sur les intentions du cavalier, par exemple en le poussant en avant avec les jambes en même temps qu'on le retient avec les rênes. Même dans ces conditions peu naturelles, la force de traction a toujours été faible, alors qu'avec les autres chevaux elle a été considérable :

1° *Cheval un peu dressé* : Embouchure moyenne, c'est-à-dire branches du mors s'inclinant à 45° pendant la traction des rênes.

	Force déployée pour arrêter rapidement le cheval en agissant uniquement sur la bouche
Au trot	1 kilog.
Au galop moyen.	2 —
Au grand galop.	6 —

La force déployée dans tous les cas pour arrêter ce cheval avec le mors de bride est très faible et au-dessous de celle que pourrait déployer une main d'enfant. Un tel cheval peut donc être embouché fort légèrement.

2° *Vieux cheval de manège sur lequel plusieurs générations d'élèves s'étaient exercées* : Embouché comme le précédent.

	Force déployée pour arrêter rapidement le cheval en ne se servant que du mors de bride.
Au trot	12 à 15 kilog.
Au petit galop.	15 à 16 —
Au grand galop.	29 à 33 —

Nous arrivons ici à un déploiement de force déjà grand pour un cavalier de force musculaire moyenne, et supérieur à ce que pourraient déployer beaucoup de femmes et d'enfants. Un tel cheval commencerait donc à devenir dangereux aux grandes allures s'il n'était pas embouché beaucoup plus sévèrement qu'on ne le fait habituellement.

5° *Cheval carrossier de huit ans*, mis à la selle seulement depuis quelques semaines. Animal très doux, mais ayant une bouche très dure.

	Force déployée pour arrêter rapidement le cheval en ne se servant que de la bride et suivant la façon dont il est embouché.	
	Mors très bas et gourmette serrée.	Mors très haut et gourmette lâche.
Au trot ou au petit galop.	28 à 32 kilog.	50 à 60 kilog.
Au grand galop	30 à 35 —	60 à 74 —

4° *Force de traction que peut déployer un individu assez vigoureux en tirant sur un mors fixé à un mur, dans les conditions où le cavalier se trouve en étant à cheval* :

58 à 65 kilogrammes.

Les deux expériences comparatives, n° 5, sur le cheval carrossier mis à la selle, mettent en évidence les effets de l'embouchure. Il a suffi de varier la position du mors et le serrage de la gourmette pour faire baisser de moitié la force nécessaire pour arrêter l'animal.

Cette force, — dans le cas d'embouchure insuffisante, — était énorme et dépassait notablement, comme le montre la dernière expérience. celle que peut dépenser, et encore pendant un temps très court, un cavalier de vigueur moyenne. Supposons un médiocre cavalier sur un tel cheval. On revient de la promenade ; le cavalier, qui a constaté que l'animal était très doux. essaie un petit temps de galop. Pas bien sûr de son assiette, il serre les mollets avec énergie, ce qui détermine naturellement une accélération rapide de l'allure. Inquiet, le cavalier se pend aux rênes pour arrêter le cheval ; mais disposant d'une force de traction insuffisante. et continuant à se cramponner avec les mollets aux flancs de l'animal, celui-ci continue à se diriger d'un train précipité vers l'écurie. Persuadé que son cheval est emballé, le cavalier se croit perdu, renonce à se servir des rênes, et pour peu qu'il manque de sang-froid, saute ou tombe à terre et se casse habituellement quelque chose, la tête fréquemment.

Nous venons de voir que la façon de placer le mors dans la bouche fait varier du simple au double la puissance du cavalier. Nous allons constater que cette force varie encore suivant la direction dans laquelle se fait la traction des rênes, c'est-à-dire suivant l'angle β fait par les rênes avec les montants de la bride et, par conséquent, avec l'axe de la tête. Cet angle β dépend de la position des mains du cavalier; il diminue ou grandit suivant que celui-ci a les mains hautes ou les mains basses.

On sait, en mécanique, que la direction suivant laquelle agit la puissance sur les bras d'un levier a une importance considérable. Plus cette direction est oblique, plus il y a de force perdue. C'est seulement quand la puissance est perpendiculaire au levier qu'elle produit son maximum d'action. En supposant, bien entendu, la force initiale identique, la direction dans laquelle les rênes auront le plus de puissance sur la bouche sera celle où elles seront perpendiculaires à l'axe de la tête. Leur puissance diminuera à mesure que leur obliquité augmentera.

Il est aisé de traduire exactement en chiffres la réduction de puissance du cavalier, suivant l'angle sous lequel se fait la traction des rênes. Nous ne considérerons, pour simplifier la démonstration, que les rênes de filet, les seules d'ailleurs dont on fait généralement usage avec les chevaux de chasse. Pour le mors de bride il faudrait faire intervenir d'autres facteurs trop longs à examiner ici. Désignons par AC la ligne diagonale formée par une rêne, appelons β l'angle que fait cette ligne avec l'axe de la tête, assez bien représenté par le montant de la bride.

Conformément à des principes de mécanique bien connus, la traction exercée par le cavalier suivant la ligne AC peut se diviser en deux composantes. L'une, dirigée suivant l'axe de la tête et proportionnelle au cosinus β ne tend qu'à relever la tête du cheval, et est inutile avec les chevaux mal dressés, dont l'encolure est habituellement fort raide[1]; l'autre, que nous nommerons AD, perpendiculaire à l'axe de la bouche, est la seule utile, toujours pour les chevaux que nous considérons, et par conséquent la seule dont il faille tenir compte. Sa puissance est exprimée par la relation :

$$AD = AC \text{ sinus } \beta.$$

formule qui peut se traduire de la façon suivante :

L'action exercée par une force donnée sur la bouche d'un cheval est réduite proportionnellement au sinus de l'angle formé par la direction des rênes avec l'axe de la tête de l'animal.

La formule précédente montre que quand l'angle β est de 45°, direction habituelle chez la plupart des cavaliers, la force des mains, est réduite d'un tiers. En passant de cette position à celle où les rênes sont perpendiculaires aux montants de la bride, sa puissance augmente d'un tiers, et la composante verticale s'annule; ce qui veut dire que toute la force déployée par le cavalier est utilisée pour arrêter le cheval.

Le cheval sait parfaitement réduire l'angle β de façon à annuler les efforts de traction du cavalier. Il le fait en mettant la tête horizontale, c'est-à-dire en portant le nez au vent, comme on le dit vulgairement. Dans ces conditions,

1. Avec un cheval bien dressé, ce serait au contraire la force qui tend à relever la tête qu'il faudrait considérer.

la puissance de traction du cavalier est réduite à peu près à rien, et il devient inutile de continuer à tirer avant d'avoir réussi à ramener la tête dans une position voisine de la verticale[1].

Le cheval possède un second moyen d'annuler l'action du mors sans réduire l'angle β, mais, au contraire, en l'augmentant. Il lui suffit de ramener la mâchoire inférieure contre le poitrail par une inflexion exagérée du cou. On dit alors qu'il s'encapuchonne. Dans ces conditions, la mâchoire inférieure et même les branches du mors étant appuyées contre le poitrail, le cavalier n'exerce plus d'action sur la bouche de l'animal tant qu'il n'a pas réussi à lui relever la tête.

La démonstration précédente semble prouver que l'on exige avec raison des cavaliers militaires qu'ils tiennent les mains le plus bas possible, c'est-à-dire presque au contact de la selle. Cette position n'est guère acceptable que pour des chevaux mal dressés, dont l'encolure reste toujours absolument raide. On arrête mieux au contraire des chevaux bien dressés, en relevant un peu l'encolure, c'est-à-dire en rejetant du poids sur l'arrière-main.

Laissant de côté cette équitation de force, brutale et dangereuse, qui devrait être uniquement tolérée chez des Peaux-Rouges, nous allons revenir à l'équitation rationnelle, et aborder l'étude des facteurs permettant de la pratiquer.

1. Lorsqu'il s'agit du mors de bride, le cheval en mettant le nez au vent tend à annuler son action en essayant de lui donner pour appui la commissure des lèvres au lieu des barres.

CHAPITRE II

LE MANIEMENT DES RÊNES

§ 1er. *Influence de la tenue des rênes et de la façon de les mener.* — Critique des opinions courantes sur ce sujet. — § 2. *Du degré de traction à exercer sur les rênes suivant les allures.* — Du prétendu soutien que le cavalier peut donner au cheval. — Discussion des opinions. — § 5. *Recherches sur le degré de mobilité ou de fixité que doit avoir la main.* — Théorie de la main fixe. — Son importance. — Démonstration géométrique. — § 4. *De la préférence à accorder au mors de filet sur le mors de bride dans la conduite habituelle du cheval.* — Rôle nuisible du mors de bride. — Défenses et tares qu'il provoque. — Le mors de filet doit être habituellement l'agent de conduite du cheval. — Le mors de bride doit être réservé pour le travail de haute école.

D'une façon générale, on peut dire qu'il n'y a pas de tenue de rênes absolument supérieure dans tous les cas à une autre, parce que, en réalité, la tenue des rênes doit varier suivant le degré d'éducation du cheval et du cavalier. En ce qui me concerne, je les varie suivant le travail que je demande au cheval. Le plus souvent je laisse flotter les rênes de bride, retenues seulement par le petit doigt, et ne me sers que du filet.

Les diverses tenues des rênes se ramènent, d'ailleurs, à deux types fondamentaux: l'ancienne tenue à la française, et celle dite à l'anglaise.

La tenue des rênes à la française n'exige qu'une seule main : les rênes de bride sont séparées par le petit doigt de la main gauche, et celles du filet passent par-dessus, réunies entre le pouce et l'index.

La tenue des rênes dite à l'anglaise[1] se fait à deux mains; chaque main tient une rêne de bride et une rêne de filet séparées par le petit doigt.

La tenue à la française n'est applicable qu'aux chevaux bien dressés. Elle seule permet de séparer facilement, et surtout de faire alterner l'action des rênes de bride et de filet, soit en les tenant dans la même main, soit en séparant dans une main les deux rênes de filet, ce qui permet des effets alternatifs très puissants.

La tenue à l'anglaise est excellente pour les chevaux mal dressés ou peu sûrs, et pour le dressage. Elle permet, en outre, de réunir rapidement toutes les rênes dans une seule main; mais elle rend difficile l'emploi séparé des rênes de bride et de filet, et impossible leur emploi alternatif et successif. C'est la méthode à recommander à tous les débutants ou au cavalier qui monte un cheval inconnu.

La tenue des rênes dite à l'allemande est définie de la façon suivante dans l'instruction officielle dont j'ai plusieurs fois parlé.

« Le cavalier sépare les rênes de bride avec le troisième doigt de la main gauche, leurs extrémités descendant le long de l'épaule droite du cheval, après être venues passer sur la phalange moyenne de l'index. Il tient les rênes du filet à pleine main par le milieu, par-dessus les rênes de bride. »

Quelle que soit la tenue des rênes, la façon plus ou

1. Je mets « dite » à l'anglaise, parce que cette tenue, très employée en France aujourd'hui, n'est pas adoptée par la cavalerie anglaise.

moins progressive dont elles sont maniées importe surtout. Chaque à-coup sur la bouche d'un cheval un peu sensible est l'équivalent d'un coup d'éperon et le point de départ d'un désordre.

Le maniement des rênes est une des principales difficultés de l'équitation, mais en même temps une de celles où l'enseignement du professeur, si peu utile en général, peut avoir de l'influence. Il s'en faut de beaucoup, malheureusement, que dans nos manèges cet enseignement tellement important soit donné correctement.

Les conseils classiques se ramènent à ceci: « Conserver les coudes au corps, l'avant-bras bien en avant, tirer sur les rênes de bas en haut en rapprochant la main du haut du corps ».

La conséquence fâcheuse de cette prescription est facile à mettre en évidence. Les coudes serrés contre le corps font remonter les épaules, et donnent à la main, dans la tenue des rênes d'une seule main, une position oblique relativement à l'axe du cheval, amenant invariablement la dyssimétrie du cavalier et du cheval. Les bras en avant accroissent la tendance du cavalier à se pencher sur le cou de l'animal, ce qui surcharge son avant-main; enfin, le cavalier ne pouvant tirer sur les rênes, de bas en haut à moins d'une très grande habitude, que d'une façon saccadée, inflige sans cesse des à-coups à la bouche du cheval. Les forces agissantes, en effet, sont produites au niveau de l'épaule et du coude, c'est-à-dire à l'extrémité d'un grand bras de levier dont les mains forment l'autre extrémité. On conçoit aisément que, dans des conditions pareilles, il faille un très long exercice pour arriver à produire avec la main des mouvements progressifs, et non saccadés.

Des considérations théoriques, vérifiées d'ailleurs par l'expérience, m'avaient conduit depuis longtemps à une façon entièrement différente d'agir sur les rênes. Je constatais facilement que pour avoir des mouvements progressifs, il faut que le centre de ces mouvements soit au niveau de l'articulation du poignet, et non au niveau de l'articulation du coude, moins encore au niveau de celle de l'épaule. Or il s'est trouvé que ma théorie, — d'ailleurs déclarée absurde par les écuyers de manège à qui j'essayais vainement d'en faire comprendre les avantages, — est précisément celle suivie aujourd'hui dans l'armée allemande. Elle est l'antipode du système préconisé dans nos manèges. Loin d'être fixés au corps, les coudes doivent en être détachés; loin d'être portés en avant, les avant-bras sont ramenés et appuyés contre le corps; de plus, — et ceci est la partie tout à fait essentielle, — la traction sur les rênes, au lieu d'être produite par des mouvements de l'avant-bras, l'est uniquement par des mouvements de rotation et de torsion du poignet, *l'avant-bras restant toujours appuyé contre le corps*. Dans ces conditions, les mouvements brusques, que déterminent les retraits de l'avant-bras par la méthode ordinaire, sont impossibles, et le cavalier acquiert rapidement la légèreté de main qu'on ne rencontre pour ainsi dire jamais chez les élèves de nos manèges.

Ce point est d'ailleurs si important, que je crois utile de reproduire le texte même du réglement allemand :

La conduite régulière du cheval repose sur les conditions suivantes : toutes les tensions de rênes seront exécutées peu à peu par torsion de l'articulation du poignet... Les deux rênes devront agir avec ensemble, *l'avant-bras gardant le contact avec le ventre et le poignet restant à sa hauteur première*. A une main fixe correspond une assiette fixe. (T. Ier, p. 11.)

Pour l'arrêt, l'*Instruction* donne les indications suivantes :

Faire exécuter au poignet, sur son articulation et d'avant en arrière, une torsion en forme de vis, en rapprochant les articulations moyennes des doigts du ventre du cavalier et remontant les petits doigts. Cette torsion du poignet raccourcira les rênes également. (T. Ier, p. 108.)

L'*Instruction* revient fréquemment sur ce principe fondamental que :

Dans tous les mouvements de la main, l'avant-bras doit rester appuyé contre le corps. L'observation de cette règle rendra la main du cavalier tranquille et fixe, la première des conditions principales d'une conduite régulière. (T. Ier, p. 108.)

Il ne faudrait pas croire que les mouvements de rotation du poignet n'obtiennent pas, en cas de nécessité, un raccourcissement suffisant des rênes. On peut en juger par les expériences suivantes que j'ai faites pour éclaircir ce point :

Raccourcissement des rênes obtenu par simple rotation du poignet.	0m,12
Raccourcissement des rênes obtenu par rotation et torsion du poignet.	0m,20
Raccourcissement des rênes obtenu par élévation complète des mains vers le haut du corps, suivant la méthode des manèges.	0m,25

Tous les auteurs sont d'accord pour considérer l'encolure comme un gouvernail qui règle les mouvements du cheval, et en même temps un balancier dont les déplacements peuvent faire refluer le poids de l'animal de l'avant-main sur l'arrière-main, ou réciproquement; et par conséquent régler la vitesse de l'allure. Chacun sait, d'ailleurs, que le cheval allonge son encolure pour accélérer sa vitesse, et la raccourcit pour la ralentir. Le cavalier maître des mouvements de l'encolure est généralement maître de la vitesse de l'animal.

Il résulte de ce qui précède que le cavalier doit d'abord être en communication constante, par les rênes, avec la bouche du cheval, et ensuite exercer sur elles une certaine tension destinée à régler la vitesse de l'allure. Mais quel doit être ce degré de tension ? Nous allons le rechercher.

L'opinion des plus éminents écuyers, depuis d'Aure jusqu'à Duthil, est que cette tension doit agir assez énergiquement. « Les mains du cavalier, écrit le comte d'Aure, doivent offrir un fort soutien à l'avant-main. »

L'ancien écuyer en chef de Saumur, M. Duthil, professe une opinion semblable. « Il faut, dit-il, s'efforcer patiem-
« ment d'habituer la bouche à accepter la tension cons-
« tante des rênes... Cet appui franc, constant et élastique,
« que nous devons faire accepter par la bouche, est la
« base même sur laquelle nous nous appuierons plus tard
« pour nous emparer du mouvement d'extension et de
« redressement de l'encolure. »

L'opinion des jockeys, notamment ceux montant des trotteurs, est analogue. Tous sont convaincus qu'il faut une très forte tension des rênes pour « soutenir » le cheval, et lui donner de la vitesse. Dans la pratique, ils exercent sur la bouche de l'animal une traction énorme, atteignant souvent les limites de leurs forces.

J'ai moi-même pendant quelque temps partagé les opinions précédentes ; je tâchais de donner à la bouche ce « fort soutien », dont il est parlé plus haut. Je tirais consciencieusement, et le cheval accélérait généralement sa vitesse : la théorie du « fort soutien » paraissait donc exacte. Comme conséquence accessoire, j'avais des chevaux dont la bouche présentait une élasticité voisine de celle d'une barre de fer. Mais comme tous les chevaux que j'avais alors occasion de monter présentaient la même particularité, j'en concluais logiquement qu'elle était le résultat d'un mystérieux dessein de la nature.

Mes idées sur ce sujet commencèrent à se modifier sensiblement lorsque je commençai à monter des chevaux bien dressés. Elles se modifièrent tout à fait, lorsque, ayant approfondi le sujet, je réussis à donner une bouche très fine, nécessitant par conséquent des tractions de rênes très légères, à des chevaux qui avaient eu jusque-là une bouche très dure nécessitant des tractions très fortes. J'en arrivai alors à conclure que cette dureté de bouche est une simple conséquence de la maladresse des cavaliers et pas du tout d'un dessein particulier de la Providence.

Le but que recherchent les écuyers en donnant un « fort soutien » à la bouche du cheval paraît avoir été double. D'abord de « soutenir » le cheval, puis d'arriver, ainsi qu'il est dit plus haut, à « s'emparer du mouvement d'extension et de redressement de l'encolure », c'est-à-dire à permettre de faire varier à volonté la longueur de cette dernière.

Sur le premier point, il est évident que les écuyers professant l'opinion qu'on soutient un cheval en tirant sur sa bouche sont victimes d'une illusion pure, et confondent chez le cheval un effet d'éducation avec un effet mécanique. Le mors, ainsi que l'éperon, peuvent être des stimulants, ils ne sauraient être des soutiens. L'idée qu'un individu placé sur un corps mobile, et n'ayant aucun appui extérieur, puisse soutenir le corps mobile sur lequel il est placé est absolument contraire aux lois de la physiologie et de la mécanique. Très certainement, le cheval, habitué à cette traction énergique sur la bouche, modifiera son allure dès que le cavalier réduira sa traction, mais ce ne sera pas parce que le cavalier lui retirera un imaginaire soutien, ce sera parce que son dressage lui aura appris à accélérer d'autant plus son allure que son cavalier tire davantage sur les rênes. L'action du mors est pour lui, je le répète, un simple excitant dont le rôle est analogue à celui de la cravache.

Le fait suivant, rapporté par l'écuyer Fillis, est une preuve évidente de ce qui précède. Un de ses amis, nommé Pascal, possédait deux trotteurs, et les deux cavaliers les montaient alternativement en luttant de vitesse au trot. Or, pendant quinze jours consécutifs, bien que changeant de cheval chaque jour, Fillis fut régulièrement battu à chaque course. La raison donnée par Pascal de sa supériorité était bien simple : il tirait à plein bras sur les rênes et donnait de violentes saccades sur la bouche, alors que Fillis, habitué aux chevaux bien dressés, ne tirait presque pas. Pascal avait raison ; mais il ignorait que si ces chevaux ne couraient rapidement que lorsqu'on tirait sur leurs rênes, un dressage incorrect en était seul cause. Fillis lui en donna une preuve éclatante, en consacrant une quinzaine de jours à habituer un de ces chevaux à se passer de la traction énergique du mors. Montant alors le cheval dressé par lui il gagna à son tour toutes les courses, en n'exerçant qu'une très légère action sur les rênes. Il les gagna d'autant plus facilement que son cheval, n'ayant pas à dépenser d'efforts pour lutter contre les mains du cavalier, pouvait consacrer toutes ses forces à accélérer sa vitesse.

La question de soutien à donner au cheval ne résiste guère à l'examen. Il reste à envisager la nécessité de tirer sur les rênes pour faire varier la longueur de l'encolure.

Cette nécessité est évidente, mais il est évident aussi que l'effort à exercer sur le mors doit avoir pour limite exacte la force nécessaire pour faire obéir le cheval. Or, comme un dressage convenable amène le cheval à céder aux plus légères tractions des rênes, « le fort soutien », « l'appui franc », dont nous parlions plus haut, deviennent un très faible soutien, un appui si léger, qu'en tenant les rênes entre deux doigts on dispose d'une force largement suffisante.

Des raisonnements précédents on conclura que le cavalier ne doit pas du tout se proposer de donner un « fort soutien » à la bouche du cheval, mais bien de rendre l'animal assez souple et obéissaat pour qu'il n'ait aucun besoin de ce fort soutien et cède au contraire aux plus légères tractions des rênes. Le conseil d'exercer une « tension constante » sur les rênes ne peut être utile que pour les très mauvais cavaliers ; car s'ils ne donnent pas ainsi au cheval le « fort soutien » supposé, ils se donnent à eux-mêmes, en se pendant aux rênes, un excellent point d'appui pour assurer leur équilibre.

Le cheval habitué à subir cette forte traction des rênes, recommandée par l'éminent écuyer que j'ai cité, ne sera jamais un animal bien dressé. Il restera une lourde bête portée sur son avant-main, disposée aux chutes ou à l'emballement et sur laquelle son cavalier n'aura qu'une bien faible puissance.

La tension habituelle des rênes a du reste bien d'autres inconvénients, mais comme ils sont parfaitement indiqués dans l'ouvrage du général de Hohenlohe[1], je me bornerai

1. *Entretiens sur la cavalerie*, par le général prince de Hohenlohe, aide de camp de l'empereur d'Allemagne ; 1887.

à reproduire ce passage pour l'édification des écuyers qui répètent sans cesse à leurs élèves « de bien tenir leurs chevaux ».

Voici, suivant l'auteur, les inconvénients de la tension habituelle des rênes :

1° Le cheval ne peut se développer, s'étendre, chercher l'endroit où il veut poser ses pieds. On lui enlève dès le début son initiative, on le rend systématiquement peu sûr.

2° Aux allures vives la bouche du cheval s'égare, le cheval est gêné dans son équilibre.

3° Le cavalier perd la position, l'assiette. Il a la main trop en avant, il contracte le côté gauche et penche le corps vers la droite.

4° Les chances de chute sont augmentées. Chaque fois qu'un cheval butte, il s'étale sur les jambes de devant et étend l'encolure pour ne pas tomber. Or il est gêné dans ces mouvements si les rênes sont trop courtes. De son côté, le cavalier est attiré en avant et ne peut pas, comme il le devrait, faire une retraite de corps et décharger l'avant-main du cheval.

5° L'instinct du cheval n'est plus éveillé, l'animal devient inintelligent et maladroit, le cavalier craintif et timide, il perd la confiance en lui-même et en son cheval.

Le cheval, dit le même auteur dans un autre passage, doit être habitué à se porter lui-même avec les rênes lâches, c'est-à-dire avec un très léger point d'appui et à veiller lui-même à sa sûreté. Que le jeune cavalier apprenne sur le terrain accidenté à s'abandonner en toute confiance au cheval, à s'en rapporter à lui pour la façon de traverser les terrains et à n'employer d'autres aides que les retraites du corps s'il fait une faute. Il reconnaîtra alors ce dont le cheval est capable quand il n'est pas gêné par son cavalier.

Rien n'est plus sage que ces conseils[1]; ils mériteraient d'être gravés en lettres d'or dans toutes les écoles de cavalerie et les manèges. Les chevaux conduits avec peu de

1. La conduite du cheval avec tension habituelle des rênes est malheureusement enseignée encore partout en France. Je ne vois à citer que Wachter qui en ait parfaitement compris les inconvénients. « Rappelez-vous, dit-il, que le cheval ne tombera jamais « mieux que lorsque vous lui aurez donné l'habitude de laisser « reposer le poids de sa tête et de son encolure sur vos rênes : « au moindre oubli de votre part, les rênes venant à flotter, le « poids de ces parties l'entraînera et alors il pourra tomber. »

rênes ont beaucoup de perçant, une grande sensibilité de bouche, et sont les plus faciles à mettre en main lorsque le besoin s'en fait sentir.

§ 3. — Recherches sur le degré de mobilité ou de fixité que doit avoir la main.

Le lecteur a vu que, dans les instructions du manuel officiel allemand déjà citées, on revient souvent sur la nécessité pour le cavalier d'une main fixe. Pour la rendre plus fixe encore, on oblige l'avant-bras à rester appuyé contre le corps. Cette fixité de la main est considérée comme « la première des conditions d'une conduite régulière ».

On a soin d'ailleurs dans le même manuel de bien définir la main fixe : « Une main fixe est celle qui ne quitte jamais la place qui lui est assignée. »

La prescription de la main fixe semblera singulière aux écuyers habitués à « prendre et rendre » constamment les rênes, suivant l'expression classique, et surtout à ceux accoutumés à suivre par des mouvements de va-et-vient assez étendus les mouvements de la tête du cheval.

Le principe de la main fixe ne s'applique naturellement que lorsque le cavalier a donné aux rênes, et par conséquent à l'encolure, la longueur choisie par lui pour une allure déterminée. Tant que l'allure ne change pas, la main doit rester tout à fait fixe. Veut-on allonger ou ralentir l'allure, on allonge ou on raccourcit les rênes, pour donner à l'encolure la longueur nécessaire, puis la main redevient fixe.

Loin de conduire le cavalier à exercer une traction permanente sur la bouche du cheval, comme on pourrait le croire, le principe de la main fixe entraînerait plutôt le relâchement des rênes, si les jambes du cavalier n'obligeaient pas le cheval à venir prendre un léger point d'appui sur le mors[1]. Ce point d'appui est léger et moelleux, car c'est le cheval qui le règle lui-même et non plus la main, forcément toujours un peu incertaine, du cavalier.

Si l'animal vient à peser sur les mains, la pression des jambes aux sangles, suivie au besoin de l'action de l'éperon, lui rappelle qu'il ne doit pas faire porter le poids de sa tête par son cavalier. Avec la main fixe, si les jambes sont bien utilisées, on arrive à rendre légère la bouche d'un cheval quelconque en quelques heures de promenade.

La fixité de la main n'est pas d'ailleurs d'une exécution aussi facile qu'on pourrait le croire. Si le poignet — et non le coude — n'est pas fixé absolument contre le corps, la main continuera à tirer à mesure que le cheval cédera : ce dernier, n'obtenant aucune concession de son cavalier, se contractera bientôt de nouveau pour lutter contre les à-coups sur la bouche produits par les oscillations de la main. Si, d'un autre côté, les jambes n'interviennent pas pour régler la tension de l'encolure, le cheval finira par imiter les chevaux de panneau soumis à un enrênement

1. C'est là ce que le manuel allemand appelle faire agir les rênes passivement. « Les poignets étant tenus immobiles, l'assiette et « les jambes poussent le cheval sur les rênes. On dit dans ce cas « que la rêne agit passivement. »

Il n'y a qu'avec les chevaux dressés prenant d'eux-mêmes le mors que les poignets, toujours d'après le même ouvrage, n'ont pas à agir en marchant. « Avec les chevaux qui s'appuient « sur le mors et pèsent à la main en raidissant l'encolure, il faut « de temps en temps rendre un peu les rênes, puis fermer les « jambes et reprendre en même temps dans les deux poignets. »

fixe, ou les chevaux soumis à l'écurie à l'instrument appelé jockey. Il reculera ses postérieurs, creusera ses reins et aura une bouche très dure. La pratique de la main fixe exige donc absolument l'emploi judicieux des jambes.

La fixité de la main, considérée comme fondamentale en Allemagne, n'a jamais été enseignée en France. Elle est cependant pratiquée par de remarquables écuyers qui lui doivent une grande partie de leur habileté. Un de ceux placés à la tête de l'enseignement militaire équestre, et qui fut très admiré au carrousel donné en 1895 à propos des fêtes russes, avait la main haute et fixe à toutes les allures[1].

Tous les cavaliers ayant la solidité nécessaire pour rendre leur assiette indépendante de leur main, condition première de la main fixe, seront surpris des résultats produits par cette fixité de la main sur le cheval et surtout de l'obéissance qui en est la conséquence. L'animal entre en lutte contre la main mobile. Il cesse bientôt de lutter contre la main fixe. Elle est pour lui un mur inerte contre lequel toute tentative de résistance serait vaine. S'il essaie quelquefois de résister, c'est qu'il sent le mur devenir mobile et conçoit alors l'espoir de s'en débarrasser.

On peut théoriquement objecter à la main fixe la difficulté de maintenir cette fixité tandis que la longueur de l'encolure du cheval semble varier constamment.

1. C'est certainement en raison de la fixité de leur main résultant de la fixité parfaite de leur assiette que les cochers rencontrent si rarement dans la conduite des chevaux de voiture les difficultés éprouvées par la plupart des cavaliers. Le cheval de voiture bien dressé est la règle, alors que le cheval de selle bien dressé est l'exception.

Soit AB' le cou du cheval, B'C' sa tête, A le centre des mouvements de rotation que l'encolure exécute pour amener l'extrémité inférieure de la tête de la position C' dans la position C pendant ses mouvements de balancier. Soient A C et A C' la longueur des rênes dans les positions extrêmes de la tête. Supposons la main placée en A au centre des mouvements d'oscillation de l'enco-

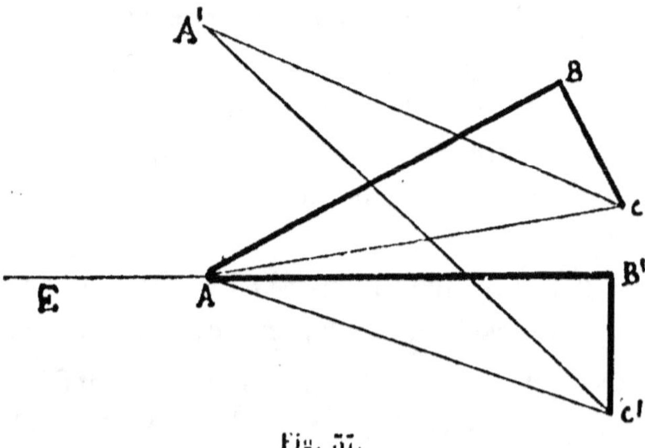

Fig. 57.

lure. L'identité des deux triangles ABC, AB'C' prouve qu'en portant alternativement la tête de C' en C et de C en C' le cheval ne fait pas varier la longueur AC, toujours égale à AC'. Dans ces conditions, la main restera évidemment fixe. Donc la main, étant au centre des mouvements d'oscillation de l'encolure, peut rester rigoureusement immobile. Mais le plus souvent elle ne se trouve pas au centre de ces mouvements, et nous allons voir que, suivant la position de la main du cavalier, c'est-à-dire suivant qu'elle est haute ou basse, la longueur des rênes varie dans les positions extrêmes que la tête peut occuper, et que, par conséquent, le cavalier serait obligé, dans certains cas, de suivre les mouvements de la tête par un mouvement de va-et-vient de son bras.

Le cas dans lequel les variations de longueur de AC et AC', c'est-à-dire les variations de longueur des rênes, deviennent les plus grandes, se présente quand la main, au lieu d'être placée en A près du garrot, est placée au-dessus, en A', ce qui est la position du cavalier conduisant avec la main haute. A'C' correspondant à la position de la tête en C' a évidemment une longueur plus grande que A'C correspondant à la position de la tête en C. D'après des calculs que j'ai effectués, la différence pourrait atteindre 10 centimètres. Dans des conditions semblables, le cavalier ne saurait songer à avoir la main fixe : il devrait se résigner à allonger et à raccourcir les bras constamment pour suivre les mouvements de la tête, ou se résoudre à avoir les rênes tantôt flottantes, tantôt tendues.

Il n'existe qu'une position de la main où les variations des mouvements de la tête du cheval ne modifient pas sensiblement la longueur des rênes. C'est la main basse, presque au contact du pommeau de la selle. Elle n'est pas alors, sans doute, tout à fait au centre des mouvements d'oscillation de l'encolure, mais presque sur la ligne horizontale passant par ce centre, et des considérations de géométrie élémentaire prouvent que si la main est quelque part entre E et A, les variations de longueur des rênes pour les positions extrêmes de la tête sont très faibles. Dans ces conditions, la main peut rester fixe, puisque la longueur de l'encolure ne varie pas.

J'ai reproduit la démonstration précédente donnée dans la dernière édition de cet ouvrage, parce qu'elle est vraie en théorie. Cependant j'ai constaté depuis qu'elle n'a aucun intérêt pratique, sauf pour les cavaliers habitués à prendre un fort point d'appui sur la bouche de leurs chevaux. Au pas, en effet allure dans laquelle les balancements d'encolure sont les plus considérables les rênes doivent être tout à fait relâchées, et dès lors la position de la main importe fort peu. Au trot, le cheval fixe son encolure et ne la déplace pas. Il en résulte que la distance entre la main et le mors peut rester invariable. Reste donc uniquement le galop. A cette allure, et surtout au galop allongé, la précédente théorie serait applicable. Elle explique peut-être pourquoi, à cette allure, les jockeys ont souvent les mains fixées sur l'encolure.

Le galop est précisément d'ailleurs l'allure pour laquelle les Allemands, si exigeants pour la main fixe, ne la recommandent pas. Voici comment s'exprime le manuel officiel sur ce point :

« Au galop allongé, le cavalier ne fera pas agir les poignets, mais les laissera suivre les mouvements du cheval, afin que celui-ci puisse s'étendre à chaque battue de galop et rester cependant dans les rênes. Le cavalier sera ainsi maître de son cheval et se réservera la faculté de l'arrêter à tout instant, tout en pouvant, soit allonger la foulée au moyen d'une pression plus énergique des jambes, soit la raccourcir avec les poignets, qui suivront le reflux du poids en arrière et, de concert avec l'assiette, forceront l'arrière-main à s'infléchir. »

Nous pouvons conclure ce paragraphe, en disant que le cavalier se facilitera beaucoup la conduite du cheval et s'évitera bien des difficultés avec la main absolument fixe, les avant-bras collés contre le corps. A la règle de la main fixe, peut-être pourrait-on ajouter, dans certains cas bien restreints, celle des doigts mobiles: mais la première des deux règles est beaucoup plus importante que la seconde. Avec la main fixe le cheval sait sur quoi compter et s'arrange en conséquence. Comme le dit très justement le capitaine J.-B. Dumas, « le cheval préfère une main dure, mais fixe, aux secousses imprévues et aux à-coups immérités que lui cause constamment une main douce, mais flottante et folle. »

§ 4. — De la préférence à accorder au mors de bride ou au mors de filet dans la conduite habituelle du cheval.

Le cheval peut être habituellement conduit soit avec le mors de bride, soit avec le mors de filet, soit avec les deux mors simultanément. Recherchons quel est, entre ces trois modes d'opérer, le meilleur.

La méthode la plus répandue, et pourtant la moins rationnelle de toutes, est la conduite simultanée sur les deux mors. Cette méthode est complètement illogique, puisque le mors de bride a une action tout à fait contraire à celle du mors de filet. L'un, en effet, est un abaisseur et l'autre un releveur. Il faut vraiment que le cheval ait des facultés d'adaptation merveilleuses pour subir la contrainte imposée par l'application d'effets aussi opposés. Il les subit comme on subit des bottines trop étroites quand on a des cors et qu'il faut cependant marcher. L'animal supporte une gêne à laquelle il ne peut se dérober, mais il proteste contre elle par une contraction énergique et permanente des mâchoires et de l'encolure.

La seule conduite rationnelle est sur le mors de bride ou sur le mors de filet. Ces deux façons d'opérer répondent chacune d'ailleurs à un but différent. L'emploi du mors de bride est généralement nécessaire pour le travail au manège, le rassembler et les allures sur des bases courtes. Au dehors il est rarement utile, et presque toujours nuisible. Il donne au cheval des saccades qui retentissent, par l'intermédiaire de la chaîne des vertèbres, sur ses membres. Il le rend hésitant et provoque des défenses. Son usage a donc été avec raison entièrement abandonné par les jockeys aux courses, et par les personnes habituées à suivre les chasses à courre, en Angleterre notamment.

La plupart des grands écuyers sont d'accord sur l'action désastreuse du mors. Si on ne se trouvait devant cette impérieuse nécessité de dominer à tout prix le cheval à certains moments, le mors de bride devrait être sévèrement supprimé dans l'armée. L'économie qui en résulterait pour le budget, par suite de la diminution du nombre de chevaux tarés, se traduirait vite par un nombre respectable de millions. « L'usure prématurée « de la grande majorité des chevaux de troupe, écrit « le colonel Gerhard, est due à l'usage inintelligent du « mors de bride. » — « Son action habituelle, écrit le « capitaine J.-B. Dumas, est aussi dangereuse, aussi des- « tructive de l'organisme, de l'impulsion, du perçant, que « le caveçon le plus dur et le plus brutal. Les neuf « dixièmes des défenses du cheval et de ses résistances. « plongeades violentes, coups de reins, saccades, etc.. « proviennent des contraintes inopportunes qu'une main « inintelligente exerce sur son encolure et sur le chapelet « de ses vertèbres d'un bout à l'autre de la colonne verté- « brale. »

Le mors de bride doit être considéré comme une réserve dont il ne faut se servir au dehors que très exceptionnellement, et pendant un temps très court. Le meilleur des conseils à donner au cavalier qui n'est pas extrêmement habile est de toujours conduire le cheval exclusivement avec le filet. Cette recommandation aura pour conséquence non seulement d'éviter bien des accidents, mais encore de conserver au cheval le perçant, la vitesse, et de lui éviter les tares des membres, par conséquent de prolonger sa durée.

Baucher, ne faisant que du travail de manège, avait d'abord recommandé l'usage exclusif du mors de bride; mais après avoir formé beaucoup d'élèves, il finit lui-même par reconnaître les grands inconvénients de ce système, et, dans la quatorzième et dernière édition de son livre, il recommande l'usage exclusif du filet, même pour obtenir la mise en main [1].

Lorsque le cavalier sait se servir de ses jambes, il importe assez peu qu'il emploie les rênes de bride ou de filet, puisqu'il exerce en réalité une action sur la bouche extrêmement faible. Mais de tels cavaliers étant à l'état d'infime exception, on peut recommander d'une façon générale l'usage à peu près exclusif du filet.

Quand une nécessité quelconque conduit à se servir

1. Voici au sujet de la mise en main au filet, comment Baucher s'exprime (14e édition, page 252):
« Deux effets suffisent à détruire toutes les résistances de l'encolure et à donner au cheval la belle position de la tête... Le « premier a lieu par l'élévation des poignets en donnant à l'encolure toute l'extension possible. Dès que le cheval cédera à « l'action des rênes du filet dans cette position élevée, le cavalier « abaissera les poignets, serrera énergiquement les doigts et attendra que la tête du cheval soit revenue dans la position verticale en même temps que la mâchoire cédera moelleusement ». Je dois ajouter que si l'on se bornait à opérer comme il vient d'être dit, on obtiendrait bien rarement, sinon jamais, l'effet indiqué par Baucher. Il faut absolument que les jambes interviennent. Si les cavaliers trouvent généralement la bouche de leurs chevaux très dure quand ils font usage du filet, c'est qu'ils se servent exclusivement de leurs mains au lieu de se servir surtout de leurs jambes.

du mors de bride chez le cheval habituellement mené au filet, on constate que l'animal cède immédiatement à son action, alors que les chevaux conduits habituellement sur mors de bride ont la bouche très dure.

Cette prescription de l'usage exclusif du filet doit être surtout rigoureuse avec les jeunes chevaux. L'action du mors provoque le plus souvent chez eux des défenses et l'emballement. Avec le filet qui relève l'encolure, aidé des jambes qui engagent les postérieurs, on arrêtera toujours l'animal.

Fig. 58. — L'équitation de course. Position du jockey (d'après Colbert).

Depuis la dernière édition de cet ouvrage j'ai eu occasion d'expérimenter une façon de disposer le filet imaginé par le commandant de Colbert, qui donne au cavalier une puissance très grande sur le cheval, bien qu'il soit difficile d'en donner une explication satisfaisante. Le procédé m'a fourni d'excellents résultats avec la plupart des chevaux.

Voici comment le commandant de Colbert fut conduit à cette disposition qui peut être employée avec un filet quelconque.

« Lorsque les jockeys américains vinrent en France en 1900, nous fûmes frappés, comme bien d'autres, des succès merveilleux qu'ils remportaient et nous nous sommes mis à étudier leurs procédés de monte et de conduite du cheval. Ce que nous avions trouvé de plus remarquable était l'extrême facilité avec laquelle ils ralentissaient et arrêtaient leurs chevaux dans les faux départs. (On les donnait alors au drapeau.) Nous avons été amenés à attribuer la puissance de leur main à la boucle qu'ils forment avec les rênes en prenant comme *point d'appui* le milieu de l'encolure. Ce point d'appui sur l'encolure a une influence énorme sur sa contraction.

« Cette observation nous a conduit à employer le filet ordinaire de la façon suivante : déboucler les deux extrémités de la rêne de filet, faire glisser les bouts libres dans les anneaux, les réunir et les fixer ensemble, puis les prendre dans sa main.

« Le milieu des rênes de filet s'appuiera sur la crinière à peu près

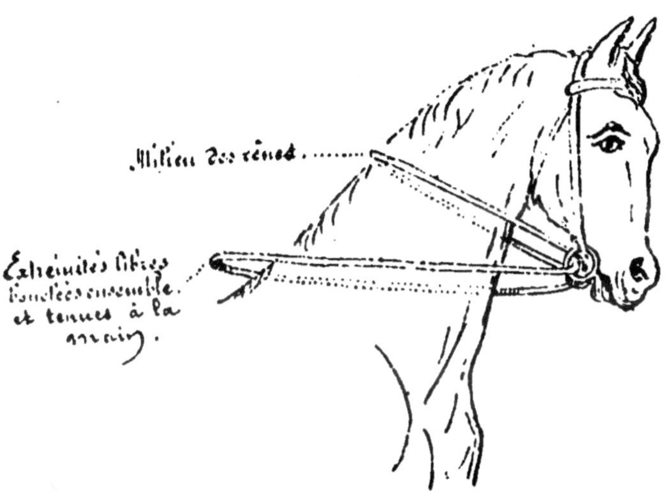

Fig. 39. — Disposition des rênes du filet suivant la méthode du commandant de Colbert.

au milieu de l'encolure, plus ou moins bas, selon l'attitude du cheval.

« Vous réalisez ainsi un enrênement très puissant avec lequel la tête du cheval sera placée à votre volonté dans une position plus ou moins ramenée et plus ou moins haute. En rendant la main vous permettez aussi l'extension. Le cavalier arrive très vite à saisir le jeu et l'action de cette rêne. Si le cheval porte au vent il place avec une main le milieu de la rêne à la base de l'encolure, s'il s'encapuchonne trop il le place au contraire plus près de la nuque du cheval. »

Les explications contenues dans ce chapitre ont été un peu longues, mais les règles pratiques qui s'en déduisent peuvent être formulées en quelques lignes. Au pas, abandonner entièrement le cheval à lui-même, rênes lâches et jambes près; aux autres allures, le conduire avec les rênes de filet, la main restant absolument fixe, l'avant-bras, et non le coude, appuyé contre le corps, les jambes toujours près des flancs. Ne faire que très exceptionnellement et très momentanément usage du mors de bride. La grosse difficulté, en équitation, n'est pas d'apprendre à se servir des rênes, mais plutôt d'apprendre à s'en passer, ou tout au moins à s'en servir très peu.

CHAPITRE III

LE ROLE DES JAMBES ET DE L'ÉPERON

§ 1er. *Le rôle des jambes.* — Actions variées des jambes suivant la façon dont elles sont employées. — Le cheval doit être beaucoup plus conduit avec les jambes qu'avec les mains, contrairement à ce qui se fait généralement. — § 2. *Rôle de l'éperon.* — Utilité et danger de l'éperon. — Suivant la façon dont il est employé il peut être un excitant, un calmant, un facteur psychologique fondamental du dressage, un modificateur de l'équilibre. — Discussion sur son emploi. — Expériences des Arabes. — Effets des éperons près des sangles. — L'arrêt au galop à l'éperon. — Comment on oblige en quelques minutes le cheval le plus violent à supporter l'éperon.

§ 1. — Le rôle des jambes.

Nous verrons plus loin que l'emploi de l'éperon doit être réservé aux cavaliers dont l'éducation équestre est fort avancée, mais le rôle des jambes sans éperon doit faire partie de l'éducation élémentaire de tout cavalier.

Il s'en faut de beaucoup qu'il en soit ainsi. La presque totalité des cavaliers conduisent leurs chevaux avec les mains et peu ou pas avec les jambes. C'est exactement le contraire qu'il faut faire, et Baucher n'eût-il fait que prouver ce point fondamental eût rendu à l'équitation un inappréciable service. Un cheval conduit uniquement avec les rênes est toujours, et forcément, un animal lourd, pesant sur la main, ayant des réactions très dures et qui sera promptement taré. L'animal conduit avec les jambes est au contraire fort léger, donne un maximum de travail avec un minimum d'effort, et sa durée peut être prolongée pendant des années. Si la plupart des chevaux sont si rapidement usés, cela tient uniquement, comme je l'ai répété plusieurs fois, aux réactions violentes que subissent les jarrets par suite des à-coups de la main, et que l'emploi judicieux des jambes éviterait toujours.

Les jambes peuvent produire, suivant la façon dont le cavalier en fait usage, des effets différents dont voici les principaux :

1° Porter le cheval en avant et accélérer sa vitesse ;

2° L'obliger à ranger ses hanches et croiser ses membres dans les mouvements d'appuyer ;

3° Faciliter les mouvements tournants de l'animal en l'empêchant de jeter ses hanches en dehors ;

4° Amortir les chocs et les réactions de l'arrière-main produits par les arrêtés brusques ;

5° Modifier profondément les allures par l'engagement des postérieurs.

L'analyse des causes de ces divers effets — les deux derniers notamment — me conduirait à l'étude de problèmes de physiologie et de mécanique animale exigeant des développements beaucoup trop longs. Les effets des jambes sont d'ailleurs suffisamment connus des écuyers familiers avec les principes de l'équitation savante pour qu'on puisse les contester. En ce qui concerne notamment l'engagement des postérieurs, on peut remarquer que c'est un des points fondamentaux de l'équitation allemande. Je réserverai donc l'espace dont je dispose pour l'étude d'un sujet beaucoup plus débattu et beaucoup plus obscur : l'emploi de la jambe munie de l'éperon.

§ 2. — Rôle de l'éperon.

La question de l'emploi de l'éperon en équitation est une de celles sur lesquelles ont été soutenues les opinions les plus contradictoires, et par conséquent nécessitant des expériences précises.

Deux résultats complètement opposés apparaissent tout d'abord. D'une part, les plus célèbres écuyers ne sont jamais arrivés que par l'éperon à obtenir la perfection de leur dressage, et, d'autre part, le nombre de chevaux rendus rétifs par l'usage de l'éperon est immense. L'emploi de l'éperon semblerait donc constituer un art mystérieux et subtil à la portée d'un nombre d'initiés fort restreint.

Sans doute il faut bien reconnaître que son maniement constitue un art assez délicat, mais nous croyons cependant possible d'en formuler les règles. Cet art, par conséquent, n'a rien de mystérieux.

J'ai mis assez longtemps à acquérir une conviction nette sur ces règles, et les précédentes éditions de cet ouvrage ont reflété mes incertitudes. Le lecteur verra bientôt par quelle chaîne de raisonnements, et surtout d'observations, j'ai pu arriver à me formuler une opinion positive.

Je dois tout d'abord marquer que ce paragraphe ne s'adresse qu'aux cavaliers dont l'éducation équestre est fort avancée, analogue, par exemple, à celle d'un bon officier de cavalerie.

Les règles de l'emploi de l'éperon sont assez simples, mais l'application de ces règles exige une habileté incontestable. Pour les cavaliers ordinaires, le plus sage conseil qu'on puisse leur donner est de ne jamais se servir d'éperons, et de les remplacer par la simple cravache lorsque, pour un motif quelconque, le cheval refuse d'avancer.

Non seulement l'usage de l'éperon mais le fait même d'en porter, aurait-il l'intention bien arrêtée de ne pas s'en servir, est dangereux pour un cavalier ordinaire. Comme il ne possède nullement la fixité de la jambe — chose très longue à acquérir — dès que le cheval prendra une allure un peu vive, ou fera un écart, l'éperon fixé à l'extrémité d'une jambe qui ballotte frappera vigoureusement l'animal et rendra ses mouvements plus violents, d'où il résultera de nouveaux chocs de l'éperon. En quelques instants, pour peu que l'animal soit d'une nature énergique, il s'emballera. Tout cavalier montant avec des éperons, sans être arrivé à une phase d'éducation équestre suffisante, est un cavalier qui sera sûrement un jour ou l'autre emballé.

Il était utile de poser ces préliminaires pour bien faire comprendre que, si je considère l'éperon comme la base fondamentale d'un dressage rapide, je ne saurais en recommander l'usage qu'à des cavaliers exercés.

Et ces cavaliers exercés n'emploieront pas eux-mêmes l'éperon sans une éducation spéciale. Rien assurément n'est plus facile que de lancer à toute volée un coup d'éperon dans le flanc d'un cheval, mais pour l'appliquer délicatement la difficulté commence. Vous êtes, je suppose, un cavalier expérimenté, eh bien, essayez, étant au trot enlevé, d'arriver à caresser très légèrement avec l'éperon le flanc du cheval — ce qui est un des meilleurs moyens d'obtenir l'extension des membres antérieurs et le passage — et vous constaterez que cette chose, si simple en apparence, est en réalité excessivement ardue. Vous n'arriverez qu'après un travail assez long à rendre votre jambe assez fixe pour éviter les à-coups, et votre sensibilité assez grande pour sentir ce qui se passe à l'extrémité de votre talon.

On conçoit donc aisément que le dressage à l'éperon de Baucher, de Raabe et de leurs successeurs ait été proscrit par la plupart des écuyers. Si j'en parle ici, c'est qu'il donne une telle supériorité et permet une telle rapidité dans le dressage qu'il n'est pas permis, arrivé à une certaine phase d'équitation équestre, d'ignorer un pareil moyen.

L'immense majorité des cavaliers ne considère l'éperon que comme agent d'impulsion destiné à exagérer la vitesse du cheval et comme procédé de correction; mais à ces effets s'en ajoutent bien d'autres. Suivant la façon de s'en servir, l'éperon peut être : 1° un excitant; 2° un calmant; 3° un facteur psychologique important du dressage; 4° un modificateur puissant de l'équilibre du cheval.

Tous les écuyers savent — et ce point ne soulève aucune controverse — que les éperons appliqués derrière les sangles ont pour résultat habituel de porter le cheval en avant, effet très naturel, puisque l'animal cherche à se soustraire à la douleur par la fuite. Appliqué derrière les épaules, c'est-à-dire en avant ou très près des sangles, l'éperon produit un effet absolument contraire au précédent. Il détermine un spasme dont la conséquence est la décontraction de l'encolure et l'arrêt immédiat de l'animal, quelque rapide que soit son allure.

La connaissance de cet effet n'est pas nouvelle. Dès 1579, Frédéric Grison employait l'éperon des deux côtés pour décontracter l'encolure, et d'un seul côté pour la flexion latérale. Mais c'est de la Broue, un élève de Pignatelli, qui, dans un ouvrage remontant à 1610, a le mieux précisé cet effet spécial de l'éperon derrière les épaules du cheval. Il n'y aurait rien à ajouter aujourd'hui aux lignes suivantes extraites de son ouvrage : « Or, comme j'ay dit « cy devant en quelques leçons des chevaux entiers, tout « ainsi qu'en picquant et pressant de l'éperon sur cette « partie chatouilleuse qui est environ le coude du cheval, « entre l'aisselle et la première sangle, on peut par le cha- « touillement ou la douleur qui en procède attirer la teste « du cheval du costé que ce moyen est pratiqué : aussi le « peut-on quelquefois contraindre de baisser la teste et « d'approcher le nez vers la poitrine (mesmement s'il est « ramingue et fort sensible), en le serrant discrètement « des deux esperons, ensemble aux deux costez et ès sus- « dites parties, tenant les jambes les plus fermes qu'il « sera possible. »

Baucher et surtout Raabe, dans leur emploi méthodique de l'éperon, n'ont donc fait que ressusciter une pratique déjà vieille; mais il faut la croire d'une exécution peu facile, puisque de nos jours, comme au temps de la Broue, elle a été abandonnée par la plupart des écuyers. Les meilleurs élèves de Raabe eux-mêmes, tels que Barroil, ne recommandent qu'avec beaucoup de restrictions l'emploi de l'éperon aux sangles, et nous disent que l'on n'accoutume le cheval à le supporter qu'en agissant très progressivement et après avoir d'abord entouré les molettes d'une gaine de peau.

Ces réserves m'avaient rendu fort défiant à l'égard des effets supposés physiologiques de l'éperon, et puisqu'il fallait tant de temps et de peines pour accoutumer le cheval à l'éperon, je me demandais si ce qu'on prenait pour un effet physiologique n'était pas un simple effet artificiel produit par le dressage. Dès lors l'utilité de l'emploi de l'éperon — pour l'arrêt et la mise en main bien entendu — devenait fort douteuse, et il semblait que la très immense majorité des écuyers eût parfaitement raison de ne vouloir entendre parler de l'éperon que derrière les sangles, pour porter le cheval en avant.

On voit nettement la position du problème. L'effet d'arrêt produit par l'éperon près des sangles est-il un effet physiologique naturel, exploitable par conséquent pour le dressage, ou n'est-il au contraire qu'un résultat artificiel du dressage? Dans ce dernier cas il serait bien inutile, je le répète, de perdre son temps à enseigner péniblement au cheval un moyen d'arrêt aussi peu naturel, alors que nous en possédons de beaucoup plus simples et à la portée de tout le monde.

Mon opinion sur les effets physiologiques de l'éperon devant les sangles fut fixée quand j'appris par le capitaine J.-B. Dumas que les Arabes du désert, dont l'objectif est la domination absolue que doit exercer sur son cheval un cavalier dans le combat individuel, et qui se soucient fort peu des théories équestres, arrêtent toujours leur cheval au galop par l'emploi de l'éperon aux sangles, les mains restant entièrement libres, de façon à leur permettre de manier leurs armes. Dans le chapitre consacré à l'équitation arabe, j'ai donné le résumé du travail que cet officier m'a envoyé d'après des observations personnelles faites sur plusieurs milliers de cavaliers. Les conclusions en sont parfaitement catégoriques.

On pourrait alléguer peut-être qu'il s'agit de races de chevaux spéciales, ayant acquis à la longue par hérédité certaines aptitudes que ne posséderaient par nos chevaux européens. L'objection serait faible, mais comme en matière d'équitation on ne saurait pousser trop loin la circonspection, il fallait y répondre. Le même officier, auquel je dois les observations qui précèdent, a eu la patience d'exécuter sur une centaine de chevaux européens quelconques, pris au hasard dans des régiments, une série d'expériences fort probantes. Elles ont toujours été faites sur des chevaux lancés aux grandes allures, trot ou galop. Les deux éperons étant appliqués et maintenus très près des sangles, voici ce qu'on observait. Sur tous les chevaux, sans exception, on obtenait un arrêt immédiat avec voussement du corps, engagement des postérieurs et affaissement de l'encolure; cependant sur plusieurs on constatait aussi que l'animal, effrayé par cette sensation subite et imprévue, exécutait quelques défenses et repartait précipitamment au galop. L'effet physiologique était donc incontestable; mais afin de l'utiliser sûrement pour le dressage, il fallait quelque temps.

Raabe et ses élèves y consacraient fort longtemps — enveloppant d'abord les éperons d'un gant — et c'est précisément ce qui me faisait supposer qu'il s'agissait là d'un simple effet d'éducation. Le capitaine Dumas emploie aussi un certain temps pour utiliser cet effet physiologique. Il travaille le cheval au pas avec l'éperon d'un seul côté, ce qui amène l'animal à tourner la tête du côté touché, puis il le touche de l'autre côté, et enfin des deux côtés. Au bout de quelques jours il obtient la décontraction de l'encolure, le retrait des épaules et l'arrêt. En très peu de temps, le simple serrement des jambes en avant sans éperons amène, par voie d'association, la mise en main et l'arrêt. Le cheval ainsi dressé devient maniable par un cavalier ordinaire et on n'a plus besoin de l'emploi de l'éperon. Il s'arrête à la pression des jambes, et pour le porter en avant il n'y a qu'à les glisser très en arrière.

Aux expériences précédentes, on pourrait opposer encore que l'éducation intervient un peu, et que si l'effet physiologique était absolument certain, une éducation subséquente devrait être inutile.

Je m'étais fait également cette objection, quoiqu'elle fût peu sérieuse au fond, mais l'idée du ralentissement et de l'arrêt à l'éperon est chose si contraire aux idées des écuyers professionnels, que l'ombre même d'une objection devait être écartée.

Cette dernière ombre d'objection fut dissipée lorsque le hasard m'eut mis en relation avec un dresseur très habile, bien connu par plusieurs succès dans les concours hippiques. Je constatai alors que si l'éperon ne produit pas toujours immédiatement tout son effet, c'est que, à la suite des premières défenses du cheval, le cavalier hésite à en continuer l'emploi, ce qui incite naturellement l'animal à répéter les mêmes défenses dès que le cavalier recommence à l'appliquer. Les dressages auxquels j'assistai chez ce dresseur portèrent soit sur de jeunes chevaux n'ayant jamais été montés, soit sur des chevaux qu'on lui confiait parce qu'ils étaient rétifs et difficiles. Tous ont été amenés en quelques minutes à s'arrêter immédiatement sans broncher sous l'action de l'éperon, ce qui assure au cavalier une domination complète sur l'animal.

Ce mode d'emploi de l'éperon est fort rationnel. Rien ne l'était moins que de s'arrêter devant les premières défenses du cheval, comme on le faisait autrefois. En continuant l'emploi de l'éperon aux sangles jusqu'à ce que l'animal ait renoncé à toute résistance, ce qui ne demande que quelques instants, on utilise un effet physiologique naturel, pour déterminer chez le cheval cette impression psychologique fondamentale qu'il a sur le dos un être doué d'une puissance supérieure contre laquelle il ne saurait essayer de lutter. En fait, à partir de ce moment il ne résistera plus à l'éperon. C'est un effet précisément contraire à celui obtenu en s'arrêtant devant les premières défenses; l'animal savait alors qu'il n'avait qu'à insister pour se débarrasser de la gêne produite par son cavalier; et c'est pourquoi la mise à l'éperon demandait souvent des mois de travail à Raabe et à ses élèves.

Le domptage dont je viens de parler n'exige que quelques minutes. La seule difficulté consiste en ce que le cavalier doit, pour l'entreprendre, être extrêmement solide. Si l'on n'est pas sûr de sa solidité, il faut avoir recours à un cavalier qui la possède : on n'aura d'ailleurs besoin de lui que pendant une seule leçon. Voici la façon d'opérer :

Le cheval étant mis entre les piliers, ou tenu au caveçon par un aide si on n'a pas de manège, le cavalier, muni d'éperons très longs et dont les molettes à pointes, très nombreuses mais très peu saillantes, ont été un peu émoussées à la lime, monte sur l'animal. Il chausse entièrement ses étriers, place la jambe bien verticale et abaisse la pointe des pieds de façon à pouvoir toucher avec l'éperon à l'endroit indiqué. Une fois en selle on l'invite, afin que ses jambes ne subissent aucun déplacement, à saisir d'une main la crinière et de l'autre le pommeau de la selle. Les jambes commencent alors à serrer progressivement, puis, sans à-coup, les deux éperons sont appliqués et maintenus immédiatement derrière les sangles et très près d'elles[1].

A ce moment précis commence la partie laborieuse de l'opération mais qui ne sera d'ailleurs pas longue. Surpris

1. En avant des sangles l'action, avec la plupart des chevaux, est trop énergique et les arrête trop instantanément.

par cette sensation nouvelle pour lui et un peu terrifiante, l'animal se livre souvent à une série de bonds désordonnés et de cabrades, limités, s'ils devenaient trop violents, par le caveçon que tient le dresseur. Le cavalier ne doit pas broncher, tenant solidement le pommeau et la crinière, il maintient énergiquement la pression de ses éperons. Au bout de quelques secondes l'animal s'arrête, souffle, et reconnaissant qu'il est entre les mains d'un maître, ne bouge plus. Immédiatement on relâche l'éperon, sans relâcher la jambe, pour ne pas être déplacé en cas de nouveaux mouvements de l'animal. On le caresse et on le laisse reposer. Le domptage est terminé.

La suite se passera fort simplement. L'animal sera promené au pas autour du manège et, dès qu'il aura marché un peu, on l'arrêtera à l'éperon en touchant très légèrement les flancs (toujours par pression, jamais par à-coup). Il protestera peut-être encore un peu les deux ou trois premières fois, mais il ne se sera pas écoulé un quart d'heure avant que le plus fougueux animal cesse de résister. La pression de l'éperon pourra alors devenir de moins en moins énergique. On se bornera à toucher délicatement le poil avec l'éperon, et au bout de quelques jours la simple pression de la jambe suffira. L'éperon n'aura plus à intervenir que dans les cas très rares de refus d'obéissance.

Avec des animaux extrêmement sensibles, les juments notamment, on pourra se contenter d'éperons dont les molettes seront formées de disques sans aucune pointe, des pièces de 50 centimes par exemple[1]. Sauf pour les cavaliers à jambes très courtes, il faut faire usage d'épe-

1. Avec certains chevaux, l'arrêt produit par le contact de l'éperon est si brusque que les jarrets pourraient en souffrir, d'où la nécessité de n'user qu'avec beaucoup de réserve de ce moyen.

rons à tiges longues. Je me sers, habituellement, d'éperons dont les tiges ont 9 centimètres de longueur. Grâce à elles, je puis, malgré la longueur de mes jambes, me servir de l'éperon à toutes les allures. Il ne faut recommander, bien entendu, de tels instruments qu'aux cavaliers parfaitement sûrs de leurs jambes.

En même temps que le cheval s'arrête à l'éperon, il décontracte son encolure, mâche son mors et se met en main. A chaque décontraction, on le caresse, puis on le porte en avant en glissant les jambes en arrière. Au moyen de petites saccades de filet, on l'empêche de fléchir trop bas son encolure lorsqu'il la décontracte.

En résumé, dès que l'animal sera mis à l'éperon, les jambes et l'éperon pourront agir de trois façons différentes : 1° pression de la jambe, et au besoin légère caresse de l'éperon aux sangles, pour obtenir la mise en main; 2° pression énergique de l'éperon au même point pour obtenir l'immobilisation en cas de défense ou l'arrêt à toutes les allures; 3° glissement de la jambe en arrière avec petites attaques d'éperon, toujours en arrière, pour obtenir le mouvement en avant et accélérer l'allure.

Le point important dans ce qui précède est l'emploi de l'éperon comme moyen de domination. On abrège ainsi des quatre cinquièmes la durée du dressage et on donne au cheval une obéissance et une légèreté merveilleuses. Mais c'est une arme à deux tranchants dont il ne faut, je le répète encore, recommander l'emploi qu'à des cavaliers expérimentés.

L'éperon aux sangles est en effet un moyen d'action si puissant que, si on en abusait, on arriverait rapidement à ôter au cheval tout perçant et à éteindre ses allures. C'est une réserve à employer lorsqu'il se livre à des défenses ou refuse d'obéir, mais seulement dans ces cas exceptionnels.

A mesure que le dressage avancera, ces cas deviendront de plus en plus rares, car l'animal se convaincra rapidement de son impuissance. On est dehors, par exemple, et l'animal refuse de passer à droite, l'éperon arrive aux sangles et presse davantage du côté droit que du côté gauche en même temps qu'on ouvre la rêne droite. L'animal est alors dans l'impuissance de résister et ne recommencera guère. C'est donc le côté psychologique — domination de la volonté du cheval — qu'il faut envisager surtout dans le travail à l'éperon. L'arrêt à l'éperon n'est en lui-même qu'une chose accessoire. Cette conquête de la volonté n'est qu'une préparation au dressage proprement dit ; mais une fois que le cheval supporte l'éperon et en comprend la puissance, il fera des progrès rapides.

Après avoir énuméré dans ce chapitre les divers modes d'emploi de l'éperon, notamment comme agent de domination psychologique, il me resterait à l'étudier comme élément de modification de l'équilibre ; mais je ne saurais insister encore sur un sujet que j'ai eu occasion de traiter dans d'autres chapitres. Je me bornerai à dire que l'éperon multiplie pour ainsi dire instantanément et indéfiniment la puissance de la jambe. Grâce à lui, on obtient de suite les plus étonnants changements d'équilibre : relever, par exemple, les membres au trot, assouplir le galop et le rendre élastique, etc.

Je conclurai ce chapitre comme je l'ai commencé : Pour l'écuyer sachant s'en servir, l'éperon est un agent d'une puissance merveilleuse, qui permet de transformer entièrement le cheval dans un temps très court. Pour un cavalier ordinaire, l'emploi habituel de l'éperon constitue un moyen infaillible de rendre le cheval rapidement rétif.

CHAPITRE IV

CONDUITE HABITUELLE DU CHEVAL SUIVANT LES DIVERSES CIRCONSTANCES QUI PEUVENT SE PRÉSENTER

§ 1er. *De la conduite du cheval pendant les longues étapes et dans les chemins difficiles.* — Liberté à donner au cheval. — L'intervention de son cavalier ne fait le plus souvent que le gêner. — Comment on réduit la fatigue du cheval en l'équilibrant convenablement au trot. — § 2. *De la conduite des chevaux qui buttent.* — Erreurs enseignées sur la possibilité pour le cavalier de retenir le cheval qui butte. — Faits physiologiques démontrant les dangers de son intervention. — Conduite dans les terrains glissants et sur le verglas. — § 3. *De la conduite du cheval pendant les sauts d'obstacles.* — Dangers de l'intervention du cavalier. — A quoi doit se limiter son rôle. — Dans toutes les circonstances précédemment examinées, le rôle du cavalier a été de laisser à l'animal toute liberté en se bornant à lui indiquer la direction à suivre et l'allure à observer. — § 4. *De la conduite habituelle d'un cheval qui n'est pas connu du cavalier.* — Cas divers qui peuvent se présenter : chevaux de propriétaires, chevaux militaires, chevaux de manège. — Dangers des chevaux de manège et parti qu'on peut en tirer. — Dressage partiel qu'on peut leur faire subir. — Conduite des chevaux réputés difficiles. — Pourquoi les femmes tirent souvent meilleur parti de ces chevaux que les bons écuyers.

Toutes les considérations de psychologie, de physiologie ou de mécanique animale contenues dans cet ouvrage, et les diverses expériences scientifiques qu'il renferme, ne sauraient avoir d'intérêt pour la majorité des lecteurs que si elles conduisent à des résultats pratiques; c'est pourquoi nous nous sommes toujours attaché à déduire ces résultats. Conformément à cette règle, nous allons examiner la façon de conduire le cheval dans les divers cas pouvant se présenter.

§ 1. — De la conduite du cheval pendant les longues étapes et dans les chemins difficiles.

Lorsqu'un cavalier doit monter son cheval pendant un long parcours, 50 à 60 kilomètres par exemple, la fatigue que pourra ressentir l'animal dépendra beaucoup de la façon dont il sera conduit. Recherchons le degré de liberté d'encolure que le cavalier devra lui laisser pendant les deux allures fondamentales des longues routes, le pas et le trot.

Lorsque le cheval est bien dressé, il faut lui laisser au pas toute liberté d'encolure, c'est-à-dire les rênes entièrement flottantes. L'encolure peut ainsi exécuter les grands mouvements de balancier qui sont caractéristiques de cette allure ; le cheval allonge alors beaucoup son pas et ne se fatigue guère. J'ai déjà insisté plusieurs fois sur les inconvénients de toujours « *tenir* » son cheval au pas, comme le font tant de cavaliers, et montré combien cette habitude rend le cheval maladroit et peu sûr. J'ai fait voir aussi combien l'allure du pas est modifiée par la main du cavalier. Le cheval tenu au pas prend l'habitude de reculer ses postérieurs et de très peu les engager sous lui. Il sera infiniment moins habile à reprendre son équilibre, si une cause quelconque le lui fait perdre, que le cheval habitué à engager sous lui ses postérieurs, à se servir de sa tête comme d'un balancier et à ne pas redouter la gêne produite par la main de son cavalier.

Il ne faudrait pas croire d'ailleurs qu'on accroît la solidité d'un cheval en ralentissant son pas. Chez le cheval, comme chez le bicycliste, la stabilité de l'équilibre croît avec la vitesse et se réduit avec elle.

Dans les pentes et les chemins difficiles il faut laisser au cheval toute liberté d'encolure. Dans les pays de montagnes, lorsqu'on côtoie des précipices, les gens du pays s'en rapportent entièrement à leur monture.

J'ai eu plus d'une fois, dans mes nombreux voyages, l'occasion d'observer que le cheval, abandonné entièrement à son instinct, sait parfaitement se diriger et franchir tous les obstacles sans aucune assistance, et j'ai été ainsi conduit aux règles qui précèdent. Parmi les faits qui me reviennent à la mémoire, je citerai le suivant. Me trouvant à Oodeypoor, dans l'Inde, le maharajah m'avait donné, pour aller visiter les ruines d'un temple situé à quelques lieues de la ville, une escorte commandée par un gigantesque capitaine de la garde Bhil monté sur un bel étalon. J'enfourchais moi-même un vigoureux pur-sang dont les allures tapageuses me gênaient fort. La nuit tombait quand nous commençâmes le retour. Dédaignant la lente allure des éléphants et des chameaux de mon escorte, je pris un chemin de traverse, suivi de mon géant. Ne voyant plus le sentier, à peine marqué d'ailleurs et semé de rochers, de troncs d'arbres, d'obstacles de toutes sortes, gêné aussi par la pétulance de mon cheval qui flairait l'écurie, je priai le capitaine de passer devant moi pour me montrer le chemin. Son allure me semblant un peu vive, en raison des difficultés de la route et de l'obscurité qui s'accentuait, je lui criai de la ralentir. Mais ma très insuffisante connaissance de l'hindoustani me fit, au lieu de : « Plus lentement ! » lui crier : « Plus vite ! » Le géant se retourna avec étonnement ; cependant, comme un Bhil ne discute pas l'ordre reçu, il accéléra son allure. Impatienté, je réitérai d'un ton plus bref la même phrase, toujours affectée malheureusement de la même erreur linguistique. Le géant mit alors sa monture au galop. Comprenant enfin que je devais être victime de quelque malentendu et le sentier étant trop étroit pour que je pusse dépasser mon guide, je me résignai à le suivre. Incapable de distinguer les obstacles semant un sentier, dont la pente en outre était très forte, car il tournait autour d'une montagne, je renonçai à guider l'animal, et rendis entièrement les rênes. Ce fut alors une course folle d'une demi-heure, pendant laquelle je fis des réflexions variées, mais désagréables. Elles devenaient particulièrement sombres lorsque je sentais le cheval bondir pour franchir une haie, un fragment de rocher, un fossé, glisser sur ses pieds de derrière afin de combattre les effets d'une dénivellation trop forte du terrain, etc. Quand nous arrivâmes, l'animal était ruisselant d'écume, mais n'avait pas fait un faux pas. Il en eût été tout autrement sans doute si j'avais essayé de le guider au lieu de lui laisser toute sa liberté.

Les étapes se font en partie au pas et en partie au trot. Il ne faut pas oublier que c'est la vitesse qui use le cheval et non le chemin parcouru. La règle la plus simple consiste à faire alterner 15 minutes de petit trot avec 10 minutes de pas.

Au trot, il est impossible de laisser au cheval la même liberté qu'au pas, par suite de la nécessité de redresser l'encolure pour éviter la trop grande surcharge de l'avant-main, le défaut de solidité et l'usure rapide des antérieurs qui en seraient la conséquence ; mais l'action du cavalier ne doit pas dépasser la très légère traction suffisante pour obliger le cheval à relever son encolure de façon à équilibrer convenablement son poids sur l'avant-main et sur l'arrière-main. C'est l'attitude que les Allemands nomment « attitude de service » et que prennent d'eux-mêmes d'ailleurs les chevaux bien dressés.

La verticalité du corps du cavalier dans le trot enlevé, — verticalité que nous avons recommandée ailleurs pour assurer l'assiette, — a également pour résultat de réduire considérablement la charge supportée par les membres antérieurs du cheval et par conséquent sa fatigue. Nous avons vu aussi que cette fatigue est encore restreinte, si le cavalier porte les étriers très longs, ce qui lui permet de s'enlever à peine de la selle pendant le trot.

On ne doit jamais, bien entendu, maintenir son cheval en main pendant une longue course ; il ne faut demander de mise en main que provisoirement, lorsque le cavalier va avoir besoin de l'obéissance de son cheval. J'ai toujours remarqué d'ailleurs que les écuyers les plus exigeants pour la mise en main donnent précisément le plus de liberté d'encolure à leurs chevaux au dehors, tandis que les cavaliers ordinaires se croient obligés de tirer constamment sur les rênes.

§ 2. — De la conduite avec les chevaux qui buttent

La question de savoir quelle doit être la conduite habituelle du cheval aux diverses allures nous conduit à examiner une autre question particulièrement importante, celle de l'action que peut exercer le cavalier sur le cheval ayant fait un faux pas, c'est-à-dire ayant butté, comme on le dit vulgairement.

La question est capitale, en effet, car le cheval, qu'un accident quelconque fait tomber sur ses genoux, se « couronne » presque toujours, et perd ainsi les trois quarts de sa valeur marchande, sans parler de la chute du cavalier accompagnant souvent celle du cheval, qui peut être désastreuse pour l'homme ayant une jambe prise sous le corps de l'animal.

Cet accident est la terreur de beaucoup de cavaliers, et surtout des clients des manèges, montant des chevaux qui ne leur appartiennent pas et dont ils sont responsables. De cette crainte, et de la croyance générale que le cavalier peut retenir son cheval avant que les genoux aient touché la terre est née certainement, en grande partie, l'habitude si répandue aujourd'hui en France d'avoir les rênes fortement tendues, les mains très en avant aux diverses allures, et surtout celle de tirer sur les rênes, dès que le cheval fait un faux pas.

La façon dont se comportent habituellement les cavaliers, quand un cheval butte, est d'ailleurs parfaitement conforme aux règles données dans les ouvrages d'équitation, et notamment dans l'ouvrage du capitaine Meer. « En marchant dans un mauvais chemin, si le cheval fait un faux pas du devant, il faudra, dit-il, pour éviter une chute en avant, relever promptement l'avant-main par une action ferme des rênes vers le haut. »

Je n'ai pu trouver que deux auteurs ayant combattu le préjugé courant. L'un est le général de Hohenlohe, aide de camp de l'empereur d'Allemagne, dans ses « *Entretiens sur la cavalerie* », l'autre le lieutenant Wachter. J'ai déjà reproduit dans un précédent chapitre les passages où ils donnent leur sentiment sur ce sujet. Wachter est le plus catégorique : « Le cheval qui a l'habitude de se raidir sur la main, dit-il, a mille chances de tomber sur les genoux lorsque la main lui manque, et, en supposant même que la main soit encore là, vient-il à broncher, l'action violente de la main propage un à-coup immédiat jusqu'aux extrémités qui pressent le sol, et ajoute un poids immense soit au membre qui fléchit, soit aux supports qui devraient instinctivement arriver au secours de celui qui fait défaut. »

Je suis également convaincu, et je vais essayer de le prouver, que l'action des rênes sur le cheval venant de butter n'a d'autre résultat que d'entraver les mouvements faits par l'animal pour se relever, et par conséquent de favoriser une chute qui eût, probablement, été évitée sans l'intervention du cavalier[1].

Afin de comprendre l'inutilité de la main du cavalier pour relever le cheval, il est nécessaire d'avoir présents à l'esprit les résultats des recherches des physiologistes modernes sur la durée de la propagation de l'agent nerveux à travers les nerfs, et le temps qui sépare les excitations des réactions.

Ces expériences, faites avec des diapasons électriques enregistreurs, ont prouvé qu'entre une excitation quelconque, cutanée, auditive ou visuelle, et la réaction motrice consécutive, il s'écoule un temps rarement inférieur à dix centièmes de seconde, et généralement supérieur. Acceptons ce chiffre comme moyenne.

Supposons maintenant le cheval faisant un faux pas,

1. A l'appui de l'opinion que je défends dans ce chapitre, un jeune lieutenant de cavalerie me citait une observation récente faite dans un régiment dont le colonel, à la suite de plusieurs accidents, ava t menacé les hommes de punitions sévères s'ils ne tenaient pas solidement leurs chevaux. A dater de ce moment, les chutes se multiplièrent d'une façon inquiétante. Il ne pouvait d'ailleurs en être autrement. Lorsque, par suite d'une distraction ou d'un oubli momentané du cavalier, l'appui de la main auquel le cheval était habitué venait à manquer, l'équilibre de l'animal était immédiatement troublé, et sa chute à peu près fatale.

c'est-à-dire buttant contre un obstacle quelconque, un pavé par exemple, et commençant à perdre son équilibre.

Cette perte d'équilibre, les centres nerveux de l'animal la perçoivent quelques centièmes de seconde après que les membres ont commencé à butter, et, au bout de quelques autres centièmes de seconde, ces centres nerveux transmettent aux muscles les excitations qui déterminent les mouvements nécessaires au rétablissement de l'équilibre. Or, quelle que soit l'éducation des réflexes du cavalier, c'est-à-dire si grande qu'on suppose la rapidité de son action il faut, avant que cette action devienne efficace : 1° que son cerveau perçoive le faux pas de l'animal ; 2° que cet organe envoie aux mains et aux jambes l'ordre d'agir sur le cheval ; 3° que les centres nerveux de l'animal reçoivent l'excitation donnée par le cavalier ; 4° que ces mêmes centres nerveux de l'animal transmettent l'excitation destinée à mettre en jeu les muscles capables de rétablir l'équilibre. En faisant la somme de ces diverses opérations, il est visible que l'action du cavalier arrivera toujours trop tard, c'est-à-dire après que le cheval sera tombé ou se sera relevé[1].

Si l'action des mains ou des jambes du cavalier ne faisait qu'arriver trop tard, l'inconvénient serait minime, le rôle du cavalier deviendrait simplement inutile. Mais il

1. Il y aurait d'intéressantes expériences à faire sur ce sujet avec de vieux chevaux ayant les jambes faibles, et sur lesquelles on installerait un appareil enregistreur en relation électrique avec les jambes du cheval et la main du cavalier, et qu'on conduirait dans des chemins difficiles. Notre assertion que le cavalier arrive toujours trop tard pour exercer une action utile est basée sur des faits de physiologie incontestables, mais en matière d'équitation, et surtout lorsqu'il s'agit de détruire une opinion universellement admise, les raisonnements les plus clairs sont insuffisants. Les preuves expérimentales peuvent seules entraîner la conviction.

est facile de démontrer que son rôle est fort nuisible. Quand l'action du cavalier se manifeste, l'animal est tombé, disions-nous à l'instant, ou, au contraire, a réussi à se relever; mais, si la perte d'équilibre a été très grande, il peut arriver que tous les mouvements terriblement complexes nécessaires pour rétablir cet équilibre ne soient pas terminés. En relevant brusquement la tête du cheval par une forte traction sur les rênes, le cavalier entrave alors le rétablissement définitif de l'équilibre, en ajoutant une gêne à celle que l'animal éprouvait déjà pour reprendre son aplomb. Quand nous glissons sur une peau d'orange ou nous nous heurtons contre le bord d'un trottoir, nous rattrapons notre équilibre par une série de mouvements instinctifs très compliqués auxquels la raison n'a aucune part. Qu'en ce moment quelqu'un, sous prétexte de nous aider, nous tire par le collet de notre habit, il ne fera que paralyser les mouvements que nous exécutions. Si nous arrivons cependant à nous redresser, la personne qui a cru nous porter secours aurait bien tort de se féliciter de son assistance. Nous nous sommes relevés malgré elle, et non pas à cause d'elle.

Il en est de même pour le cheval qui fait un faux pas, et sur la bouche duquel son cavalier s'empresse de tirer brutalement. L'animal se relève malgré la traction, et non à cause d'elle.

Comme conclusion, nous voyons que l'intervention du cavalier sur la bouche d'un cheval qui butte ne peut qu'être nuisible. La seule chose à faire quand un cheval fléchit sur l'avant-main est de ne pas toucher aux rênes et de s'incliner fortement en arrière pour diminuer un peu, dans le cas où l'opération du rétablissement d'équilibre aurait quelque durée, le poids que le cheval doit soulever pour se relever. Si l'animal prolongeait ses efforts pour se redresser, l'éperon pourrait peut-être alors rendre service. Il ne faudrait le considérer dans ce cas que comme un stimulant destiné à augmenter momentanément la force de l'animal.

Ce qui précède ne veut pas dire assurément que, si le cavalier est impuissant à empêcher une chute quand l'animal a butté, il le soit aussi à empêcher ce dernier de butter. Les jambes et les éperons du cavalier, jamais ses mains, peuvent au contraire être fort utiles, pour donner momentanément à un animal fatigué un reste de vigueur dans un moment difficile.

L'emploi de l'éperon, *immédiatement* après la faute, est également salutaire chez les chevaux qui buttent habituellement par paresse ou défaut d'attention. L'éperon ne sert nullement alors pour la faute présente, mais pour la faute future. Il établit une association entre le faux pas et la douleur, et finit par créer un réflexe qui dans l'avenir agira comme stimulant dès le début de la faute, bien avant que le cavalier ait pu intervenir.

Quoi qu'il en soit, la meilleure façon d'empêcher le cheval de faire des faux pas est de modifier son équilibre par le dressage, c'est-à-dire de lui apprendre à engager sous lui ses postérieurs et à se tirer d'affaire tout seul dans les chemins difficiles, comme nous l'avons expliqué ailleurs. Il s'exerce ainsi à être maître de son équilibre dans tous les sens, sans avoir à compter sur son cavalier.

Conduite dans les terrains glissants et sur le verglas. — N'ayant pas fait pour ce cas d'expériences personnelles je me bornerai à reproduire une note fort intéressante que m'envoie à ce sujet le capitaine Dumas. « L'homme, au pas gymnastique sans suspension, garde aisément son équilibre sur un terrain glissant, à la condition de retomber toujours normalement sur le sol, et non obliquement, alors qu'au pas ordinaire il glisserait. Dans les mêmes conditions, le cheval au pas ou au galop glissera sûrement. Au petit trot rassemblé, et par conséquent avec bases courtes, son équilibre est très stable, sauf s'il le détruit en s'engageant sur un plan incliné normal à son grand axe, les bords d'une route, par exemple. »

§ 3. — De la conduite du cheval pendant les sauts d'obstacles.

Me voici encore obligé de combattre ici des opinions répandues chez beaucoup d'écuyers. Celles que je vais soutenir sont basées sur des raisonnements physiologiques très simples, appuyés d'ailleurs sur l'étude comparative que j'ai faite de photographies instantanées de chevaux sautant sous des cavaliers différents.

La plupart des cavaliers arrivant sur l'obstacle qu'ils doivent franchir tirent sur les rênes sous prétexte d'enlever le cheval[1]; ils rendent ensuite les rênes pendant le saut, ou s'imaginent au moins qu'ils les rendent; puis tirent de nouveau sur les rênes quand l'animal arrive à terre, sous prétexte de le soutenir dans le cas où il ferait un faux pas pouvant provoquer sa chute.

1. Le passage suivant, extrait de l'ouvrage *Le Langage équestre*, 1889, indique bien les idées régnantes encore sur ce point.

« Pour sauter un obstacle, écrit l'auteur, le cavalier aura les rênes tendues, les doigts bien fermés; au moment de sauter l'on doit avoir un bon appui sur la bouche. » Pour qu'il ne subsiste d'ailleurs aucun doute dans l'esprit du lecteur sur la façon d'opérer, l'auteur donne trois photographies instantanées où l'on voit le cavalier tirer à pleins bras sur les rênes du cheval avant, pendant et après le saut. Il faut que le cheval soit un animal doué d'une dose de tolérance véritablement insondable pour consentir à sauter un obstacle dans des conditions semblables.

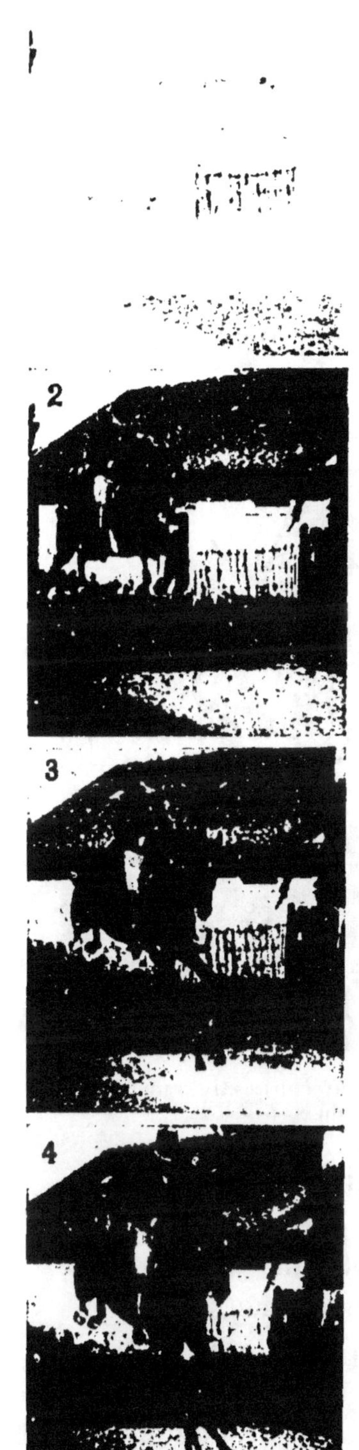

L'idée qu'on puisse « enlever un cheval », comme on le dit généralement, est enfantine et trop contraire aux données les plus élémentaires de la mécanique et de la physiologie, pour mériter d'être discutée. Le cavalier tirant sur les rênes quand le cheval se soulève pour franchir l'obstacle paraît en effet enlever son cheval, puisque ce dernier s'enlève ; mais il est victime d'une pure apparence, d'une de ces associations mentales analogues à celles qui faisaient croire aux médecins du moyen âge à la vertu curative des crapauds pilés ou des yeux de lézard. Le malade guérissant malgré le remède, on en concluait qu'il avait guéri à cause du remède. Le cheval sautant malgré la traction des rênes, le cavalier en conclut qu'il a sauté à cause de cette traction. En fait, cette traction ne peut que gêner considérablement l'animal. Elle le gêne tout autant d'ailleurs, quand, retombant de l'autre côté de l'obstacle, il fait les efforts nécessaires pour reprendre son

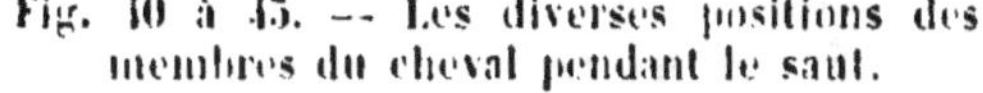

Fig. 40 à 45. — Les diverses positions des membres du cheval pendant le saut.

équilibre. Le raisonnement appliqué au cheval qui butte, dans le paragraphe précédent, étant tout à fait applicable ici, il serait inutile de revenir sur ce que j'ai déjà dit.

L'action du cavalier sautant un obstacle est très simple, puisqu'elle doit consister à rendre entièrement les rênes et à ne rien faire du tout. L'idéal est de diriger le cheval, bien encadré entre les aides (mains hautes et jambes en arrière), au petit galop sur l'obstacle, de l'exciter au besoin avec les jambes au dernier moment, puis de *relâcher entièrement les rênes avant, pendant et après le saut*. Le cavalier peut, seulement quand le saut est terminé et que le cheval a repris son équilibre, toucher aux rênes afin de les raccourcir au besoin si l'animal voulait prendre une allure trop précipitée.

Fig. 45. — Le saut avec mains très rapprochées du corps.

Avec un cheval bien dressé ne refusant jamais l'obstacle, on peut garder les mains près du corps pendant le saut (fig. 45), ce qui est un moyen sûr de ne pas tirer malgré soi sur les rênes. Si le cheval n'est pas tout à fait dressé, il vaut mieux avoir les bras allongés, de façon à pouvoir rapidement agir sur elles.

Quant à l'emploi de la cravache pendant le saut, c'est un moyen détestable. Il établit promptement dans la cervelle du cheval que le saut s'accompagne de coups de cravache, et, tout naturellement, au premier obstacle se présentant, l'animal se dérobera.

On habitue très vite un cheval mauvais sauteur, et qui se dérobe, à sauter droit, en établissant le long du mur d'un manège, au moyen de barrières provisoires, une sorte de corridor terminé par l'obstacle qu'on veut faire franchir. On chasse l'animal dans ce corridor avec la chambrière jusqu'à ce qu'il ait sauté. Il y aura avantage à surmonter l'obstacle d'une tige épineuse qui piquera un peu l'animal, et qu'il aura soin, les fois suivantes, d'éviter en sautant plus haut.

§ 4. — De la conduite habituelle d'un cheval inconnu du cavalier.

La conduite du cheval qu'on ne connaît pas présente plus d'une difficulté. L'animal et le cavalier étant étrangers l'un à l'autre, il arrive souvent que le langage équestre du second est très imparfaitement compris du premier. Il en est surtout ainsi lorsqu'on monte un cheval de propriétaire, c'est-à-dire un animal habituellement monté par un seul cavalier.

La plupart des cas pouvant se présenter rentrent à peu près d'ailleurs dans l'un des suivants : l'animal appartient à un propriétaire l'ayant monté à peu près seul (cheval prêté pour une chasse); l'animal a été pris dans le rang (cheval cédé à un officier de réserve faisant sa période d'exercice), l'animal vient d'un manège (cheval monté surtout par des cavaliers civils).

La première chose à faire, pour tirer le plus grand parti possible d'un cheval de propriétaire, est de l'observer un peu. On examinera donc la sensibilité de sa bouche, pour savoir comment il faut l'emboucher, suivant les principes exposés ailleurs; on étudiera aussi l'effet qu'ont sur lui les jambes, de façon à savoir s'il y a moyen de se servir d'elles utilement, ou si, au contraire, on doit renoncer à ce moyen de conduite. On examinera ensuite ses diverses allures, notamment comment on le met au galop, et la facilité avec laquelle on peut l'arrêter. On étudiera de plus, — et c'est là le point fondamental pour la sûreté du cavalier, — les divers défauts de l'animal. On tâchera d'apprendre de son propriétaire, — mais bien entendu on ne le saura ainsi que rarement, — quels sont ces défauts, et notamment les objets dont il s'effraie. D'une façon générale on demandera fort peu de chose à l'animal, ce qui est toujours le meilleur moyen de vivre d'accord avec lui. Sur ce point spécial le cheval a beaucoup d'analogie avec l'homme. Comme on ne dresse pas un cheval en quelques heures, toute la science équestre du cavalier sur un cheval inconnu doit consister à tâcher de le monter comme il l'est habituellement. Le plus souvent, pour ne pas changer les habitudes du cheval, il faudra beaucoup de main et peu de jambe; ce qui est assurément fort contraire aux principes fondamentaux de l'équitation. Chez la plupart des cavaliers, l'assiette dépend tellement de la main, c'est-à-dire de l'appui qu'ils prennent sur la bouche du cheval, que l'animal est tout désorienté et ralentit sa vitesse quand il ne sent plus cet appui.

Supposons maintenant qu'il s'agisse d'un cheval appartenant à la cavalerie. On est alors à peu près sûr que l'animal n'a pas de défauts dangereux, autrement il serait réformé. Il est suffisamment dressé, d'ailleurs, pour son cavalier d'occasion ; ne s'effraie guère des bruits variés, puisqu'il y a été habitué, connaît le sens des sonneries et des commandements, suit toujours ses camarades; et, en réalité, le rôle de son cavalier se borne à peu près à se maintenir dessus. La science équestre de celui-ci sera suffisante s'il sait tirer la rêne droite pour aller à droite, la rêne gauche pour aller à gauche, et les deux rênes pour s'arrêter. Dans le rang, ou près du rang, le cheval conduit beaucoup plus son cavalier qu'il n'est conduit par lui. La grande majorité de nos officiers de la réserve ou de la territoriale doivent s'estimer très heureux qu'il en soit généralement ainsi. Généralement, mais pas toujours, et c'est ce qui rend si nécessaire pour eux l'étude de l'équitation.

J'arrive maintenant au cheval de manège. Il est fort différent du cheval de cavalerie, et surtout de celui de propriétaire. Ce dernier ne connaissait qu'un seul langage; les chevaux de manège, ayant subi les cavaliers les plus divers, en comprennent beaucoup. Ce sont, en général, des bêtes vénérables approchant des confins de l'existence, auxquelles les dures leçons de la vie ont enseigné une douce philosophie composée de résignation et de tolérance. Elles savent que leur destinée est de supporter plusieurs heures par jour des apprentis cavaliers dans lesquels elles n'ont aucune confiance, mais leur bienveillance est assez grande pour supporter leurs maladresses, et les rectifier au besoin. Leur indifférence à l'égard du cavalier qu'elles portent est complète. Elles le considèrent comme un fardeau gênant, sans doute, mais des mouvements duquel il serait bien inutile de se préoccuper. Tous les ordres donnés au manège par le professeur : trot, galop, arrêts, voltes, changements de main, etc., étant scrupuleusement exécutés par l'animal, les élèves sont aussi satisfaits du cheval que d'eux-mêmes. Un cavalier subtil n'aurait qu'à mettre les mains dans ses poches pour constater que le cheval exécute toutes les manœuvres à la voix de l'écuyer instructeur, mais sans se préoccuper en aucune façon des agissements de son cavalier.

Au dehors, ces pacifiques bêtes se comportent avec la même indifférence. Elles sauront parfaitement rectifier les maladresses du cavalier qui les dirige sur un obstacle, croyant les faire passer à côté. Pour peu que leur cavalier d'occasion ne les agace pas trop, elles marcheront tranquillement le nombre d'heures réglementaire, puis reprendront avec la même placidité le chemin de l'écurie sans s'occuper des protestations du monsieur qu'elles portent. Si ces protestations sont trop vives, le cheval fera juste le nombre de mouvements nécessaires pour déposer à terre son cavalier, le flairera parfois avec un visible intérêt, puis reprendra philosophiquement le chemin de l'écurie pour recevoir le picotin d'avoine bien gagné.

Tel est le type idéal de cette sorte de monture, mais cet idéal n'est atteint qu'après un séjour assez prolongé au manège. Quand un cheval y arrive, surtout dans un établissement d'ordre inférieur, il y est amené, dans la majorité des cas, parce que, présentant les défauts les plus variés, et souvent les plus dangereux, il a obligé son propriétaire à s'en défaire à vil prix. Avec la démocratisation actuelle de l'équitation, et l'abaissement du prix des leçons, on ne peut évidemment exiger que les propriétaires des manèges aient des chevaux de luxe. On ne peut empêcher non plus que leurs chevaux soient plus ou moins rétifs, puisque, s'ils ne l'étaient pas, ils le deviendraient entre les mains des cavaliers inexpérimentés qui les montent.

La manière d'être du cavalier avec le cheval de manège doit être à peu près celle employée pour le cheval de propriétaire. Il prendra quelques précautions en plus, notamment une : — toujours négligée par le palefrenier, — emboucher sévèrement l'animal de façon à être maître de son allure s'il lui prenait fantaisie de la précipiter au galop lorsqu'il sera sur le chemin du retour. Comme le cheval de manège est habitué à prendre un fort point d'appui sur le mors, et qu'il serait dangereux de rompre brusquement ses habitudes, il faut continuer à le lui donner au moins sur le mors de filet. En raison du peu de solidité des jambes de l'animal, on évitera de le fatiguer par des temps de trot prolongés; et on aura présent à l'esprit que, pour des raisons physiologiques évidentes, l'animal est surtout exposé à butter et à tomber à la fin d'une promenade.

Il ne faudrait pas croire, d'ailleurs, qu'il n'y ait rien à apprendre avec un cheval de manège. Si détraqué et rétif que soit l'animal, on s'instruira beaucoup avec lui, à condition de toujours monter le même, ainsi que je l'ai expliqué dans le chapitre consacré au redressage, quand j'ai fait voir à quel point un cavalier habile peut modifier les allures du cheval. Un cheval qui traquenarde au trot et que son cavalier empêche de traquenarder, un cheval qui tire sur la main et auquel son cavalier sait donner une bouche légère, en a beaucoup plus appris à celui-ci sur le maniement des aides que le professeur le plus savant. J'ai plusieurs fois accompagné en promenade une éminente femme de lettres, qui, appliquant les principes enseignés dans cet ouvrage à des chevaux de manège, en était arrivée à obtenir des allures excellentes de chevaux détraqués, et à donner une bouche légère et un galop régulier à des animaux ayant une bouche dure et un galop fort lourd. Comme résultat final, il lui était facile de monter à la chasse les chevaux les plus vigoureux, et après une heure de travail. les maintenir à l'allure qu'il lui plaisait de choisir. sans avoir à s'occuper des autres chasseurs. Le seul véritable professeur d'équitation pour un débutant est le cheval bien dressé. Mais le cavalier déjà avancé apprendra davantage sur le cheval irrégulier et détraqué.

Conduite des chevaux réputés difficiles. — Un cheval peut être difficile soit parce qu'étant rétif il répond par des défenses violentes aux premières demandes de son cavalier, soit simplement parce qu'étant nerveux, irritable, — trop chaud, comme on dit vulgairement, — il a des mouvements désordonnés : bonds, lançades, etc., très déplaçants.

J'examinerai dans un autre chapitre ce que doit faire le cavalier dans les défenses, et ne m'occuperai ici que du cheval irritable et nerveux, par caractère, ou simplement parce qu'il n'est pas sorti depuis quelque temps de l'écurie.

Quand un tel animal a été bien dressé, on le calme vite par quelques exercices de haute école qui fixent immédiatement son attention : appuyers et contre-changements de main de deux pistes notamment. S'il est mal dressé, et ce cas est le plus fréquent, on n'a d'autre ressource que de le lasser par quelques kilomètres de trot ou de galop. Quand, possédant un tel cheval, on ne peut pas le monter souvent et que, d'un autre côté, on n'a pas su le dresser, on le rend moins difficile à monter en réduisant sa ration d'avoine et en augmentant la quantité de son[1].

C'est avec ces chevaux violents et mal dressés que les bons cavaliers les montant pour la première fois se trouvent le plus embarrassés. Ils sont trop habitués à être maîtres du cheval pour consentir à céder aux caprices de l'animal, et cependant il n'y a guère autre chose à faire, l'intervention énergique des aides chez le cheval mal dressé et très chaud ne pouvant être que nuisible.

Prenez un cheval difficile, nerveux, et mal dressé, faites-le monter par un bon cavalier très expérimenté, sachant bien se servir de ses aides, vous constaterez le plus souvent du détraquement et des désordres. Faites monter le même animal par une femme, fût-elle écuyère médiocre, aussitôt vous verrez l'animal devenir tranquille et régulier dans ses allures. Ce fait a intrigué beaucoup d'écuyers. L'explication en est simple. Le cavalier, de par sa position, serre toujours plus ou moins les jambes, surtout les genoux, et excite par conséquent le cheval, qui, aussitôt, précipite ses mouvements. Comme naturellement la main cherche à le retenir, l'animal s'excite davantage. Avec la femme il en est tout autrement; ses jambes ne peuvent, par suite de leur position, gêner le cheval par leur pression; sa main, posée sur la cuisse, est très fixe et très haute. La femme constitue simple-

1. Un écuyer expérimenté, M. de Chézelles, trouve qu'en général on donne trop d'avoine aux chevaux. La ration habituelle, suivant lui, doit être huit litres d'avoine, quatre à cinq kilogrammes de foin, quatre à cinq litres de son sec non frisé. Pas de paille, sauf pour la litière. En cas de nervosité trop grande, réduire l'avoine et augmenter le son. Pour les chevaux de trois ou quatre ans, il indique trois litres d'avoine, six à sept litres de son.

ment pour le cheval un petit paquet peu encombrant. Ne se trouvant ni gêné ni excité, il consent vite à reprendre ses allures normales sur la ligne droite. « J'ai monté, m'écrit le capitaine Dumas, bien des poulains verts et bien des chevaux affolés et dits immontables, en homme et en amazone, et j'ai toujours constaté qu'au pied levé, quand je parvenais à supprimer mes jambes à califourchon, mes aides, ma pression et ma main (ce qui est loin d'être facile), le cheval, n'ayant alors aucune raison pour se tracasser, ne se tracassait plus. »

Donc, lorsqu'à la chasse ou ailleurs, on vous donne un cheval difficile, mal dressé, et que vous avez de l'espace devant vous, laissez-le galoper à son aise sans vous servir des rênes ni des jambes. Au bout d'une heure seulement vous pourrez tenter des rudiments de dressage. C'est là évidemment de l'équitation de sauvage; mais comme en définitive on ne peut pas dresser un cheval séance tenante, il faut le monter, au moins au début, comme le monte son cavalier ordinaire, c'est-à-dire le laisser faire ce qu'il veut. C'est alors le cavalier qui obéit au cheval, et non plus le cheval qui cède au cavalier.

CHAPITRE V

LES DÉFENSES DU CHEVAL

§ 1er. *De la conduite des chevaux peureux.* — Les moyens généralement employés pour corriger les chevaux peureux ne font que les rendre plus craintifs. — Règles à suivre pour les habituer facilement aux choses qui les effraient. — § 2. *Des principales défenses du cheval.* — *Principes généraux des moyens à employer pour les combattre.* — La mobilisation latérale du cheval annihile immédiatement toutes les défenses : ruades, sauts de mouton, etc. — § 3. *De la façon d'agir sur le cheval emporté.* — Classification de l'emballement. — Deux divisions fondamentales. — Règles générales à suivre. — Rareté de l'emballement chez le cheval dressé.

§ 1. — De la conduite des chevaux peureux.

Avant de rechercher s'il est possible de trouver dans les lois qui régissent l'équilibre du cheval des principes fondamentaux permettant au cavalier de combattre ses défenses, j'examinerai les moyens de prévenir celles-ci.

A moins d'avoir affaire à un cheval vicieux, — auquel cas la plus sage conduite que puisse tenir le cavalier obligé de le monter accidentellement est de lui demander le moins possible et de ne pas entrer en lutte avec lui, — les défenses les plus habituelles du cheval : écarts, cabrades, tête-à-queue, etc., sont produites par la crainte d'un objet quelconque qui effraie brusquement l'animal.

Nous avons vu, en traitant de sa psychologie, que le cheval est fort craintif. Il a peur des objets les plus inoffensifs. Une feuille de papier, un tronc d'arbre, un lapin qui traverse une route suffisent souvent pour lui faire faire un écart ou un tête-à-queue fort dangereux pour la sûreté de son cavalier. La plupart des accidents sérieux sont produits par les mouvements violents et désordonnés auxquels se livre, sous l'influence de la peur, ce pacifique animal.

La façon dont s'y prennent habituellement les cavaliers pour corriger le cheval de ce défaut ne fait que l'accroître au lieu d'y remédier. Supposons l'animal effrayé par un objet quelconque, une flaque d'eau par exemple, et refusant de passer. Après pas mal d'hésitation, de coups de cravache, il la traverse ; le cavalier irrité et s'imaginant donner une leçon salutaire à son cheval continue à taper énergiquement dessus. L'animal a reçu, en effet, une leçon; mais dont le résultat, conforme aux plus élémentaires données de la psychologie, est tout à fait contraire au but que se proposait le cavalier. L'animal, battu après avoir passé la flaque d'eau, en conclut forcément que cette flaque est une chose plus redoutable encore qu'il ne le supposait, puisque, lorsqu'elle est passée, il reçoit une avalanche de coups. Suivant le mécanisme des associations par contiguïté que nous avons décrit, flaque d'eau traversée et correction consécutive se lieront intimement dans son esprit, et la première fois qu'il rencontrera le même obstacle, il refusera avec énergie de le franchir. Le nombre de cavaliers rendant ainsi leurs chevaux rétifs, par ignorance psychologique, est incalculable. Il ne faut pas trop d'ailleurs les maudire, car grâce à eux l'on rencontre souvent dans les ventes publiques, à des prix fort modestes, d'excellents chevaux devenus inmontables pour leur cavalier habituel, et dont un écuyer moins ignorant sait très bien tirer parti, à la simple condition de refaire leur dressage.

Chaque cheval a une crainte instinctive de certains objets, variables d'un animal à l'autre. Pour les uns, ce sera certaines catégories de véhicules, pour d'autres une simple feuille de papier. Il faut les habituer à en supporter la vue en approchant doucement de ces objets, caressant l'animal et le calmant de la voix. Au besoin on mettra pied à terre et on prendra le cheval par la bride. L'animal devant à tout prix passer au delà de l'objet qui l'effraie, l'emploi de la cravache (très supérieur dans ce cas à l'éperon) est souvent nécessaire. Le point essentiel est de toujours récompenser l'animal *quand il a franchi l'obstacle*, y eût-il mis un quart d'heure, au lieu de le battre comme le font les cavaliers dont j'ai parlé plus haut. Mais, en réalité, l'accoutumance seule habituera le cheval à la vue des objets qu'il redoutait d'abord.

Je dois ajouter que ces refus d'obéissance ne se rencontreront guère chez les chevaux bien dressés. Ceux-ci, à l'occasion, auront tout aussi peur que d'autres; mais entre la peur de l'objet inconnu et la crainte du cavalier, ce dernier sentiment l'emportera toujours, et il suffira au cavalier, lorsque le cheval hésitera devant un obstacle, de le mettre en main et de se servir convenablement de ses jambes pour qu'il n'hésite plus.

§ 2. — Des principales défenses du cheval. Principes généraux des moyens à employer pour les combattre.

En dehors de l'emballement, auquel je consacre le prochain paragraphe, les principales défenses du cheval sont les écarts, les tête-à-queue, la cabrade, la lançade, les ruades, et les sauts de mouton.

L'écart et le tête-à-queue sont généralement le résultat de la peur; leur caractère imprévu et spontané les rend fort déplaçants pour le cavalier, et ce dernier s'expose à des dangers sérieux en continuant à monter un animal présentant de tels défauts. J'ajouterai d'ailleurs que lors-

Fig. 15. — *La cabrade.* La défense représentée par cette photographie s'est produite au galop sur un cheval effrayé par la vue d'un appareil photographique démasqué brusquement au moment où je m'en approchais.

qu'il est possible de prévoir les défenses que je viens de mentionner, — et on peut les prévoir si l'on voit venir de loin l'objet susceptible d'effrayer l'animal, — on les prévient en mobilisant le cheval de la façon que nous allons indiquer pour la cabrade, la ruade et le saut de mouton.

Ces trois défenses sont également spontanées et on ne peut guère éviter de les subir la première fois; mais comme, après s'être produites, elles tendent à se répéter plusieurs fois de suite, le cavalier est prévenu et peut intervenir.

Qu'il s'agisse donc d'écart, de ruade, de cabrade, de saut de mouton ou d'une défense quelconque prévue, le cavalier la combattra toujours avec succès, s'il a présent à l'esprit qu'en mobilisant le cheval il l'empêche de prendre sur le sol le point d'appui dont celui-ci a besoin pour exécuter sa défense. Pour peu que le cheval ait subi un commencement de dressage et sache se déplacer sous l'action des jambes, il n'y a qu'à le déplacer latéralement, c'est-à-dire l'obliger à marcher sur deux pistes. C'est en même temps le meilleur moyen de passer à côté d'un objet qui l'effraie et dont on peut lui masquer la vue en le faisant marcher latéralement de façon à l'obliger à lui tourner le dos[1].

Fig. 46. — *La lançade.* J'ai obtenu cette défense sur un pur-sang bien encadré entre les aides et que j'ai attaqué vigoureusement à l'éperon alors qu'il refusait de passer devant l'appareil photographique.

1. L'épaule en dedans a dans ce cas une grande efficacité. C'est, comme nous l'avons vu, un travail de début que tout cheval exécute dès la première leçon, alors que la croupe au mur avec la

Si l'animal ne sait même pas ranger ses hanches sous l'action de la jambe, ce qui, avec l'état actuel de l'équitation de France. est la règle, les ressources du cavalier sont alors fort restreintes. Il peut, comme application du principe qui précède, essayer d'obliger le cheval à tourner plusieurs fois sur lui-même en attirant l'encolure à droite ou à gauche et en fermant en même temps la jambe jusqu'à l'éperon du même côté; mais, avec un cheval obéissant mal aux aides, la chose n'est pas toujours facile. Il reste alors au cavalier la ressource d'attaquer énergiquement le cheval avec la cravache[1] pour le porter en avant, ce qui a pour résultat de l'empêcher de prendre sur le sol le point d'appui dont il a besoin pour exécuter ses défenses. On tâchera en même temps de lui relever la tête, qui part généralement la première dans la plupart des défenses. Si le cavalier ne réussit pas à porter son cheval en avant, il ne lui restera plus à tenter que les opérations suivantes : si le cheval se cabre, rendre entièrement les rênes et saisir la crinière : si le cheval rue, ou fait des sauts de mouton, lui élever la tête le plus haut possible avec le filet. On sort souvent de ces aventures avec quelque chose de cassé; mais on acquiert en même temps une conviction solide sur l'utilité du dressage et sur la nécessité d'approfondir un peu les principes de l'équitation savante.

§ 3. — De la façon d'agir du cavalier sur un cheval emballé.

L'emballement, un des plus redoutables accidents auxquels le cavalier puisse être exposé, n'est pas malheu-

quelle tant d'écuyers confondent l'épaule en dedans, ne peut être demandée que beaucoup plus tard.

1. Dans toutes les défenses, il faut toujours faire usage de la cravache et jamais de l'éperon. Ce dernier n'est véritablement utile qu'avec le cheval bien dressé et bien monté.

reusement un des plus rares, mais souvent le plus difficile à combattre.

Il existe en fait d'emballement deux variétés très distinctes, généralement confondues dans le langage ordinaire et dans l'esprit des cavaliers. La première est l'emballement proprement dit, dans lequel le cheval, parti à un galop furieux pour un motif quelconque, est tellement excité que rien ne peut l'arrêter, hors l'excès de fatigue. Il a perdu alors jusqu'à l'instinct de la conservation, et, si un obstacle se présente devant lui, il ira infailliblement s'y briser.

La seconde variété de l'emballement consiste en ceci, que le cavalier est emmené malgré lui par un cheval effrayé ou mal conduit, ou à qui on a laissé prendre le galop trop près de son écurie. L'animal va peut-être aussi vite que le cheval réellement emballé, mais il n'a nullement perdu l'instinct de la conservation, et saura parfaitement éviter les obstacles visibles : voitures, barrières, etc.

Sur le cheval réellement emballé, le cavalier est absolument désarmé. L'animal ne s'arrêtera que lorsqu'il sera épuisé par la fatigue. Il faut le laisser courir. La seule chose à faire est de tâcher de rester en selle, en souhaitant que l'animal ne rencontre pas d'obstacles : s'il en rencontre, le cavalier n'a plus qu'à recommander son âme à Dieu. Il ne sortira guère de l'aventure sans être sérieusement détérioré.

A la rigueur, cependant, il reste une ressource au cavalier monté sur un cheval emballé, celle de sauter à terre avant d'avoir atteint l'obstacle sur lequel se dirige l'animal; mais ce moyen est si dangereux qu'on ne saurait le conseiller. Je l'ai cependant employé une fois, après 5 kilomètres d'emballement sur une route que je savais terminée par une pente conduisant à une tranchée de chemin de fer d'une dizaine de mètres de profondeur, n'offrant aucune perspective de sortir vivant après y avoir été précipité. J'en fus quitte pour une légère entorse; mais on n'a pas deux fois dans sa vie une pareille chance. L'expérience, d'ailleurs, ne fut pas perdue, car de ce moment datent les études qui me conduisirent à comprendre l'énorme supériorité des chevaux dressés sur ceux qui ne le sont pas, la sécurité que présentent les premiers, et les dangers de toute sorte auxquels on est exposé avec les seconds. J'ignore si on pourrait affirmer qu'un cheval bien dressé ne s'est jamais emballé; mais on peut être certain que la fréquence de cet accident est réduite au minimum avec lui.

Quant au cheval emmenant simplement son cavalier, c'est-à-dire prenant une allure que ce dernier ne parvient pas à maîtriser immédiatement, il doit être considéré à un point de vue fort différent du précédent. La principale caractéristique différentielle des deux allures, c'est, je l'ai déjà dit, que, dans la dernière, le cheval n'a pas perdu l'instinct de la conservation, se détourne des obstacles qu'il rencontre, se laisse un peu diriger, et quelquefois arrêter par son cavalier. Il en est tout autrement, nous l'avons vu, dans l'emballement véritable.

Le défaut du cheval consistant à emmener son cavalier est très fréquent aujourd'hui avec l'insuffisance du dressage actuel. Avec le cheval bien dressé, c'est-à-dire avec celui dont l'obéissance aux aides est absolue, ce défaut ne peut apparaître. Le dressage ne présenterait-il que cette supériorité, elle suffirait simplement pour justifier sa nécessité.

Le cheval qui emmène son cavalier est donc, *a priori*, un cheval insuffisamment dressé, monté le plus souvent par un cavalier inexpérimenté, n'ayant par conséquent que très peu de ressources à sa disposition pour maîtriser l'animal. L'action du mors, même en faisant succéder à un relâchement complet des rênes des saccades courtes et énergiques, cette action, dis-je, restant le plus souvent sans effet, et l'animal n'étant pas dressé à obéir à la voix ou aux jambes, la seule ressource réelle du cavalier est de diriger le plus possible sa monture pour éviter les obstacles, jusqu'à ce que la fatigue ait rappelé l'animal à l'obéissance. Si un hasard heureux fait rencontrer un champ où l'on puisse lancer l'animal, et qu'on réussisse à le mettre en cercle, on en sera assez vite maître. On peut aussi essayer, en cas de nécessité pressante, de tirer très fortement sur une seule rêne de façon à mettre de côté la tête de l'animal, ce qui ralentit immédiatement sa vitesse; mais, outre que le cheval cède rarement son encolure, s'il vient à tourner la tête comme on le désire, il risque une chute immédiate, excessivement dangereuse pour le cavalier.

On serait maître de l'animal, en réussissant à donner à sa tête une position exactement inverse de celle qu'il avait au moment où il s'est emporté. Mais le problème avec un animal insuffisamment dressé est fort difficile. Cependant, si le cheval est un peu dressé et part en baissant l'encolure pour dégager son arrière-main, ce qui est le cas le plus fréquent, on arrive le plus souvent à l'arrêter en lui relevant la tête avec le filet. Les jambes portées en arrière et serrées fortement l'obligent en même temps à reporter son poids sur son arrière-main et à modifier ainsi son équilibre. Tout cheval qu'on laisse habituellement galoper sur les épaules, les postérieurs mal engagés, est destiné à fréquemment emmener son cavalier.

Le cheval qui a emmené son cavalier une fois récidivera sûrement bientôt, ayant acquis la preuve que cette défense est pour lui un moyen certain de se soustraire aux exigences de celui qui le monte, et de reconquérir des moments prolongés d'indépendance.

Le cavalier possédant un pareil animal doit avant tout le dresser ou le faire dresser. Il profitera de l'occasion pour se faire dresser lui-même ; car, neuf fois sur dix, la maladresse du cavalier qui a laissé son cheval prendre un mauvais équilibre, surtout par l'abus du mors, est la cause de l'accident. Quand on a suffisamment dressé un cheval pour être maître de son encolure, on est toujours maître de sa vitesse, ainsi que je l'ai expliqué dans un précédent chapitre.

« Quiconque est sur un cheval a un pied dans la tombe ». dit un proverbe arabe. Rien n'est plus vrai avec les chevaux montés généralement en France aujourd'hui. Il n'en est pas ainsi pour le cheval dressé : avec lui, le pied peut se trouver exceptionnellement dans le voisinage de la tombe, mais le plus souvent il en reste fort loin.

LIVRE VI

LE DRESSAGE DU CAVALIER

CHAPITRE I

RECHERCHES SUR LES CONDITIONS D'ÉQUILIBRE DU CAVALIER AUX DIVERSES ALLURES

§ 1er. *Le pas et le trot.* — Idées erronées des écuyers sur la position que doit avoir le cavalier au trot enlevé. — Position correcte du cavalier. — § 2. *Influence de la position de la cuisse sur l'équilibre du cavalier.* — Comment le cavalier peut combattre la réaction expulsive produite par la pression des genoux. — Figures schématiques prouvant la nécessité d'avoir le corps vertical pendant le trot enlevé. — L'inclinaison de la cuisse sur la verticale permet de mesurer le degré de solidité du cavalier. — Tableau de mensurations. — Influence de l'inclinaison de la cuisse sur la puissance d'adhérence des genoux. — Influence de la position de la cuisse sur la pression exercée par le pied sur l'étrier.

§ 1. — Conditions d'équilibre du cavalier au pas et au trot.

Bien que le pas ne soit pas une allure aussi simple qu'elle le paraît, et exige, comme nous l'avons vu, beaucoup d'habileté pour être obtenu correctement, il ne présente, au point de vue de la stabilité du cavalier, aucune difficulté. Nous le mentionnons seulement pour dire que la position de ce dernier, au pas, doit être, contrairement à l'enseignement de la plupart des manèges et des livres, exactement celle qu'il doit prendre pour le trot, et que nous allons étudier maintenant.

Le trot est, comme nous l'avons vu, une allure en deux temps, dans laquelle les membres du cheval se meuvent par paires diagonales. Dans le trot assis, dit trot à la française, peu usité aujourd'hui, mais qui fut le seul admis dans notre armée jusqu'à ces dernières années, le corps du cavalier reçoit toutes les réactions produites par chaque bipède diagonal venant frapper le sol. Lancé rudement d'un diagonal sur l'autre, il éprouve une série de chocs successifs déplaçants et fatigants.

Le trot assis, allure très utile à pratiquer au manège, sans étriers, pour donner de la solidité au cavalier, ne peut être employé au dehors sans fatigue qu'après une pratique de plusieurs heures de travail par jour, pendant plusieurs mois. Il faut tout ce temps au cavalier pour arriver aux mouvements instinctifs qui amortissent les chocs et rétablissent l'équilibre détruit. Cette allure est donc à peu près interdite à tous les cavaliers n'ayant point passé par les manèges militaires.

Dans le trot enlevé, dit trot à l'anglaise, adopté maintenant par la plupart des armées de l'Europe et par tous les cavaliers civils depuis longtemps, le cavalier s'enlève de sa selle pour se soustraire au choc des réactions produites par un des bipèdes diagonaux du cheval. Il évite ainsi une réaction sur deux, et, par la façon dont il retombe, amortit beaucoup la réaction qu'il est obligé de subir. Ne retombant sur sa selle qu'une seule fois pendant la succession de deux mouvements diagonaux, il retombe naturellement toujours sur le même diagonal. S'il trotte, par exemple, sur le diagonal gauche, il s'enlèvera en même temps que l'antérieur gauche du cheval, et retombera sur sa selle en même temps que cet antérieur se posera à terre.

Le trot à l'anglaise passe pour une allure extrêmement facile à apprendre et on la pratique aisément, en effet, après quelques heures d'exercice. Mais une analyse détaillée des conditions d'équilibre du cavalier va nous la montrer, suivant la façon dont elle est pratiquée, la plus dangereuse des allures, ou au contraire la plus sûre.

Voyons d'abord comment s'enseigne et s'exécute habituellement en France le trot à l'anglaise.

« Pour trotter à l'anglaise, écrit un de nos meilleurs écuyers civils, — ne faisant ici d'ailleurs que répéter ce qui s'enseigne dans tous les livres et tous les manèges, — il faut une légère inclinaison du corps en avant, des étriers ajustés plus courts pour donner à la jambe un bon point d'appui, afin qu'elle puisse soulever le corps sans grands efforts à chaque temps de l'allure[1]. »

Le cavalier suivant ces prescriptions présente la position donnée comme modèle dans un autre ouvrage d'équitation, — modèle que je reproduis ici (fig. 48) et qui ne gagne pas beaucoup à la comparaison avec la position représentée par la figure 49. Le cavalier au trot se trouvant représenté dans une pose semblable par cinq ou six dessins de l'ouvrage d'équitation auquel je fais allusion, et le dessinateur étant un artiste très habile, il n'y a pas à supposer d'erreurs de dessin. D'ailleurs se promener une heure au bois de Boulogne, ou entrer dans un manège, suffit pour constater que cette position est bien en France la position classique.

Classique, mais aussi dangereuse et aussi absurde que classique. Ainsi pratiqué, le trot enlevé constitue la plus

1. *Le langage équestre*, 1890.

imprudente des allures, celle qui réalise le minimum possible de solidité pour le cavalier, avec le maximum possible de fatigue et de danger de chute pour le cheval. Tout le poids du corps du cavalier porte sur les étriers, base de son équilibre, et s'il vient à en perdre un par un faux mouvement ou par la rupture d'une étrivière, sa chute est certaine. Elle est certaine également si le cheval, dont l'avant-main est très chargée, butte et fait un faux pas; certaine encore si l'animal, effrayé par un objet quelconque, s'arrête brusquement ou fait un écart. Le trot ainsi pratiqué représentant une source d'accidents journaliers, et c'est, je suppose, pour cette raison, qu'il a été pendant si longtemps rigoureusement interdit dans l'armée française.

Fig. 47. — Trot à l'anglaise tel qu'il est enseigné actuellement dans nos manèges. (Gravure extraite d'un récent traité d'équitation.)

En se basant sur des expériences et des raisonnements mathématiques, dont nous parlerons plus loin, il est facile de donner au cavalier une position qui le fasse passer du minimum au maximum de solidité et de sécurité possible.

Cette position est exactement le contraire de celle indiquée par nos professeurs d'équitation et que j'ai reproduite plus haut. Au lieu de pencher le corps en avant, il faut le redresser de façon à ce qu'il soit vertical; au lieu de porter les étriers courts, il faut les porter longs; au lieu de prendre un « bon point d'appui » sur les étriers, il faut en prendre un très faible : au lieu de se soulever sur eux, il faut se laisser soulever par le cheval. Ajoutons qu'au lieu d'avoir les coudes fixés au corps et les avant-bras allongés, il faut que les coudes soient libres et les avant-bras appuyés contre le corps : il faut encore avoir les épaules effacées, et ne pas les porter en avant à chaque enlevée ; le bassin seul, à partir de la ceinture, doit avoir à chaque enlevée un très léger mouvement de glissement en avant[1].

Fig. 18. — Position correcte du cavalier au trot. (Figure extraite du traité officiel d'équitation militaire allemande.)

Si l'on observe de profil le cavalier trottant dans la position que je viens de décrire, on constate qu'une ligne verticale idéale partie de son oreille traverse la partie antérieure du corps, passe derrière les poignets, puis un

1. Le but du trot enlevé est d'éviter une réaction sur deux en s'enlevant de la selle pendant la durée de la réaction qu'on veut éviter. Puisque le cavalier doit forcément rester un certain temps hors de sa selle, et que d'un autre coté il importe pour sa solidité qu'il s'enlève le moins possible au-dessus d'elle, il est clair que le seul moyen de réaliser cette double condition, en apparence contradictoire, est le glissement du corps en avant. Ce glissement, d'ailleurs invisible, permet au cavalier de ne pas s'élever de plus de quelques centimètres au-dessus de sa selle.

peu en arrière du pli du genou, et légèrement en avant du talon.

Le cavalier trottant à l'anglaise, dans la position qui vient d'être expliquée, a une solidité considérable. La pression qu'il exerce sur ses étriers étant très faible, il peut les perdre sans éprouver aucun déplacement ; il n'a que peu de tendance à être projeté en avant, et résiste aisément à des mouvements brusques de son cheval.

J'étais parvenu à cette position à la suite d'expériences et de raisonnements scientifiques dont je parlerai bientôt ; mais j'ai reconnu depuis que les Allemands y sont arrivés par une autre voie, et l'ont rendue aujourd'hui réglementaire dans leur armée[1]. Voici, d'ailleurs, comment le trot enlevé est défini dans leur manuel déjà cité ici plusieurs fois : « Si, en marchant au trot, on commande : Trot à l'anglaise ! le cavalier, sans changer son assiette et sa position (le corps absolument vertical, comme il est représenté d'ailleurs dans les gravures qui accompagnent le texte), ne se laissera plus retomber à chaque battue, comme il l'a fait jusqu'à présent, mais il évitera une battue en s'aidant des cuisses, des genoux et des étriers, et retombera doucement sur la selle à la suivante, *en chassant l'assiette en avant*. Le cavalier ne devra pas chercher à saisir la cadence du mouvement en se soulevant de lui-même

1. La position verticale du corps au trop enlevé n'est, à ma connaissance, enseignée qu'en Allemagne. En Angleterre, le cavalier, au trot enlevé, porte souvent les étriers courts comme en France et penche le corps en avant. Les dangers de cette position pour le cavalier et le cheval n'ont pas échappé d'ailleurs aux écuyers anglais, et c'est pourquoi le trot enlevé, c'est-à-dire l'allure que nous désignons en France sous le nom de trot à l'anglaise, n'est admis dans leur armée que d'une façon exceptionnelle, pendant les longues marches notamment. Le trot réglementaire dans la cavalerie anglaise est le trot assis.

hors de la selle plus qu'il n'est projeté en l'air par le seul mouvement du trot.

Une seule objection s'élève contre cette position du cavalier au trot enlevé, c'est qu'un cavalier civil n'arrivera jamais à la prendre avec les méthodes d'enseignement actuelles. Elle est uniquement possible pour le cavalier militaire, qui, grâce à une longue pratique du trot sans étrier, peut garder sans difficulté ses étriers très longs. Avec les étriers courts, comme les portent les civils, la position verticale est impossible : le cavalier, pour garder son équilibre, est forcément obligé à un déplacement du centre de gravité qui porte son corps en avant.

S'il fallait, pour arriver à la position verticale que j'ai indiquée, plusieurs mois d'exercice sans étriers, elle n'aurait évidemment qu'une utilité purement théorique, et le cavalier débutant pourrait la dire sans intérêt pour lui, puisqu'elle serait tout à fait hors de sa portée. Mais nos expériences, en même temps qu'elles indiquent la nécessité de cette position, font ressortir les moyens très simples de l'obtenir presque instantanément. Elles ont donc ce côté pratique, de permettre de remplacer par quelques heures, — et même par quelques minutes pour un cavalier ayant déjà un peu monté, — les longs mois de travail au trot sans étriers, nécessaires jusqu'à présent pour l'exercice du trot enlevé, tel qu'il vient d'être décrit.

Afin de bien faire comprendre les moyens à employer pour arriver à ce résultat, et la supériorité de cette position, je vais d'abord analyser en détail les facteurs divers qui font varier l'équilibre du cavalier au trot enlevé.

§ 2. — Influence de la position de la cuisse sur l'équilibre du cavalier.

Le corps du cavalier, au trot enlevé, représente approximativement un cylindre vertical susceptible de pivoter autour de deux axes horizontaux parallèles, l'un formé par une ligne traversant les articulations coxo-fémorales, l'autre par une ligne traversant les articulations des genoux. Autour du premier axe, le corps exécute des mouvements d'arrière en avant, et d'avant en arrière, destinés à maintenir le centre de gravité dans la position nécessaire pour assurer l'équilibre. Ces mouvements d'une très faible amplitude ne s'exécutent, d'une façon inconsciente, qu'après un assez long exercice, dont il ne saurait être question ici. Autour du second axe, — la ligne idéale qui traverserait les genoux, — le corps entier exécute les mouvements d'équilibre et d'abaissement déterminant le trot enlevé. Les genoux forment en réalité deux pivots, et ces pivots doivent avoir une grande fixité, sous peine de rendre l'équilibre du cavalier tout à fait incertain.

Cette fixité des genoux est une des grosses dificultés de l'équitation. La tendance des cavaliers novices est de déplacer les genoux, et de prendre pour axe de leurs mouvements d'élévation la ligne horizontale passant par les étriers, c'est-à-dire par des points d'appui fort mobiles, ne pouvant donner qu'un équilibre des plus instables.

Le seul moyen que les écuyers des manèges indiquent à leurs élèves, pour maintenir la fixité des genoux, est de les serrer le plus possible contre la selle et de tourner les pieds en dedans. De tous les procédés qu'on pouvait indiquer, c'est le plus détestable et le plus contraire au but cherché. Nous nous occuperons de la rotation du pied en dedans dans un autre paragraphe. N'examinons maintenant que la pression des genoux.

Le conseil si universellement donné de les serrer énergiquement est détestable. Il l'est, d'une part, parce que la contraction prolongée d'un muscle est physiologiquement impossible, et, d'autre part, parce que, contrairement à ce que s'imaginent les professeurs, le cavalier serrant avec force les genoux contre la selle, loin d'acquérir de la fixité, la perd aussitôt, et d'autant plus vite que ses efforts de contraction sont plus énergiques. Loin de faire adhérer le cavalier à la selle pendant le trot, cette pression tend à l'en expulser, absolument comme une pression énergique sur un noyau de cerise tend à le faire sortir des doigts qui le serrent. L'analyse scientifique de ce phénomène est d'ailleurs facile.

Le corps d'un cheval représente un cylindre d'environ 2 mètres de circonférence[1], soit 65 centimètres de diamètre. Or il suffit de regarder un cavalier à cheval, ou sa photographie, pour constater que les genoux arrivent très au-dessus du plan horizontal passant par l'axe du cylindre, et d'autant plus au-dessus que les étriers sont plus courts. Le cavalier se trouve donc dans la situation d'un individu voulant saisir un bouchon couché horizontalement sur une table, avec les doigts placés au-dessus de l'axe du bouchon. En le serrant très faiblement, et se bor-

1. Ayant lu dans un livre que le corps du cheval représente un cylindre de 1 mètre de diamètre, et ce chiffre me semblant bien douteux, j'ai mesuré la circonférence d'une dizaine de chevaux de selle. Cette circonférence a été comprise entre 1m,77 et 2m,12. L'addition de la selle augmentait la circonférence d'environ 10 centimètres. On peut donc dire que la circonférence du cylindre formé par le corps du cheval est, en nombre rond, d'environ 2 mètres.

nant à une légère adhérence, il l'enlèvera. S'il le serre énergiquement, le bouchon s'échappera brusquement de ses doigts. Il en serait de même pour un noyau de cerise serré entre les doigts.

Le cavalier qui serre énergiquement les cuisses sans donner au corps une position convenable, tend donc à être lancé en l'air. Il ne l'est point parce que son poids est trop grand relativement à la force de pression dont il dispose ; mais cette tendance à l'expulsion suffit pour lui ôter son adhérence à la selle et le chasser en arrière de cette dernière dès qu'il est soulevé par les réactions du trot.

Sans doute, pour combattre cette projection hors de la selle, le cavalier a la ressource d'envelopper la circonférence du cylindre équestre, en se servant des mollets jusqu'aux talons : mais il lui est impossible de disposer bien longtemps de cette ressource provisoire, puisque toute contraction prolongée d'un muscle est impossible ; et, d'ailleurs, le trot enlevé dans cette position serait difficilement réalisable. Cette pression des mollets contre les flancs du cheval aurait en outre pour résultat de lui faire prendre immédiatement le galop, ou tout au moins une allure précipitée achevant de détruire l'équilibre du cavalier, surtout si, comme c'est généralement la règle, celui-ci cherche à prendre un point d'appui sur les rênes.

Le cavalier ne peut donc pas avec la pression des mollets se tenir en selle mais avec un équilibre convenable et une pression des genoux légère.

Mais cette pression, si légère soit-elle, constitue toujours une force tendant à expulser le cavalier de sa selle lorsqu'il est soulevé par le trot. Il doit donc chercher à mettre le corps dans une position telle que son poids annule la réaction qui tend à l'expulser.

Pour le cavalier aux étriers très courts, un seul moyen est possible, pencher considérablement le corps en avant. J'ai déjà dit combien cette position, si générale pourtant, est défectueuse et expose le cavalier à toutes sortes d'accidents. Mais s'il porte les étriers suffisamment longs, le corps peut rester vertical, et, dans ce cas, son poids tend à annuler la réaction expulsive. Elle sera d'autant

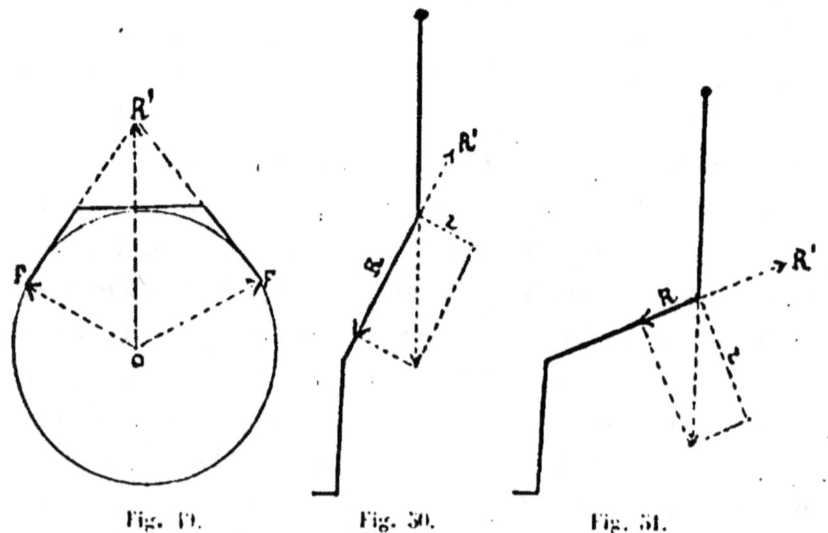

Fig. 49, 50 et 51. — Schéma démontrant l'influence de la position de la cuisse sur l'adhérence du cavalier pendant le trot enlevé.

plus annulée que les cuisses du cavalier tendront, elles aussi, s'il porte les étriers longs au lieu de les avoir courts, à se rapprocher de la verticale. Les figures 51 à 56 le montrent très bien. La figure 50 représente en projection le sens de la réaction expulsive R', déterminée par la pression des cuisses FF' du cavalier; elle est dirigée dans le plan des cuisses et suivant la bissectrice de leur angle. Cette réaction R' est représentée de profil par la même lettre dans les figures 51 et 52. Dans ces deux dernières figures, on voit comment la réaction antagoniste produite par le poids du cavalier varie de puissance suivant la position de sa cuisse. Le poids de ce dernier peut, en effet, être divisé en deux composantes, l'une R. dirigée comme la réaction expulsive dans le plan des cuisses du cavalier, et suivant la bissectrice de leur angle. mais dans une direction diamétralement contraire de la réaction expulsive, et tendant par conséquent à la détruire. Nous l'appellerons, pour cette raison, la composante utile. L'autre composante, *r*, normale au plan des cuisses du cavalier est inutile. On voit sur la figure 53, où le cavalier a la cuisse rapprochée de l'horizontale, que la composante utile R, capable d'annuler la réaction expulsive, est beaucoup plus petite qu'elle ne l'est dans la figure 51, où le cavalier a les cuisses rapprochées de la verticale.

Toutes choses égales d'ailleurs, la stabilité du cavalier est donc proportionnelle à l'excès de la composante utile sur la réaction expulsive ; et cet excès sera d'autant plus grand que la direction de la cuisse sera plus près de la verticale.

Si nous reprenons notre exemple précédent du noyau de cerise qu'on projette verticalement en l'air en le serrant entre les doigts, nous dirons que mettre le corps dans la position où son poids annule la réaction tendant à chasser de la selle le cavalier, revient à mettre sur le noyau qu'on va serrer un poids assez lourd pour l'empêcher d'être chassé en l'air. Dans ces conditions, on pourra le serrer impunément, sans crainte qu'il risque de s'échapper.

Il est facile de se rendre compte, en dehors des considérations qui précèdent, de l'influence de la direction des cuisses du cavalier sur les positions que peut prendre le corps au trot enlevé. Supposons un individu assis sur une chaise, dans la position indiquée par la figure 53. A défaut de démonstration mathématique, chacun pourra faire aisément une expérience prouvant que, dans cette position, il est impossible de se soulever en gardant le corps vertical[1]. Pour y arriver on prendra forcément la position de la figure 54 celle précisément où le cavalier raccourcit ses étriers et a par conséquent les cuisses horizontales. On pourrait il est vrai se soulever de la

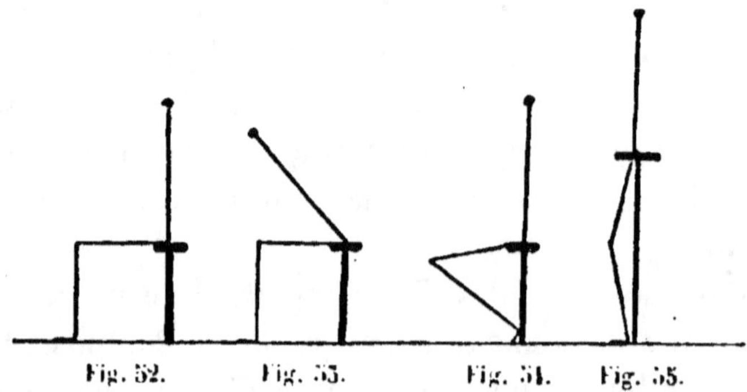

Fig. 52 à 55. — Schémas indiquant les diverses positions du corps que le cavalier peut prendre dans le trot et comment il peut ne pas se pencher en avant.

chaise, sans se pencher en avant, en donnant aux jambes la position de la figure 55; mais sur la selle une telle position des jambes serait trop fatigante pour pouvoir être gardée plus d'un instant. La seule façon de s'enlever verticalement d'une chaise, sans se pencher en avant, est de se placer sur une chaise très haute, de façon à pouvoir allonger verticalement les jambes ainsi que cela est représenté sur la figure 56. Cette figure 56 correspond précisément à la position du cavalier ayant les étriers

1. Ce qui montre en passant combien est absurde cette assertion, répétée dans tous les livres d'équitation, que le cavalier doit être assis sur sa selle comme sur une chaise.

longs, et par conséquent les cuisses se rapprochant de la verticale[1].

La difficulté de garder les cuisses rapprochées de la verticale, et d'avoir par conséquent les étriers longs, est considérable pour les débutants, parce que les muscles adducteurs déterminant la pression des genoux, étant en même temps fléchisseurs de la cuisse, le cavalier qui veut serrer la selle avec ses genoux fait remonter ses cuisses et perd ses étriers aussitôt que les réactions du trot le soulèvent, ce qui l'oblige à les raccourcir et le chasse immédiatement du fond de sa selle. La recommandation des professeurs de tâcher de rester dans le fond de sa selle est assurément sage, mais indiquer à l'élève le moyen d'y arriver serait beaucoup plus sage encore. Nous tâchons de le faire plus loin. Auparavant nous devons préciser dans quelles limites la cuisse peut se rapprocher de la verticale.

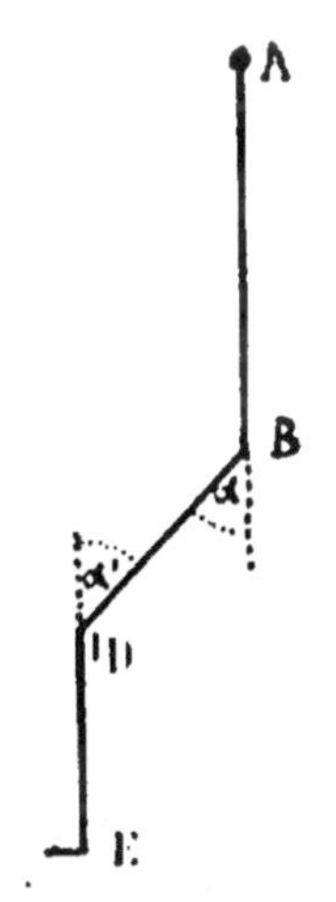

Fig. 56. — Schéma de l'angle α.

Soit AB (fig. 57) l'axe du corps, BD la position de la cuisse du cavalier à cheval vue en projection, DE la jambe. Appelons α l'angle que fait le prolongement de l'axe du corps avec l'axe de la cuisse. Il est évidemment égal à α' très facile à mesurer. Nous avons effectué cette mesure chez un grand nombre de cavaliers. Pour les anciens écuyers cités plus loin, cette mesure a été effectuée sur des lithographies qui les représentent à cheval.

1. Pour rendre la comparaison précédente tout à fait exacte, il aurait fallu tenir compte du mouvement du cavalier en avant pendant le trot, mais cela nous eût entraîné trop loin.

Au moyen âge et jusqu'au dernier siècle, l'angle α était très petit, le cavalier se tenant presque debout sur ses étriers. Cette position, qu'on garderait fort difficilement sur nos selles actuelles, et avec laquelle on ne pourrait guère trotter aux allures enlevées, était facile avec les anciennes selles qui encastraient solidement le cavalier en avant et en arrière, et à une époque où l'on ne connaissait guère d'autres allures pratiques que le pas et le galop.

Chez les cavaliers modernes, l'angle α est très variable : mais on peut dire d'une façon générale que la solidité des cavaliers se mesure à la réduction de cet angle[1] ; il dépasse 50° chez le cavalier peu expérimenté et atteint à peine 30° chez les bons écuyers. Le tableau suivant le montre clairement.

Valeur de l'angle α chez divers cavaliers.

Charles Pellier (1825), mesure prise sur une lithographie.	20°
Baucher (1840), mesure prise sur une lithographie.	20°
Comte d'Aure (1850), mesure prise sur une lithographie.	25°
Capitaine inspecteur X... (1892).	26°
Colonel hindou (1885).	28°

1. Ce n'est évidemment que d'une façon générale que l'on peut dire que l'angle α donne la mesure exacte de la descente de la cuisse. Il est certain qu'un petit cavalier, montant un cheval très gros, aura forcément un angle α très grand, c'est-à-dire la cuisse rapprochée de l'horizontale, alors qu'un cavalier qui se mettrait à cheval sur un bâton aurait la cuisse verticale, c'est-à-dire un angle $\alpha = 0$. L'angle α ne dépend donc pas uniquement de la longueur de l'étrier, mais encore de la grosseur du cheval et de la longueur des jambes du cavalier. Tout ce que nous disons ne peut s'appliquer qu'aux chevaux de taille moyenne, montés par des cavaliers de taille ordinaire, c'est-à-dire à la majorité des cavaliers.

Colonel B... (1889). 28

Écuyer anglais (1889), mesure prise sur une photographie instantanée. 31

Cavalier allemand d'une habileté supérieure, d'après une photographie d'Anschutz. . . . . 24°

Cavaliers allemands ordinaires (moyenne de plusieurs photographies).. . . . . 28° à 30°

Sous-officiers de dragons français cavaliers médiocres mais solides (moyenne). . . . . . 30°

Cavaliers civils ordinaires des manèges parisiens. . . . . 50° à 60°

Il ne faudrait pas croire qu'il suffit d'ôter à un cavalier ses étriers pour que l'angle α soit réduit à son minimum. Cela serait exact si le cavalier était à cheval sur une barre de bois de peu d'épaisseur; mais il l'est sur un cylindre volumineux, et le relâchement complet des muscles, nécessaire pour obtenir la descente de la cuisse, ne s'obtient que par un trot prolongé sans étriers. En mesurant la distance au sol des jambes de plusieurs cavaliers novices au moment où ils montent en selle, et après une demi-heure de trot sans étriers, j'ai vu l'allongement des jambes (déduction faite, bien entendu, de l'affaissement de l'échine du cheval) dépasser généralement 5 centimètres. La règle écrite partout de mettre la semelle des étriers à la hauteur de la couture du talon, lorsque les jambes sont pendantes, ne signifie donc absolument rien, puisque la longueur de la jambe est un facteur variable, suivant le degré d'assouplissement, chez un même cavalier.

En dehors des conséquences étudiées plus haut, les variations de l'angle α en ont d'autres, que nous devons signaler.

La première est que plus α sera grand, plus les jambes remonteront, et plus le cylindre équestre sera serré au-dessus de son axe, moins par conséquent le cavalier adhérera à la selle. L'accroissement de la hauteur du genou au-dessus du sol, et par conséquent le raccourcissement nécessaire de l'étrier, est mesuré par le cosinus de l'angle α. La distance du genou, ou, ce qui revient au même, de la semelle de la botte au sol étant représentée par 100, voici les raccourcissements de l'étrier qu'entraînent des accroissements successifs de l'angle α.

Accroissement de la distance du genou du cavalier au sol, et, par conséquent, raccourcissements successifs de l'étrier correspondant à diverses valeurs de l'angle α :

Angle α =	0°,	hauteur de la jambe au-dessus du sol, =	100
—	20°,	raccourcissement de l'étrier. . . .	6 p. 100
—	30°,	—	14 —
—	40°,	—	23 —
—	50°,	—	36

L'angle α pouvant descendre à 20° chez un excellent cavalier, et dépasser 50° chez un cavalier médiocre, on voit, en supposant à ces deux cavaliers mêmes dimensions et même cheval, que la différence maximum de α correspond, chez le second, à un raccourcissement vertical d'un tiers de la distance du genou au sol. Le cylindre équestre est serré par conséquent beaucoup trop haut chez celui-ci pour qu'il ait grande solidité. On pourrait mettre aisément sous forme d'équation le degré du coefficient de solidité en fonction de l'angle α ; mais cette précision serait sans intérêt, en raison de la variabilité des autres facteurs qui peuvent intervenir.

Chez les cavaliers ayant les cuisses courtes, l'angle α grandit, par suite de la nécessité d'embrasser une portion du cylindre équestre correspondant à l'écartement des cuisses. Ces cavaliers sont dans de bien plus mauvaises conditions pour monter à cheval que les individus suffisamment grands ; ils ne peuvent être solides que par de la souplesse et un équilibre fort long à acquérir.

Comme autre conséquence des variations de l'angle α, je ferai remarquer que le cavalier ayant la cuisse allongée s'enlèvera bien moins sur sa selle pendant le trot à l'anglaise que le cavalier ayant les étriers courts, et accroîtra ainsi beaucoup sa solidité, car cette dernière est évidemment réduite au minimum pendant la période de suspension. S'enlevant à peine, en partie avec l'aide de la cuisse et du genou et très peu sur les étriers, il peut perdre ces derniers sans inconvénient, ce qui est loin d'être le cas pour le cavalier ayant les étriers courts et prenant sur eux exclusivement son point d'appui. Nous avons mesuré les différences de pression exercée dans les deux cas sur l'étrier, et les chiffres que nous donnons à la fin de ce paragraphe les montrent énormes.

Pour terminer ce qui concerne l'influence de l'angle α, je ferai remarquer que si le cavalier expérimenté n'a pas besoin de serrer les genoux avec force contre la selle en temps ordinaire, mais simplement de les maintenir adhérents, il y a des circonstances accidentelles, pendant les défenses déplaçantes du cheval, tête-à-queue ou écart, par exemple, où il faut pouvoir exercer momentanément une pression énergique des genoux et des jambes, de façon à embrasser sur la plus grande surface possible le cylindre de l'animal. Les chiffres donnés plus loin montrent la pression possible des genoux d'autant plus grande pour le même cavalier que l'angle α est plus petit, c'est-à-dire que les étriers sont plus longs.

Ce qui précède est déduit de raisonnements théoriques,

mais ces raisonnements s'appuient également, pour la plupart, sur des expériences que nous allons exposer maintenant. Elles ont été effectuées au moyen du dynamomètre spécial dont j'ai parlé dans un autre chapitre, et sur des chevaux et des individus différents; mais les

Fig. 57. — Position du cavalier hindou à cheval.

Je donne cette photographie pour montrer que la position de la cuisse indiquée dans ce chapitre est celle à laquelle sont arrivés spontanément les écuyers adonnés à une longue pratique de l'équitation dans les contrées les plus différentes. Le cavalier ici représenté est le colonel des gardes du Nizam d'Hyderabad. Il commandait l'escorte qui m'avait été donnée pour m'accompagner à la forteresse de Golconde.

expériences comparatives ont toujours été faites sur le même cheval, sur le même individu et avec le même instrument. Tous les chiffres donnés conservent donc leur valeur relative. Chacun d'eux est, bien entendu, la moyenne de plusieurs expériences.

A. — Influence des variations de l'angle α sur la puissance d'adhérence du genou a la selle

Pression maxima que peuvent exercer les genoux sur la selle avec l'étrier long (angle α = 30°).

Moyenne du côté droit . . . . 60 kilog.

(Le côté gauche est généralement d'un dixième plus faible.)

Pression des genoux chez le même cavalier, l'étrier étant assez raccourci pour donner à l'angle α une valeur d'environ 70°.

Moyenne du côté droit . . . . 44 kilog.

Le raccourcissement de l'étrier a donc réduit de près d'un tiers la puissance de pression des genoux du cavalier.

B. — Répartition du poids du cavalier sur la selle et les étriers.

Poids total du cavalier . . . . 80 kilog.
Poids sur le fond de la selle. . . . . 56 —
Poids de la jambe sur chaque étrier. 12 kilog. pour chaque jambe, soit pour les deux. . . . 24 —

C. — Influence des variations de l'angle α sur la pression exercée sur l'étrier pendant le trot a l'anglaise.

1° Cavalier avec les étriers très longs (angle α = 30°), et ayant, comme les bons cavaliers, l'habitude de prendre son point d'appui principalement sur les cuisses et les genoux :

Pression sur chaque étrier au moment où tout le corps s'enlève (déduction faite des 12 kilog représentant le poids de la jambe). . . . . . 23 kilog.

2° Cavalier avec les étriers très courts, et prenant intentionnellement son point d'appui sur les étriers, comme le font les cavaliers peu expérimentés.

Pression sur chaque étrier (déduction faite du poids de la jambe du cavalier). . . . . 69 kilog.

Cette pression, triple de la précédente, produite par le cavalier en se soulevant, est énorme, puisque, pour les deux étriers, elle est presque double du poids du corps. (Le cavalier expérimenté pesait 70 kilog.)

En voyant l'énorme pression sur l'étrier qu'exerce au trot enlevé le cavalier inexpérimenté, on comprend qu'il soit projeté à terre lorsque cet appui vient accidentellement à lui manquer au moment où il s'enlève.

CHAPITRE II

RECHERCHES SUR LES CONDITIONS D'ÉQUILIBRE DU CAVALIER AUX DIVERSES ALLURES

(Suite.)

§ 1er. *Influence de la position du pied dans l'étrier sur l'équilibre du cavalier.* — La prescription du pied en dedans est tout à fait erronée. — Erreurs anatomiques d'où dérive cette prescription. — Position que doit occuper le pied déduit de sa conformation anatomique. — Cette position modifie entièrement l'équilibre du cavalier. — Expériences sur les limites angulaires de la rotation du pied. — § 2. *Influence de la position de la jambe et du talon.* — Nécessité de porter la jambe en arrière. — Utilité de la descente du talon. — § 3. *Conditions d'équilibre du cavalier au galop.* — Nécessité de nouvelles expériences sur ce point. Le cavalier peut-il ne pas quitter le fond de sa selle au galop ? — § 4. *Conditions d'équilibre du cavalier dans les mouvements imprévus du cheval.* — Mouvements auxquels le cavalier peut avoir recours pour éviter les déplacements. — Comment il est possible de rendre ces mouvements instinctifs.

§ 1. — Influence sur l'équilibre du cavalier de la position du pied dans l'étrier.

Nous venons d'envisager quelle est la position la plus avantageuse de la cuisse, pour donner au cavalier un maximum de solidité, et nous sommes arrivé à cette conclusion, — enseignée d'ailleurs depuis longtemps dans plusieurs écoles de cavalerie, — que la cuisse doit s'approcher le plus possible de la verticale, c'est-à-dire que l'étrier doit être le plus bas possible ; mais nous n'avons pas parlé encore de ce que les professeurs de ces écoles ne disent pas : comment arrive-t-on à cette position, si difficile pour le cavalier à ses débuts?

Sur ce point, les traités d'équitation restent muets, ou ne contiennent que de lourdes erreurs. Pratiquement on obtient cette position, dans les écoles de cavalerie militaires, en faisant trotter le cavalier plusieurs mois sans étriers, ce qui l'oblige à chercher d'autres points d'appui et à créer inconsciemment les associations musculaires lui permettant de rétablir l'équilibre perdu à chaque instant : mais c'est un moyen très dur, qu'on peut imposer à des militaires, et qui ne serait pas accepté dans les manèges civils. Aussi est-il bien exceptionnel de voir un civil porter les étriers aussi longs qu'un cavalier militaire, et posséder la même solidité.

Dans nos manèges civils, tous les professeurs restent convaincus, comme je l'ai dit plus haut, que la solidité à cheval tient à la pression des genoux sur la selle, et ils s'imaginent que la rotation du pied en dedans est un des principaux facteurs de cette pression. J'en ai même connu un, des plus intelligents pourtant, qui avait fait fabriquer un cheval de bois sur lequel des poids, disposés d'une façon particulière, forçaient le pied du cavalier à se tourner en dedans.

Il est difficile de comprendre l'origine d'une pareille prescription. *L'examen anatomique le plus superficiel de l'articulation tibio-tarsienne, montre que la rotation du pied en dedans n'a, en aucune façon, pour résultat d'entrainer le mouvement du genou, et en conséquence ne peut nullement déterminer l'adhérence du genou à la selle.*

Pour que la rotation du pied provoquât l'application du genou contre la selle, il faudrait que les os du pied fussent soudés à ceux de la jambe, de façon que les mouvements de l'un entraînassent forcément ceux de l'autre, et finalement la rotation de la cuisse. L'idée qu'il en était ainsi a probablement germé dans la cervelle des professeurs d'équitation et est devenue l'origine de leur erreur. Elle est tout à fait contraire à ce que l'anatomie enseigne; et les malheureux élèves consacrant dans les manèges civils des efforts considérables à tourner leurs pieds en dedans perdent absolument leur temps[1].

La rotation du pied en dehors n'est, d'ailleurs, ni meilleure ni pire que sa rotation en dedans, les mouvements du genou étant aussi indépendants de l'une de ces positions que de l'autre. Entre ces deux positions mauvaises, celle du pied en dehors est la moins défectueuse, puisqu'elle permettrait à la rigueur au cavalier de faciliter son adhérence à la selle sur un cheval peu sensible, au moyen de la pression du gras du mollet.

Il n'y a évidemment d'intérêt à donner une position déterminée au pied que si cette position entraîne forcément le mouvement de la jambe dans le sens nécessaire pour

1. La prescription du pied en dedans commence d'ailleurs à être un peu abandonnée dans les manèges militaires et n'est plus guère enseignée que dans les manèges civils et dans les ouvrages d'équitation écrits par des civils. Sur la couverture de l'un deux, je lis, à propos d'étriers d'une forme spéciale, de nombreux extraits de déclarations, signées de nos écuyers civils les plus célèbres, qui montrent bien les idées régnant encore sur ce point ; voici quelques-uns de ces extraits : « Par leur construction, ils amènent le pied en dedans et lui font prendre tout naturellement la position qui est le point de départ de toute bonne équitation. » — « J'ai constaté, entre autres, parmi les résultats de votre nouvelle invention, que pour les jeunes cavaliers qui, toujours, à cheval, tournent la pointe du pied en dehors, et, par conséquent, ouvrent en même temps les genoux, ils peuvent être très utiles, car ils ramènent le pied en dedans, ce qui applique forcément (!!) toute la jambe sur la selle. »

déterminer l'adhérence du genou. Or une telle position existe, et il n'en existe qu'une seule.

Si l'on examine en effet l'articulation du pied, on la voit très mobile dans toutes les directions, sauf dans la direction latérale lorsque, ayant posé le pied à plat sur le sol, on essaie de le faire tourner autour de son axe antéro-postérieur de façon à soulever le bord externe de la semelle, le bord interne restant fixé sur le sol. On s'aperçoit alors que, dans cette position, le pied n'est pas déplacé en réalité, mais la jambe, et par conséquent la cuisse, le tibia ne pouvant se déplacer latéralement, surtout quand la jambe est dans l'extension, sans entraîner la cuisse, en raison de son mode d'articulation avec le fémur.

Au point de vue pratique, le mouvement du pied que je viens d'indiquer revient simplement à ceci : le pied étant posé à plat sur l'étrier, essayer d'en soulever le bord externe de façon que la semelle de la botte touche l'étrier seulement par son côté interne, c'est-à-dire du côté du gros orteil.

De ce simple mouvement résulte immédiatement, et sans que le cavalier ait à s'en préoccuper : 1° l'adhérence du genou et de la cuisse à la selle; 2° une réduction énorme de la pression exercée sur l'étrier et le changement des points d'appui du cavalier, qui, au lieu de s'enlever exclusivement sur l'étrier, s'enlève surtout sur les genoux, et sans effort; 3° la possibilité de garder sans difficulté des étriers très longs, la cuisse n'ayant plus de tendance à remonter ; 4° la possibilité de garder le corps tout à fait vertical au trot enlevé.

Il faut moins d'une heure pour apprendre cette position, dont les conséquences sur l'équilibre du cavalier sont si considérables. Je connais des cavaliers ayant trotté des années à l'anglaise en se penchant en avant, et en pesant tellement sur leurs étriers qu'ils ne pouvaient jamais changer la position du pied au cours du trot, et qui, au bout d'une heure d'exercice, les chaussaient plus ou moins à volonté pendant toute la durée du trot, en restant le corps vertical et les étriers allongés.

Dans la position que je viens d'indiquer, la pointe des pieds n'est pas tournée en dedans, mais légèrement en dehors, sans que le cavalier ait d'ailleurs à s'en préoccuper.

L'appui de la partie interne du pied a été indiqué dans plusieurs livres d'équitation, mais toujours en une ou deux lignes, sans que les écuyers ayant trouvé instinctivement cette position aient paru soupçonner l'importance de ses effets, et compris qu'elle modifiait de fond en comble l'équilibre du cavalier. On peut cependant dire de cette position qu'elle est la base de l'équitation au trot enlevé, au point que je ne pense pas beaucoup m'avancer en formulant la proposition suivante : *La position et l'équilibre du cavalier au trot enlevé dépendent surtout de la position du pied dans l'étrier.*

Comme corollaire de ce qui précède, on peut ajouter que la plus mauvaise des positions est celle du pied fortement porté en dedans, encore enseignée à Paris dans tous les manèges civils.

Le seul inconvénient apparent de la position que j'ai indiquée est d'éloigner un peu des flancs du cheval les mollets du cavalier; mais, pour le débutant, cela représente un avantage réel, car il n'a que trop de tendance à chercher des points d'appui en serrant les mollets, chose fort dangereuse pour sa sûreté avec un cheval peu habitué à supporter la pression des jambes. L'indication de n'appuyer sur l'étrier que par le bord interne de la semelle est uniquement destinée d'ailleurs aux cavaliers ordinaires.

Les écuyers ayant dressé leurs chevaux à supporter l'action des jambes, et sachant se servir de leurs aides, feront remarquer avec raison que, pouvant au besoin serrer très bas le cylindre équestre sans perdre l'adhérence du genou, ils possèdent une solidité supérieure à celle obtenue par les moyens que je viens de décrire; mais. dans l'état actuel de l'équitation, de tels cavaliers sont à l'état d'infime exception. Le cavalier arrivé au point de son éducation équestre où il possède l'art difficile de se servir convenablement de ses jambes, n'a pas besoin de conseils. Il ne s'appuie plus alors par le bord interne du pied, mais bien par son bord externe. Pour en arriver là, il faut posséder des chevaux qu'on ait dressés soi-même, et être d'une habileté qui ne s'acquiert que fort lentement. Arrivé à cette phase équestre, on perd quelquefois son temps à écrire des livres d'équitation; mais on a trop conscience de l'inutilité de ce genre de publications pour consentir à en lire. Sans intérêt pour de tels écuyers, les indications données dans ce paragraphe seront au contraire d'une utilité capitale pour l'immense majorité des cavaliers.

Voici maintenant les expériences sur lesquelles repose la théorie qui précède.

1° *Limites angulaires de la rotation du pied autour de la jambe*[1] *en dehors ou en dedans, en permettant à l'articulation de la cuisse de*

1. Ce sont les mouvements auxquels les anatomistes donnent les noms d'adduction et d'abduction. Ils se passent bien plus dans l'articulation calcanéo-astragalienne que dans l'articulation tibio-tarsienne, ce qui, d'ailleurs, est sans intérêt pour nous. Ne m'adressant pas à des anatomistes, j'ai employé les expressions les plus généralement comprises.

prendre part au mouvement : Ces limites atteignent 180°, soit 90° à droite et 90° à gauche.

2° *Limites de la rotation du pied autour de la jambe en empêchant la cuisse de participer au mouvement* :

Rotation en dedans . . . . 60°
Rotation en dehors . . . . 50°

3° *Limites de la rotation du pied en dedans autour de son axe antéro-postérieur*, c'est-à-dire angle formé par la semelle soulevée de son côté interne, et le plan horizontal sur lequel le côté extérieur de la semelle repose (l'articulation de la cuisse ne fonctionnant pas) : environ 30°.

4° *Limites de la rotation du pied en dehors autour de son axe antéro-postérieur*, c'est-à-dire angle formé par la semelle soulevée du côté externe et le plan horizontal sur lequel le côté interne de la semelle repose (l'articulation de la cuisse ne fonctionnant pas) : 10 à 15°.

5° *Limites de la rotation du pied en dehors autour de son axe*, dans la position précédente, mais en permettant à la cuisse et à la jambe de se déplacer, c'est-à-dire de se porter en dedans : environ 45°.

On voit par l'expérience 2 que le pied peut tourner considérablement en dedans ou en dehors, sans que la cuisse prenne part au mouvement, et par conséquent sans que le genou vienne presser la selle. On voit, au contraire, par les expériences 4 et 5, réalisant les conditions du cavalier ne s'appuyant sur l'étrier que par le bord interne de la semelle, que le mouvement du pied ne peut s'accentuer dans cette position (expérience 5), sans que la jambe et la cuisse y participent, et par conséquent sans que le genou vienne s'appuyer contre la selle. L'adhérence du genou à la selle dépend donc bien, comme je l'ai énoncé, de la position du pied.

La démonstration précédente est suffisamment concluante; mais j'indiquerai, pour les personnes n'aimant pas les chiffres, un moyen bien simple de vérifier expérimentalement la proposition que j'ai énoncée. Il suffit, étant assis, d'appliquer la jambe contre le montant vertical d'une porte ouverte; on verra que le pied pourra être tourné indéfiniment en dedans sans que le genou presse la porte, tandis que dans la position prescrite, c'est-à-dire en soulevant le bord externe de la semelle, il s'y appliquera aussitôt avec force.

§ 2. — Influence de la position de la jambe et du talon.

La position du pied et de la cuisse étant déterminée par les considérations précédentes, les déplacements possibles de la jambe ne peuvent se faire qu'en avant ou en arrière. Ces déplacements ont une certaine influence sur l'équilibre du cavalier, mais ne sont pas mesurables au dynamomètre. On peut cependant les apprécier expérimentalement en trottant avec la jambe placée alternativement en avant et en arrière de la verticale, le pivot formé par le genou n'ayant, bien entendu, subi aucun déplacement sensible dans ces diverses positions. On constate alors que la jambe, et par conséquent le pied, portés en avant, rendent les réactions plus dures, le poids du corps sur l'étrier plus lourd; que la jambe portée un peu en arrière rend les réactions plus douces, oblige le cavalier à mieux entrer dans la selle, augmente la fixité du genou et rend la pression sur les étriers plus faible.

Quant à la descente du talon, elle a une importance considérable. Elle accroît d'abord beaucoup la descente de la cuisse et ensuite donne une grande élasticité aux mouvements du cavalier pendant le trot enlevé. Ce double résultat est trop facile à constater expérimentalement pour qu'il soit nécessaire d'y insister.

§ 3. — Équilibre du cavalier au galop.

Le galop est une allure fort compliquée, celle où se montre le mieux l'influence du dressage et l'habileté du cavalier. Mais au point de vue de l'équilibre, il constitue avec la plupart des chevaux une allure très facile, — beaucoup plus facile que le trot assis, par exemple. — Le cavalier inexpérimenté pourra bien sans doute sauter fortement sur sa selle; mais, n'éprouvant pas de déplacements latéraux alternatifs, il gardera aisément son équilibre et d'autant mieux d'ailleurs que le galop sera plus rapide.

J'insisterai peu sur l'équilibre du cavalier à cette allure, mes expériences ne m'ayant pas conduit, comme pour le trot, à formuler des règles particulières pour l'acquérir.

Dans le galop de course, il y a avantage, pour le cheval et pour le cavalier, à se pencher fortement en avant. Mais dans le galop ordinaire, le cavalier doit faire varier sa position à chaque temps. Ces mouvements ne sont possibles que devenus inconscients, et le cavalier n'arrive qu'avec beaucoup de souplesse et d'habitude à ne presque plus sauter au-dessus de sa selle.

Pendant chaque foulée, le cavalier expérimenté exécute en arrière et en avant de la verticale un très léger mouvement oscillatoire, destiné à réagir contre les mouvements successifs de bascule de l'avant-main et de l'arrière-main du cheval. Il est projeté tour à tour en sens contraire, comme l'individu placé sur une de ces poutres que les enfants font osciller sur un tronc d'arbre leur servant de pivot. Penché en avant au premier temps, le cavalier est revenu en arrière à la suite du troisième temps.

Les mouvements de balancement exécutés par le cavalier au galop ne se font pas, comme dans le trot enlevé, autour d'un axe horizontal passant par les genoux, mais principalement autour d'un axe horizontal passant par les deux articulations coxo-fémorales. La colonne vertébrale doit se mouvoir sur le bassin pour déplacer le centre de gravité du cavalier et combattre ses mouvements de projection alternatifs en avant et en arrière[1].

Peut-on arriver à ne pas du tout quitter le fond de sa selle au galop? Tous les écuyers sans exception répondront : oui. Cependant je les crois victimes d'une illusion, et je base mon opinion sur ce fait que, sur toutes les photographies en série que j'ai pu consulter, le cavalier, sans une seule exception, — alors même qu'il s'agit des plus

1. Déterminer avec précision les conditions d'équilibre du cavalier au galop ne sera possible que quand le mécanisme de cette allure sera mieux étudié. Les différences qu'on observe dans la dureté des réactions tiennent à des variations de rapport dans le soulèvement de l'avant-main et de l'arrière-main, à l'engagement plus ou moins grand des postérieurs, etc. Mais il faudrait préciser ces conditions, et cela n'a jamais été fait encore. Je crois qu'il faudra étudier surtout l'influence des mouvements oscillatoires des membres du cheval. Si l'on considère la partie inférieure des postérieurs (le canon), laquelle est verticale au repos, on constate que, pendant le galop, leurs mouvements oscillatoires sont très variables en étendue, suivant la rapidité et la forme du galop et, de plus, que l'amplitude de leurs mouvements angulaires n'est pas la même de chaque côté de la verticale. J'ai constaté qu'au galop de course, l'angle que fait la partie inférieure de la jambe avec la verticale arrive à dépasser 80 degrés en avant, et c'est pourquoi dans les photographies instantanées l'animal a l'air d'avoir les membres repliés sous lui. En arrière de la verticale, cet angle n'est que de 50 degrés. Au petit galop, l'amplitude des oscillations est beaucoup moindre, mais on observe des inégalités analogues, et qui ne sont pas les mêmes pour chaque postérieur. Ces déplacements angulaires sont modifiés par le dressage et l'action du cavalier. Il serait d'un grand intérêt pratique de déterminer les limites dans lesquelles il faut produire ces variations et celles qu'il faut fixer par le dressage.

célèbres écuyers, — quitte toujours un peu le fond de sa selle à une certaine période du galop.

§ 4. — Conditions d'équilibre du cavalier dans les mouvements imprévus du cheval.

Nous venons de voir que pour chaque allure du cheval il existe des conditions spéciales d'équilibre; mais pour tous ses mouvements imprévus et divers quelles sont ces conditions? Bien que les ouvrages d'équitation soient tout à fait muets sur cette question, je crois qu'il est possible d'y répondre et de tirer de cette réponse des renseignements pratiques précieux.

D'une façon générale, nous pouvons dire qu'un cavalier a deux moyens fort différents de garder son équilibre dans les mouvements brusques d'un cheval : 1° réparer l'équilibre détruit, par certains mouvements du corps qui remettent dans sa position le centre de gravité déplacé; 2° prendre en temps utile certains points d'appui (fixation des jambes, appui de la main sur la crinière, etc.), qui empêchent ce centre de gravité d'être déplacé.

Le premier de ces moyens est le seul qu'emploient les cavaliers ayant monté fort jeunes des chevaux difficiles ou ayant fait beaucoup de voltige. Ils se rapprochent alors de ces écuyers de cirque qu'on voit se tenir à cheval dans toutes les positions : debout, assis, couchés, etc. Ce sont des équilibristes comparables au sauteur de corde et capables comme lui de rétablir leur équilibre en produisant le minimum de mouvements nécessaires. S'ils dépassaient ce minimum de mouvements, leur équilibre serait promptement perdu, et tout leur art consiste à ne pas le dépasser. De tels moyens ne sont, bien entendu, qu'à la portée d'un très petit nombre de cavaliers, aussi je me borne à les mentionner.

Reste donc le second des procédés énumérés plus haut : empêcher la perte d'équilibre en prenant certains points d'appui qui maintiennent le centre de gravité du corps du cavalier dans une position l'empêchant d'être déplacé. Suivant la façon dont sera employé ce moyen, il pourra être détestable ou excellent.

Il sera généralement détestable et ne fera que précipiter la chute du cavalier. Le point d'appui que prend instinctivement, en effet, le cavalier ordinaire déplacé par un tête-à-queue ou un brusque écart, est la bouche du cheval, par l'intermédiaire des rênes. Ce choc violent sur les barres d'un animal excité ne faisant que l'affoler davantage, il entre aussitôt dans des défenses d'autant plus vigoureuses que les jambes du cavalier déplacé viennent généralement ballotter contre ses flancs.

Pour qu'un cavalier résiste aux mouvements imprévus d'un cheval en prenant certains points d'appui, il faut : 1° que les genoux et les jambes se fixent avec force sur le cheval en même temps que se produit le déplacement de l'animal; 2° que ses mains n'agissent jamais sur les rênes et se bornent, en cas de déplacement excessivement violent, à saisir la crinière.

Le cavalier pouvant réaliser *instantanément* ces deux conditions est à peu près inébranlable. Il est évident que s'il ne les réalise qu'après avoir été déplacé, ses chances de garder son équilibre seront parfaitement nulles.

Il est également clair que pour que le cavalier exécute ces mouvements en temps utile, ils doivent être instinctifs, et nullement raisonnés. Un cheval au pas voit sortir d'un taillis un animal qui l'effraie et lui fait faire un violent écart. Si les réflexes du cavalier sont formés, ses jambes serreront instinctivement la selle et les flancs du cheval, ses mains ne bougeront pas, et il ne sera même pas déplacé. Si les mouvements sont voulus au lieu d'être instinctifs, ils se produiront beaucoup trop tard, et le cavalier est à peu près sûr d'être jeté à terre. Les neuf dixièmes des accidents à cheval sont produits par les mouvements imprévus de l'animal.

La supériorité des cavaliers ayant monté des chevaux difficiles pendant longtemps, tient à ce que leurs réflexes sont formés. Une fois déplacés, ils tomberaient exactement comme un cavalier ordinaire, mais ils prennent à temps les points d'appui nécessaires pour n'être pas déplacés.

Comment créer ces réflexes indépendants de la volonté? On y parvient en montant longtemps des chevaux difficiles, mais ce moyen est irréalisable dans la pratique. Il devient heureusement possible d'arriver au même résultat par un travail spécial au manège, dont je parlerai dans le chapitre de l'enseignement de l'équitation, et auquel j'attribue beaucoup d'importance. Il permet de créer en quelques semaines des mouvements instinctifs demandant aux cavaliers des années à obtenir. Rien ne saurait remplacer ces exercices. Vingt ans d'équitation sur des chevaux bien sages ne les suppléeraient pas, et cela, par la bonne raison que les mouvements imprévus du cheval placent le cavalier dans des conditions d'équilibre toutes nouvelles pour lui, et auxquelles rien ne l'a préparé.

Les cavaliers habitués au travail de haute école ont une solidité beaucoup plus grande que les cavaliers ordinaires, simplement parce que leurs jambes sont toujours très près des flancs de leur cheval et qu'ils ont l'habitude de ne jamais prendre de point d'appui sur la bouche de l'animal.

CHAPITRE III

BASES THÉORIQUES DE L'ENSEIGNEMENT DE L'ÉQUITATION

§ 1er. *L'enseignement actuel de l'équitation.* — Insuffisance extrême de cet enseignement. — Cause de l'abandon général des manèges, malgré l'augmentation croissante des cavaliers. — § 2. *Degré d'utilité d'un enseignement théorique.* — Comment certains cavaliers peuvent arriver à se passer de cet enseignement. — Le rôle de l'enseignement est de remplacer une longue expérience. — Dangers auxquels sont exposés les cavaliers dépourvus de notions théoriques. — § 3. *Principes fondamentaux de l'équitation.* — L'association des aides. — Le cheval peut seul apprendre à l'élève cette association. — Variations d'équilibre produites sur l'allure du cheval par l'association des aides — Le cheval bien dressé est seul en état de faire comprendre à l'élève ces variations d'équilibre et leurs conséquences. — Pratique de la mise en main. — Ses écueils. — Théorie et exemples. — Comment la maladresse du cavalier peut faire perdre rapidement au cheval son dressage. — Rôle général des mains du cavalier. — Pourquoi l'action des aides ne doit jamais être continue. — L'intervention du cavalier doit être toujours réduite à son minimum.

§ 1. — L'enseignement actuel de l'équitation.

Nous avons essayé, dans les chapitres qui précèdent, de baser sur des méthodes scientifiques précises certains principes fondamentaux de l'équitation. Nous avons recherché les conditions d'équilibre du cavalier aux diverses allures et les moyens de réaliser cet équilibre ; nous avons tâché de déterminer quelle doit être la position des membres du cavalier, comment doivent être maniées les rênes, et comment varie la puissance du cavalier dans des conditions déterminées. Nous avons montré, par nos expériences dynamométriques, à quel point le cheval mal dressé est une machine lourde à manier et comment un dressage convenable, en voie de disparaître en France aujourd'hui, réduirait dans des limites énormes les efforts à dépenser par le cheval et le cavalier. Comme application finale des principes fondamentaux que nous avons cherché à établir, il nous reste à parler des méthodes nécessaires pour apprendre rapidement à se tenir avec solidité à cheval et à manier convenablement sa monture.

L'équitation, je le répète encore, n'est plus un enseignement de luxe, à une époque où tant d'officiers, sortis du rang, sont appelés à monter à cheval, et où, dans une guerre, une partie de l'armée sera montée sur des chevaux de réquisition n'ayant souvent subi aucun dressage, et exigeant par conséquent de bons cavaliers.

Les élèves ne manquent donc pas aujourd'hui, mais uniquement les professeurs. Ceux des manèges se recrutent actuellement pour la plupart parmi d'anciens sous-officiers, ne possédant que la solidité acquise par une longue pratique. Ils sont, d'ailleurs, sauf de bien rares exceptions, incapables d'enseigner quoi que ce soit, pas même la solidité qu'ils possèdent; car c'est précisément la partie de l'équitation pouvant le moins s'enseigner. Aussi apprend-on peu de chose dans les manèges civils. Toute l'instruction s'y borne à faire tourner en cercle[1],

1. Il y a plus d'un siècle l'auteur d'un de nos meilleurs livres d'équitation, Dupaty de Clam, montrait déjà dans son livre *La Science et l'Art de l'Équitation*, l'absurdité de ces leçons en cercle au manège. « Le travail sur des cercles, disait-il, est très difficile pour l'homme et le cheval; l'accord entre les deux individus

au pas, au trot et au galop, avec quelques voltes ou changements de main que le cheval exécute d'ailleurs tout seul au commandement du professeur. L'élève perd ainsi son argent et son temps. Il s'en aperçoit, du reste, assez vite, et on en est arrivé aujourd'hui en France à considérer les manèges simplement comme des endroits où on loue des chevaux pour des promenades au dehors. Dans ces promenades, l'élève a au moins la chance d'acquérir un peu d'expérience, et la certitude de ne pas entendre débiter des inepties équestres dont la profondeur déconcerte. Il acquiert aussi une sécurité fort trompeuse, car dix ans d'équitation sur des chevaux de manèges ne permettent même pas de soupçonner comment on manie un cheval par la combinaison des aides; et le jour où le cavalier se trouve par hasard sur un cheval difficile, ou simplement en présence d'une difficulté sur un cheval ordinaire, il est exposé à beaucoup plus d'accidents qu'un cavalier ayant reçu une douzaine de leçons judicieuses sur un cheval bien dressé.

L'élève cavalier n'a donc rien à apprendre dans les manèges civils actuels. Il est facile d'indiquer comment l'enseignement devrait y être organisé pour donner utilement les principes essentiels de l'équitation.

Le lecteur ne sera pas trop étonné, je pense, de constater que les règles pratiques auxquelles les méthodes scientifiques nous ont conduit sont pour la plupart con-

n'existe qu'avec peine; c'est cependant par là qu'on commence. »
L'auteur aurait pu ajouter que ce travail dans des manèges carrés ou circulaires où le cheval est guidé par le mur, empêche l'élève d'apprendre à guider son cheval. Les Anglais remplacent, avec raison, le manège par quatre piquets plantés dans un champ et destinés à marquer les quatre angles de l'enceinte fictive dans laquelle se feront tous les exercices habituellement pratiqués le long des murs du manège.

traires à l'enseignement actuel. Nous considérons, par exemple, comme fondamental, conformément à l'opinion déjà formulée d'ailleurs par quelques illustres écuyers, de commencer l'équitation par les airs de haute école au lieu de finir par eux. Nous envisageons l'art de dominer ses réflexes et de garder par conséquent son sang-froid à cheval comme susceptible d'être rapidement créé par certains exercices spéciaux. Nous admettons enfin que le véritable professeur est le cheval dressé et que les progrès de l'élève seront d'autant plus rapides qu'il débutera sur un cheval mieux dressé, etc.

Afin de permettre aux professeurs qui voudraient appliquer nos méthodes scientifiques d'enseignement d'en comprendre les principes sans avoir à étudier le reste de cet ouvrage, et aux élèves de saisir la raison des divers mouvements qu'ils seront appelés à exécuter, nous allons résumer en un petit nombre de pages les principes fondamentaux de l'équitation; mais auparavant nous dirons quelques mots du degré d'utilité que cette étude peut présenter.

§ 2. — Degré d'utilité d'un enseignement théorique.

Dès que le cavalier, grâce aux exercices pratiques à l'étude desquels le prochain chapitre sera consacré, possède quelque assiette et commence à se rendre compte de la conduite du cheval, il lui est indispensable de s'assimiler certains principes fondamentaux. Ces principes lui permettront de comprendre la cause des mouvements qu'il exécute, de résoudre les cas particuliers pouvant se présenter, et, finalement, de réaliser des progrès beaucoup plus rapides qu'au moyen de règles empiriques. Assurément la plupart des professeurs d'équitation, et les gens habitués depuis leur enfance à pratiquer les sports équestres les plus fatigants : la chasse à courre, les courses, etc., montent fort bien, sans posséder généralement aucun principe ; tout au plus pourrait-on leur reprocher de tarer rapidement leurs chevaux, ce qui, pour les personnes riches, est d'ailleurs sans grands inconvénients. Mais pour acquérir leur habileté, leur solidité surtout, il faudrait pouvoir monter comme eux durant des années des chevaux vigoureux et difficiles. Les méthodes scientifiques seules permettent aux personnes ne pouvant consacrer ainsi une partie de leur existence à l'équitation, de remplacer des années d'expérience par quelques mois d'étude.

Les élèves qui, après avoir pris quelques leçons dans un manège, vont se promener à cheval et se tirent honorablement d'affaire, sont naturellement portés à croire principes et enseignement bien inutiles, puisqu'on s'en passe si aisément. Ils savent d'ailleurs la plupart des cavaliers professionnels peu partisans d'aucun enseignement théorique. Leur court passage au manège les a confirmés dans ces idées en leur montrant que les professeurs n'ont pas grand'chose à leur apprendre, et que l'assiette s'acquiert plus vite dans les promenades au dehors que pendant les leçons. L'insuffisance des professeurs, et la nature toute spéciale des chevaux délabrés confiés aux élèves, rendent ces derniers victimes d'une illusion qui, tôt ou tard, leur occasionnera de sérieux déboires.

Quant aux cavaliers ayant fait leur service dans la cavalerie comme sous-officiers ou soldats, ils ne savent naturellement que ce qu'ils ont appris, c'est-à-dire peu de choses. On n'a cherché à leur donner que de la solidité, et leur conviction sur cette solidité, ne nécessitant la connaissance d'aucun principe, est qu'elle constitue la seule chose essentielle de l'équitation.

De la série de causes qui précèdent résulte que toute l'instruction théorique de la plupart des cavaliers se borne à peu près aujourd'hui aux règles suivantes : Taper sur le cheval pour accélérer sa vitesse, tirer sur les deux rênes pour l'arrêter, tirer sur une seule rêne pour le faire changer de direction. A la condition de ne monter que des chevaux fort pacifiques ou des chevaux de manège arrivés aux extrêmes limites de l'existence, ces règles peuvent suffire, et le cavalier ne court guère d'autres risques que les chutes de l'animal, et les retours trop précipités vers l'écurie. On peut monter pendant des années sans découvrir les inconvénients de cette équitation élémentaire, et l'on s'en aperçoit seulement le jour où une circonstance quelconque oblige à monter un cheval un peu plus énergique que les vieilles bêtes résignées de nos manèges ou les chevaux routinés de la cavalerie. Ce jour-là, le cavalier constate vite que toute sa science hippique est très sensiblement voisine de zéro, et que ses chances d'être désarçonné et d'avoir bientôt quelque membre cassé sont fort nombreuses.

Pour les réduire à leur minimum, il faut baser l'équitation sur des principes un peu moins primitifs que ceux énumérés à l'instant. Nous allons les résumer maintenant.

§ 3. — Principes théoriques fondamentaux de l'équitation.

Association des aides. — Par aides, il faut entendre, non seulement les rênes et les jambes, comme on le fait habituellement, mais encore le corps : sa position joue en effet un rôle fondamental dans l'équilibre et l'allure de l'animal.

Les jambes donnent l'impulsion, et les mains règlent la forme sous laquelle sera dépensée cette impulsion. Les rênes et les jambes exercent en outre une action essentielle en indiquant au cheval la direction qu'il doit suivre. Jambes et mains doivent toujours associer leur action. Conduire le cheval uniquement avec les mains, en ne se servant des jambes que par à-coup pour activer l'allure, comme le font la plupart des cavaliers, est se priver d'une ressource importante, et se condamner à ne jamais être entièrement maître de sa monture.

Que les mains ou les jambes agissent, elles ne doivent jamais le faire isolément. Si une main agit sur une rêne pour donner une direction, l'autre main doit agir au degré suffisant pour régulariser le mouvement et l'empêcher de se faire trop brusquement. Il doit en être de même lorsqu'une jambe demande un mouvement, l'autre jambe doit toujours être au contact du cheval pour contenir le mouvement dans les limites nécessaires et en même temps l'entretenir.

Le cavalier fait varier l'équilibre et l'allure du cheval au moyen des mains, des jambes et du corps. Il est de toute évidence que ces diverses aides ne doivent pas donner des ordres contradictoires. Très facile à énoncer, cette règle est d'une exécution difficile. L'accord des aides constitue une des grosses difficultés de l'équitation. C'est seulement en mettant dès le début l'élève au travail de deux pistes, et en l'invitant à toujours porter le corps et peser sur l'étrier du côté où le cheval appuie que le professeur arrivera à lui faire associer convenablement l'action des jambes, des mains et du corps. Le cheval sera dans ce cas le véritable professeur. Le degré de correction des mouvements obtenus sera pour l'élève la preuve du degré de correction avec lequel ils auront été demandés.

Variations d'équilibre du cheval obtenues par l'association des aides. — Les principes donnés au cavalier ne pourront être appliqués par lui aux divers chevaux qu'il sera appelé à monter que s'il possède des notions bien claires sur les variétés fondamentales d'équilibre du cheval, et s'il sait comment le cavalier peut les produire à son gré. Le professeur, fera voir pourquoi lorsque l'animal est mal équilibré, le défaut se traduit par une surcharge de l'avant-main ou, au contraire, de l'arrière-main. Quand la surcharge est sur les épaules, défaut habituel du cheval n'ayant pas été gymnastiqué par le dressage, l'animal est dur à la main et peu mobile. Le rejet du poids sur l'arrière-main rend au contraire l'animal léger à la main; mais si ce rejet est poussé trop loin, le cheval refuse le mors, s'accule, se cabre, et c'est seulement en le mettant pendant quelque temps aux allures vives, ce qui reporte forcément son poids sur ses épaules, qu'on rétablit l'équilibre.

Le propre du dressage ne consiste pas uniquement à remédier à la tendance naturelle du cheval d'être trop porté, — suivant sa constitution et son dressage, — sur son avant-main ou sur son arrière-main, mais surtout à permettre au cavalier de faire varier cet équilibre suivant les nécessités du moment. Ce point important ne peut être enseigné qu'avec un cheval bien dressé.

Le professeur ayant expliqué à l'élève les variations de poids de l'avant-main et de l'arrière-main que peut éprouver le cheval suivant la position de la tête de l'animal et suivant celle du corps du cavalier, montrera l'application de ces variations sur plusieurs chevaux. Il fera voir, par exemple, qu'un cheval enterré tirant sur la main de son cavalier peut être rendu très léger simplement en relevant son encolure et en engageant ses postérieurs avec les jambes. Il montrera que le cheval étant au galop, il suffit au cavalier de pencher un peu son corps en avant et de laisser légèrement s'allonger l'encolure de l'animal, — ce qui charge l'avant-main mais allège l'arrière-main, — pour accélérer la vitesse. Inversement, si le corps est penché en arrière en même temps que les mains relèvent un peu la tête du cheval, et que les jambes se portent en arrière pour engager les postérieurs, une partie du poids du cavalier et du cheval se trouve reportée sur l'arrière-main de l'animal, ce qui l'oblige à ralentir son allure. Le cavalier inexpérimenté procède en général d'une façon tout autre. Dès qu'il s'aperçoit que son cheval va un peu trop vite au galop, il serre ses mollets pour assurer son assiette, et se penche en avant pour pouvoir raccourcir les rênes le plus possible. Il en résulte que le corps et les jambes disent au cheval d'accélérer son allure, alors que les rênes lui indiquent de la ralentir. Devant ces ordres contradictoires, l'animal se soustrait à l'action énergique du mors en portant le nez au vent ou en s'encapuchonnant, puis, poussé par les jambes qui continuent à agir tandis que le mors n'agit plus, il prend cette allure précipitée que les cavaliers caractérisent en disant qu'ils sont emmenés.

Avec un cheval bien dressé, le cavalier comprendra vite la nécessité d'associer judicieusement ses aides pour produire les variations d'équilibre. Le cheval de manège ordinaire, accoutumé à ne pas tenir compte des mouvements de son cavalier et à ne se préoccuper que des ordres de son écuyer, ne permet pas à l'élève de soupçonner les conséquences de ce défaut d'accord des aides. Aussi le premier jour où le hasard mettra celui-ci sur un cheval un peu énergique, il sera exposé à toutes sortes d'accidents, et notamment à l'emballement.

Le professeur ne pourra inculquer à l'élève que d'une façon pratique ces notions fondamentales sur l'équilibre du cheval et l'accord des aides. Il lui montrera quand son cheval est trop sur les épaules ou trop sur l'arrière-main, s'il est bien placé pour exécuter un mouvement, un départ au galop, par exemple, mais n'a pas reçu assez d'impulsion, ou si au contraire, suivant la faute générale des cavaliers, l'animal a reçu une impulsion suffisante, mais n'a pas été bien placé. L'allure du cheval bien dressé révélera surtout au galop les fautes commises. L'animal montre ainsi les fautes dont le professeur est appelé à formuler la théorie.

Pratique de la mise en main, ses écueils. — C'est principalement la mise en main, que les leçons d'un professeur instruit et d'un cheval bien dressé sont précieuses.

On expliquera d'abord à l'élève que la mise en main avec l'encolure élevée est un moyen pour le cavalier d'être absolument maître de son cheval, au triple point de vue de la soumission, de l'équilibre et de l'allure, mais qu'on ne doit demander cette position que momentanément, quand on a besoin de dominer l'animal, de le préparer à l'exécution d'un mouvement difficile, ou pour entretenir chez lui l'habitude de l'obéissance. Un cheval qu'on voudrait maintenir en main constamment perdrait bientôt toutes ses qualités, éteindrait ses allures, et chercherait une position de la tête donnant peut-être, comme le font beaucoup de chevaux de manège, les apparences de la mise en main, mais permettant à l'animal de se soustraire à l'action du mors, et par conséquent à la domination du cavalier.

Le professeur montrera ensuite comment le cheval se met en main avec beaucoup de jambes et peu de rênes, comment il faut toujours combattre la tendance de l'animal, — du cheval de manège surtout, — à placer son encolure trop bas ; et comment, en alternant l'action des rênes de filet, agissant comme releveur, et celles de bride agissant comme redresseur, on arrive à bien placer l'animal ; encolure haute et tête verticale.

Tout ce qui concerne l'équilibre et la mise en main constitue la partie difficile de l'enseignement ; d'autant plus difficile que les chevaux donnant non pas les apparences de la mise en main, mais la mise en main réelle, sont fort rares dans les manèges ; et cela pour l'excellente raison qu'avec les cavaliers y montant habituellement le cheval dressé perd vite ses qualités, à moins d'un dressage fréquemment repris par un écuyer exercé. Ce sera là une excellente occasion pour le professeur de faire comprendre à l'élève pourquoi un cheval perd promptement, avec un cavalier maladroit, sa légèreté aux aides et son obéissance. Cette explication a une telle importance, — car, en équitation, on arrive à exécuter correctement ce qu'il faut faire, en sachant surtout ce qu'il est essentiel d'éviter, — que plusieurs leçons devront lui être consacrées. Quand le cavalier comprendra bien les indications qui vont suivre, et pourra les appliquer, la plus grande partie de son éducation équestre sera terminée.

Fixer la main et ne jamais tirer. A cette simple formule pourrait se réduire l'explication que je vais donner. Mais l'exécution correcte de cette prescription étant assez difficile, on n'arrive à la réaliser qu'en appuyant les mains, — et non les coudes, — contre le corps. Supposons qu'en agissant convenablement avec ses jambes et ses mains, l'élève ait obtenu la mise en main. S'il était cavalier habile, sa main deviendrait aussitôt absolument fixe. Il empêcherait ainsi le cheval de porter sa tête en avant, tout en le laissant libre de la porter à volonté en arrière, ce qui permettrait à l'animal de mâcher son mors, de le lâcher et de le reprendre, pendant que les jambes l'obligeraient au besoin par leur pression à prendre fréquemment sur ce mors un léger point d'appui. La fixité invariable de la main donnant bientôt au cheval la conviction qu'il a devant lui une barrière impossible à franchir, l'animal renonce bientôt à se soustraire à la mise en main et reste fort léger.

L'élève manquant d'expérience, aura une façon de procéder toute différente. Au lieu de fixer la main, il tirera sur les rênes. Le cheval bien dressé cède d'abord au cavalier et fléchit un peu plus son encolure. Entraînée par son mouvement de traction, la main du cavalier continue à tirer. Le cheval s'apercevant que loin d'être récompensé de sa cession, son obéissance a pour résultat une sujétion plus grande pour lui, finit, après quelques expériences, par refuser d'obéir à son cavalier. Pour vaincre cette résistance imprévue, succédant à une obéissance parfaite, le cavalier emploiera la force, c'est-à-dire tirera encore plus énergiquement. L'animal, sachant qu'il n'a rien à gagner à céder, emploiera aussi la force, contractera mâchoire et encolure, et ne cédera plus. Le cheval qui, quelques jours auparavant, avait une bouche très fine, va bientôt l'avoir fort dure ; et son dressage est à recommencer. Le plus souvent, d'ailleurs, il emploiera pour se soustraire à l'action du mors, les moyens dont il dispose : il portera le nez au vent, ou s'encapuchonnera. Cette dernière disposition laissera croire à l'élève que l'animal est encore dans la mise en main. Non seulement il n'y est plus puisqu'il se soustrait à l'action de son cavalier, mais en outre, il arrivera bientôt à se mettre, comme on le dit, « en arrière des jambes », c'est-à-dire à ne plus se porter franchement en avant sous leur impulsion. Il s'arrêtera, reculera et se cabrera quand il éprouvera l'action simultanée des mains et des jambes. C'est ainsi qu'un animal parfaitement dressé d'abord peut rapidement devenir rétif entre les mains d'un cavalier inexpérimenté. Mieux l'animal sera dressé, plus vite il emploiera ces formes de défense quand l'action des mains primera celle des jambes.

Deux instruments bien connus, le jockey de bois avec ressort et le jockey sans ressort, représentent nettement par leurs effets le cavalier tirant sur les rênes et le cavalier ayant la main fixe. Ils permettent de bien comprendre ce qui se passe dans ces deux cas.

Le jockey est, comme on le sait, un instrument qui permet un enrênement artificiel du cheval, destiné à forcer l'encolure à s'infléchir. Dans le jockey à ressort, les rênes sont fixées à un ressort constamment tendu, qui représente très exactement la main du cavalier tirant constamment. Quelle que soit la position prise par la tête, l'animal ne peut se soustraire à la traction des rênes rendue permanente par le ressort. Pour lui résister, il contracte autant qu'il le peut les muscles du cou et de la mâchoire. Ainsi habitué à une traction énergique sur les rênes, le cheval a bientôt une bouche très dure, et le cavalier est obligé de se pendre après les rênes pour empêcher l'animal d'accélérer son allure, ou pour l'arrêter.

Supposons maintenant le même instrument employé sans ressort, c'est-à-dire les rênes fixées à un anneau dont la position est invariable. L'instrument ainsi disposé figure parfaitement la main fixe du cavalier. Le mors agissant quand la tête du cheval a dépassé une certaine position, l'animal comprend vite son intérêt à ne pas la dépasser. Il fléchit son encolure et ne tire pas. L'emploi d'un tel instrument à l'écurie est d'ailleurs détestable, parce que l'animal, pour se soustraire à l'action du mors, n'a qu'à reculer ses postérieurs et creuser son rein. Cet inconvénient n'est pas à redouter quand l'animal est monté la main fixe, les jambes du cavalier, loin de lui permettre de reculer ses postérieurs, l'obligeant à les engager sous lui et l'empêchant ainsi de se mettre en arrière de la main.

La mise en main avec fixité absolue de la main donne une sensation particulière inconnue des cavaliers habitués à tirer sur les rênes, mais qu'on peut leur faire percevoir aisément en les invitant à fixer les poignets contre la selle, ce qui constitue pour eux d'ailleurs le seul moyen de rendre leur main immobile.

Quand la mise en main au pas sera acquise et que ses avantages et ses dangers auront été bien expliqués, le professeur montrera comment cette mise en main peut être obtenue aux diverses allures, mais en insistant toujours sur les inconvénients de la prolonger. Il fera voir combien l'équilibre de l'animal exige que la verticalité de la tête passe à une obliquité croissante avec la vitesse de l'allure, d'une façon d'ailleurs beaucoup moins considérable chez le cheval bien dressé que chez le cheval qui ne l'a pas été. Ce dernier étant généralement trop porté sur les épaules et ayant toujours l'encolure et la tête trop en avant.

Le professeur montrera que si on ne laissait pas, aux grandes allures, la liberté d'encolure nécessaire à l'animal, il tirerait sur la main pour tâcher d'arriver à la position dont il a besoin et deviendrait dur de bouche. Supposons qu'étant au pas, avec mise en main, on veuille partir au trot. Après avoir donné avec les jambes l'impulsion nécessaire, on relâche les doigts de façon à laisser glisser les rênes assez pour que le cheval puisse un peu modifier la position de sa tête. La vitesse désirée étant obtenue, la main se ferme et redevient fixe, ce qui a pour résultat d'empêcher le cheval de continuer à accélérer son allure. S'il la ralentissait, la pression des jambes le pousserait de nouveau en avant.

Les cavaliers dont les bras et les mains ont toujours des mouvements alternatifs étendus n'opèrent pas de cette façon. Ils s'illusionnent en croyant régler l'allure de leur cheval : en réalité, l'animal prend l'allure qui lui convient. La cravache accélérera momentanément la vitesse, mais elle ne saurait remédier aux inconvénients de la mauvaise position de la tête, de l'engagement insuffisant des postérieurs, etc., observés invariablement chez le cheval ainsi conduit.

Rôle général des mains du cavalier. — Dans tout ce qui précède il a été question d'équilibre du cheval, d'association des aides du cavalier, d'obéissance, mais nullement de finesse de main, de moelleux, de doigté, expressions vagues changeant de valeur, suivant les chevaux avec lesquels on les applique et peu susceptibles de définitions précises. Nous n'avons demandé à la main ni moelleux, ni légèreté, ni aucun de ces mouvements subtils, chers aux écuyers. Nous lui avons simplement recommandé d'être tout à fait indépendante de l'assiette et de rester parfaitement fixe lorsqu'elle a donné aux rênes la position nécessaire pour une certaine allure. Que le cheval tire ou ne tire pas sur les rênes, la main doit garder une position invariable. Si l'animal tire trop, la main résiste simplement par sa fixité, mais sans mouvement rétrograde. Si l'animal ne tire pas assez, c'est-à-dire s'il fuit le mors, la main ne bouge pas davantage, seulement la pression des jambes oblige le cheval à chercher le contact du mors. Plus le cheval est nerveux et difficile, plus cette tranquillité de la main devient indispensable. Elle constitue sans doute un idéal qu'on ne réalise pas immédiatement, mais n'en est pas moins un idéal très clair reposant sur des principes de physiologie et de psychologie très sûrs et parfaitement enseignables, surtout si on les appuie sur les exemples que j'ai précédemment indiqués.

Pour obtenir pratiquement la fixité de la main, et empêcher en même temps l'élève de prendre un point d'appui sur les rênes, je crois que le meilleur moyen est de le faire monter pendant quelque temps au manège, les bras croisés ou mieux encore en lui faisant tenir de légères haltères dans chaque main en même temps que les rênes, comme l'avait autrefois recommandé le célèbre écuyer de Lancosme-Brèves, dans un but un peu différent.

Après avoir convenablement insisté sur ce qui précède, le professeur montrera, aux élèves l'inconvénient, longuement expliqué dans un précédent chapitre, de tirer continuellement sur les rênes sous prétexte de soutenir le cheval, comme le font encore la plupart des cavaliers. Se reportant à nos explications, il fera remarquer qu'au pas l'action des mains rend l'allure irrégulière, la ralentit ou amène le trottinement ; qu'aux autres allures les mouvements incessants des mains gênent le cheval, lui font redouter la main et troublent son équilibre. Il fera voir que la traction considérable exercée généralement par les cavaliers sur les rênes pour arrêter leur cheval peut être réduite dans d'énormes proportions si, à cette traction, le cavalier sait associer des déplacements judicieux des jambes et du centre de gravité du corps. Il expliquera aussi que la traction continue sur la bouche pour arrêter le cheval ayant pris de trop vives allures produit le plus souvent un effet exactement contraire au but poursuivi. Lorsqu'on tire avec force pendant quelque temps sur les rênes, la compression énergique du mors anesthésie la muqueuse sur laquelle il repose. La sensibilité étant détruite, le mors perd forcément toute action. Cette anesthésie produite par la compression explique clairement pourquoi des tractions intermittentes des rênes peuvent avoir de l'effet, alors qu'une traction continue finit bientôt par ne plus en produire.

A mesure qu'il acquerra plus de pratique, l'élève comprendra de mieux en mieux, grâce surtout aux leçons données par le cheval dressé, que ses actions, notamment sur la bouche, sont toujours trop fortes et surtout trop prolongées. Une indication étant donnée, et légèrement donnée, il est inutile de la continuer pendant l'exécution du mouvement chez le cheval bien dressé. Nous voulons tourner à droite, je suppose. Si le cheval a été dressé à toujours se porter en avant, ainsi que nous l'avons expliqué ailleurs, une indication momentanée de la rêne suffira et il sera superflu de continuer à tirer sur elle pendant toute l'exécution du mouvement. De même pour un contre-changement de main sur deux pistes. Une indication de la rêne et de la jambe suffiront quand elles auront été données correctement. Il suffit que l'impulsion se continue pour que le mouvement soit exécuté dans le sens indiqué et de la façon indiquée. De même encore pour l'arrêt. Il importe d'indiquer simplement au cheval ce qu'on désire par un léger mouvement de traction sans prolonger cette traction. Si on la prolonge, on n'obtiendra pas seulement l'arrêt, mais l'arrêt suivi d'un mouvement de recul. Ce ne sont pas là seulement des nuances, mais des indications fondamentales, qu'un cheval bien dressé peut seul enseigner. L'action du cavalier doit toujours tendre vers un minimum. Quand l'animal a reçu un ordre, c'est à lui à exécuter cet ordre et non plus au cavalier à le guider pendant son exécution. On développe ainsi comme nous l'avons vu l'habileté du cheval et on entretient son initiative.

Les indications qui précèdent, assurément sommaires, sont cependant suffisantes pour l'enseignement théorique de l'équitation. Quant à la conduite du cavalier dans les diverses circonstances pouvant se présenter, je n'ai qu'à renvoyer aux précédents chapitres.

CHAPITRE IV

L'ENSEIGNEMENT PRATIQUE DE L'ÉQUITATION

§ 1er. *Acquisition de l'assiette.* — Exercices qui conduisent à l'acquisition de l'assiette. — Gymnastique intensive permettant d'arriver à des résultats rapides. — § 2. *Domination des réflexes.* — Série d'exercices amenant le cavalier à dominer ses mouvements impulsifs et à acquérir du sang-froid. — § 3. *Maniement du cheval par la combinaison des aides.* — Impossibilité pour l'élève de réaliser aucun progrès avec des chevaux insuffisamment dressés. — Nécessité de commencer l'équitation par les exercices dits de haute école. — § 4. *Connaissances à exiger du professeur d'équitation.* — Insuffisance des professeurs et des chevaux qu'on rencontre dans la plupart des manèges. — Réformes à introduire. — Connaissances à exiger des professeurs.

Quatre choses sont fondamentales à acquérir en équitation : la première est l'assiette, c'est-à-dire la solidité; la seconde est la domination des réflexes, c'est-à-dire l'habitude du sang-froid ; la troisième est le maniement correct du cheval par la combinaison des aides; la quatrième est la théorie de l'équitation d'où les règles pratiques dérivent. Le dernier chapitre ayant été consacré à cette théorie, il ne nous reste plus qu'à étudier les trois premiers points.

§ 1. — Acquisition de l'assiette.

Quelques heures d'équitation sans étriers chaque jour, pendant plusieurs mois, comme on le fait dans les manèges militaires, constituent assurément le meilleur moyen d'acquérir une assiette inébranlable. Avec cet exercice le cavalier apprend l'équilibre, comme l'enfant apprend à marcher, comme le bateleur à danser sur une corde, c'est-à-dire d'une façon tout à fait inconsciente, sans aucune intervention du raisonnement ou de l'intelligence. Le raisonnement peut intervenir seulement dans la plus simple et la plus facile des allures, le trot enlevé, pour modifier l'équilibre.

Mais l'exercice journalier du trot sans étriers, pendant des mois, est impraticable pour les cavaliers n'ayant qu'un petit nombre d'heures par semaine à leur disposition; il faut le remplacer par autre chose. Le trot enlevé et le petit galop étant des allures aisées à apprendre, on devra d'abord s'en tenir à leur étude, effectuée comme je l'ai indiqué. Aussitôt qu'on les possédera, on acquérera sur un cheval finement dressé le maniement de l'animal par l'association des aides, ce qui est le meilleur moyen d'être maître du cheval et de prévenir toutes ses défenses.

Les leçons préliminaires, — sauf naturellement les premières, — se prendront au dehors, l'élève étant toujours accompagné. Après une douzaine de promenades de deux heures, il pourra commencer au manège l'étude du maniement du cheval par l'emploi judicieux des aides.

Je m'empresse d'ajouter que je considère l'enseignement ainsi donné comme un simple pis-aller destiné uniquement aux personnes n'ayant pas l'énergie suffisante pour se soumettre aux exercices que j'indiquerai plus loin. Le cavalier se bornant au travail que je viens d'indiquer aura toujours une solidité imparfaite, suffisante sans doute avec des chevaux très doux, mais tout à fait insuffisante avec des chevaux un peu vifs. Au premier mouvement brusque : arrêt subit, écart ou tête-à-queue, il est sûr d'être projeté à terre.

Pour arriver en peu de temps à une solidité suffisante, jointe à une certaine habileté dans le maniement du cheval, il faut procéder d'une façon différente. Voici, suivant moi, comment devrait être conduit un cours sérieux d'équitation réduit à un minimum de trente leçons. J'entends, bien entendu, de leçons individuelles, car s'il s'agissait de leçons collectives, leur nombre devrait être beaucoup plus considérable[1].

La première chose à acquérir, avons-nous dit, est la solidité : nous y consacrerons exclusivement les quinze premières leçons. Étant donné le temps limité dont on dispose, il ne sera possible d'obtenir le résultat cherché qu'avec une gymnastique intensive spéciale. Son but sera de dissocier certains mouvements naturels et de créer d'autres associations musculaires indispensables pour l'équilibre, afin de permettre au cavalier de lutter contre les déplacements se produisant non seulement dans des plans verticaux (ruades, cabrades, etc.), mais encore et surtout dans des plans obliques (écarts, tête-à-queue, etc.).

Cette gymnastique comprendra pour chaque leçon les exercices suivants dont nous n'indiquons naturellement que les lignes fondamentales.

Le cheval étant au pas, les rênes nouées sur l'encolure,

1. A moins cependant que le groupe d'élèves ne fût dirigé par un de ces professeurs d'une habileté supérieure à peu près entièrement disparu aujourd'hui. En 1860, un des plus habiles écuyers de ce siècle, M. de Lancosme-Brèves, prouva par des expériences faites dans plusieurs régiments et constatées par une Commission d'officiers, ayant à sa tête le général présidant le comité de cavalerie, qu'en deux mois environ, des recrues montant des chevaux entièrement neufs, peuvent être dressées et dresser leurs chevaux de façon à faire exécuter à ces derniers des airs difficiles de haute école, les contre-changements de main et les serpentines notamment. C'est uniquement à l'habileté absolument exceptionnelle du professeur qu'était dû un tel résultat.

le professeur fera pratiquer à l'élève des flexions dissociées des membres, des jambes notamment. Il l'invitera à incliner fréquemment le corps à droite et à gauche, puis en arrière. Après un quart d'heure de ces exercices, l'élève exécutera dix minutes environ de petit trot, sans étriers, les bras croisés. Il chaussera ensuite les étriers et fera un quart d'heure de petit trot assis, les membres continuant de temps en temps à opérer des flexions. Tant que l'élève sera au trot, le professeur, chargé de guider le cheval, évitera absolument de faire tourner l'animal en cercle, ce qui donnerait à l'élève un équilibre artificiel détestable. Le cheval devra décrire sans cesse des huit de chiffres ou des figures analogues qui obligeront l'élève aux mouvements de buste nécessaires pour combattre les déplacements produits par les changements de direction. Le cavalier privé de l'usage des rênes arrivera forcément très vite à rendre son assiette indépendante de sa main, point, en équitation, absolument fondamental. Arrivé à ce degré, on le soumettra aux exercices indiqués dans le paragraphe suivant et destinés à rendre son assiette indépendante des mouvements imprévus du cheval.

§ 2. — Domination des réflexes.

Après la dixième leçon, le dernier quart d'heure sera consacré aux exercices spéciaux propres à faire acquérir la seconde chose fondamentale de l'équitation : l'art de dominer ses réflexes, c'est-à-dire de conserver son sang-froid et par conséquent d'éviter les trois quarts des accidents. Les moyens qui y conduisent se trouvent être en même temps d'ailleurs ceux contribuant le plus à assurer la solidité dans les mouvements imprévus du cheval.

Je n'ai pas besoin de faire remarquer combien l'art de dominer ses réflexes est utile même en dehors de l'équitation. C'est parce que peu de cavaliers le possèdent que les accidents à cheval sont si fréquents. Un cavalier ne sachant pas dominer ses impulsions se raccrochera aux rênes, à la moindre défense du cheval, ce qui ne fera qu'exciter l'animal au lieu de le calmer. Le seul moyen d'apprendre à l'élève à dominer ses impulsions inconscientes est de provoquer artificiellement au manège, à l'improviste, et en graduant leur intensité, les accidents les plus fréquents : tête-à-queue, écarts, arrêts brusques, bonds, cabrades, etc. Rien n'est plus facile avec un cheval dressé dans ce but. Le sauteur entre les piliers ne répond en aucune façon à cet objet, attendu qu'il ne produit guère qu'une seule espèce de défense, n'ayant rien d'inopiné. Les accidents énumérés plus haut doivent être produits à l'improviste, c'est-à-dire précisément comme ils se produisent toujours dans la pratique. Avec des chevaux spécialement dressés, le professeur peut, par de très légères indications de la chambrière, graduer toutes les défenses, depuis le simple tête-à-queue au pas, jusqu'aux mouvements les plus déplaçants[1]. En quelques jours de leçons, un professeur habile aura fait naître pour l'élève tous les hasards imprévus que celui-ci pourrait ne pas rencontrer en dix ans d'équitation, et en même temps accru sa solidité dans des proportions énormes. Il lui a

1. Pour rassurer l'élève trop nerveux ou trop peu solide, on peut fixer ses cuisses à la selle au moyen d'une petite courroie passant sous les quartiers. Dans ce procédé que j'ai vu appliquer par un excellent écuyer, la jambe devient très adhérente à la selle et un débutant possède la solidité d'un vieux cavalier. Deux petites courroies de cuir quelconques munies de boucles suffisent pour l'opération.

appris ainsi, non pas à dominer entièrement ses réflexes, mais au moins à les maîtriser un peu; et, de toutes les choses que l'éducation peut enseigner à l'homme, celle-là est peut-être la plus utile. Il lui aura surtout inculqué l'art de rétablir instinctivement l'équilibre ébranlé par la pression des jambes aidée au besoin de la main sur la crinière, mais sans jamais toucher aux rênes.

Le cavalier ne peut arriver par le raisonnement, mais seulement par l'habitude à dominer ses réflexes. Son dressage n'est complet que lorsqu'il est arrivé à substituer l'acte instinctif à l'acte réfléchi. On n'arrive pas avec le conscient, mais bien avec l'inconscient, à agir correctement sur l'inconscient du cheval ou à faire rapidement les mouvements nécessaires pour rétablir l'assiette ébranlée. Le raisonnement peut servir à diriger l'éducation, mais dans l'exécution d'un mouvement son influence est nulle. On rencontre souvent, — le souvent est même la règle, — des écuyers fort habiles n'ayant jamais raisonné, mais dont l'éducation inconsciente, fruit d'une longue pratique, est parfaite.

Après une quinzaine de leçons données comme il vient d'être dit, l'élève possède de la solidité et du sang-froid, mais ignore encore le maniement du cheval. Le professeur, en dehors des choses tout à fait élémentaires, a eu soin de ne lui en rien dire. Il va pouvoir entreprendre maintenant l'étude de l'un des points fondamentaux de l'équitation : le maniement du cheval par la combinaison des aides. Par aides, nous entendons non seulement les mains et les jambes comme on le fait habituellement, mais encore le buste. Les déplacements judicieux du corps constituent en effet, comme nous l'avons plusieurs fois expliqué, non seulement un des meilleurs agents de conduite du cheval, mais encore le plus sûr moyen de lutter contre les déplacements produits par ses défenses.

§ 3. — Maniement du cheval par la combinaison des aides.

La dureté, la mobilité de la main, et le manque d'accord entre les mains et les jambes, sont les défauts capitaux des cavaliers inexpérimentés. A vrai dire, leur éducation sur ces points, pourtant si essentiels, n'est même pas ébauchée dans les manèges. Les moyens d'enseignement y sont, d'ailleurs, totalement nuls. Comment un cavalier apprendrait-il la légèreté de la main avec les lamentables rosses, sur la bouche desquelles des générations d'élèves épuisèrent leurs forces? Et comment apprendrait-il les effets des jambes sur des chevaux n'ayant jamais appris à obéir à leur action? S'il arrive qu'un manège possède un ou deux chevaux un peu dressés, — et ceux-ci ne se rencontrent guère que dans certains établissements de premier ordre, — l'élève n'est autorisé à les monter qu'après un long stage, qu'il ne se donne pas le plus souvent, et avec raison d'ailleurs, la peine de franchir.

Or, contrairement à ce qui se fait dans tous les manèges, sans exception, l'élève doit commencer l'équitation sur un cheval dressé et par les exercices de haute école, consistant principalement dans le travail des deux pistes, afin d'acquérir le maniement des aides. Il débutera donc par l'étude de la mise en main et du travail sur deux pistes au pas et au très petit trot, exercice qui n'est nullement déplaçant pour le cavalier. En voyant s'il obtient du cheval ce qu'il lui demande, le cavalier comprendra l'action des aides associées ou dissociées, et les effets de chacune d'elles. Le cheval dressé est meilleur éducateur que le plus excellent professeur. Quinze jours d'équitation sur un cheval bien mis apprennent autrement de choses que quinze mois de promenades sur des rosses de manège.

Le conseil de commencer l'équitation par ce qu'on appelle vulgairement les finesses, au lieu de finir par là, comme on le fait toujours, paraîtra naturellement un énorme paradoxe aux professeurs actuels. Je présume néanmoins que le lecteur tant soit peu cavalier aura saisi parfaitement, après les explications contenues dans cet ouvrage, l'utilité du conseil que je viens de donner.

L'idée générale des instructeurs qu'un cheval lourd et mal dressé est suffisant pour le commençant, alors que le cheval fin doit être réservé pour le cavalier exercé, représente exactement le contraire du rationnel. Il faut donner les chevaux bien dressés aux mauvais cavaliers et aux bons cavaliers les chevaux mal dressés. On est presque honteux d'avoir à défendre une vérité tellement évidente par elle-même; et pourtant, je n'ai pu trouver qu'un seul ouvrage français d'équitation[1] où cette théorie soit enseignée. Voici comment s'exprime à ce sujet le rédacteur

1. Un des élèves de Lancosme-Brèves m'a fait remarquer que le célèbre écuyer commençait également l'enseignement de l'équitation par les airs de haute école et qu'il arrivait en partie pour cette raison à amener en deux mois de simples recrues à un degré d'habileté que bien peu de cavaliers possèdent aujourd'hui. L'extrait suivant du rapport d'une commission officielle présidée par un général de cavalerie, indique clairement la série d'exercices auxquels cet éminent écuyer soumettait ses recrues :
« Les mouvements choisis pour le travail ont été dans le commencement des changements de main, contre-changements de main, voltes, demi-voltes, ordinaires et renversées pour arriver ensuite à la spirale, à la serpentine et aux figures les plus serrées du manège ». Avec cinquante professeurs comme Lancosme-Brèves, notre cavalerie serait entièrement transformée en trois mois.

des leçons de l'ex-écuyer en chef de Saumur, le commandant Dutilh :

« C'est en faisant monter aux jeunes cavaliers des chevaux bien dressés, et en employant au dressage des jeunes chevaux des hommes déjà instruits, qu'on se mettra dans les meilleures conditions de réussite. Le vieux cheval apprendra au jeune cavalier à bien parler ; l'homme instruit apprendra au jeune cheval à bien écouter. C'est en montant un animal dont la bouche est légère que l'élève se rend le plus facilement compte de la façon dont les rênes doivent agir. »

Ces principes sont scrupuleusement suivis en Allemagne. Les chevaux les mieux dressés de l'escadron sont toujours donnés aux recrues, et, suivant les conseils du général Schmidt dans ses instructions, on commence de très bonne heure à enseigner aux recrues le travail de deux pistes. « De même que le cavalier dresse le cheval, « écrit le général de Hohenlohe, le cheval dresse le cavalier. Sur un vieux carcan raide, le débutant ne saurait « acquérir le sentiment du cheval. »

Aussitôt donc que l'élève aura acquis un peu d'assiette, soit par des promenades au dehors, soit surtout par la gymnastique intensive dont j'ai parlé, on le mettra immédiatement aux exercices de haute école destinés à lui apprendre le maniement du cheval. Ces exercices rendant l'équitation fort intéressante pour l'élève ne seront nullement perdus, d'ailleurs, pour l'apprentissage de l'assiette; car, l'élève, à mesure qu'il progressera, arrivera aux exercices comme les huit de chiffre et les contre-changements de main de deux pistes au galop, qui déplacent sérieusement et obligent à se servir convenablement des jambes. Je considère d'ailleurs ces derniers exercices comme résumant toutes les difficultés de l'équitation, au double point de vue de l'assiette et du maniement du cheval.

Il serait fort inutile d'ajouter à ce qui précède des indications sur la façon de manier les rênes suivant la direction à obtenir. Elles font partie des banalités répétées dans tous les livres et sont inutiles car on ne peut acquérir qu'à cheval de l'expérience sur ce point. La seule indication générale à donner, facile, sinon à appliquer, du moins à retenir, c'est que, dans tous les changements de direction, le cavalier doit peser sur l'étrier, tourner la tête et les mains du côté où il va. Quand on pratique cette règle pendant quelque temps, on finit par faire tourner son cheval au moyen de simples mouvements du corps.

Au bout d'une trentaine de leçons ainsi conduites, l'élève ne sera pas assurément un cavalier accompli, mais il aura acquis pour la vie des principes solides. Il ne lui restera plus ensuite qu'à les appliquer quand il trouvera l'occasion de monter. S'il réussit à obtenir la fixité de sa main et de sa jambe à toutes les allures, il pourra considérer son éducation équestre comme très avancée.

§ 4. — Connaissances à exiger des professeurs d'équitation.

Assurément, on chercherait vainement aujourd'hui en France des manèges où les leçons soient données suivant les principes qui précèdent. Je considère même ces derniers totalement inintelligibles pour les instructeurs actuels. Mais du jour où les élèves sauront comment doit s'apprendre l'équitation, ils exigeront des animaux dressés, des éducateurs instruits[1], et nos manèges civils se ver-

1. Il n'est pas besoin d'être cavalier soi-même pour savoir en deux minutes si le cheval qu'on vous présente est convenablement dressé. Il suffit de prier l'écuyer qui vous l'offre de le monter, et d'exécuter du trot et du galop sur deux pistes puis du du très petit galop rassemblé. Si le cheval exécute convenable-

ront obligés, sous peine de perdre leurs clients, de renouveler leur personnel et leur cavalerie.

Malheureusement nos manèges civils ne peuvent renouveler aisément leurs professeurs, dont la déplorable insuffisance ne saurait être contestée. Anciens sous-officiers pour la plupart, ils ne savent naturellement que le peu de chose appris au régiment, et nous avons montré ailleurs à quel minimum se réduit ce peu de chose. Il n'y a plus guère aujourd'hui en France que quelques officiers de cavalerie ou de rares amateurs connaissant l'équitation raffinée, et, bien qu'il s'agisse d'un intérêt national, — l'éducation équestre de nos officiers d'infanterie montés et celle de toute l'armée de réserve, — on ne peut songer à demander au Gouvernement de détacher des officiers comme instructeurs dans les manèges civils. Il faudra donc s'adresser à l'initiative privée lorsqu'on voudra fonder une école de professeurs d'équitation et de dressage[1]. Avec quelques mois d'enseignement, d'anciens sous-officiers de cavalerie intelligents feraient certainement des instructeurs et des dresseurs capables. Ils pourraient être considérés comme possédant une instruction suffisante après avoir passé un examen théorique et pratique devant un jury d'écuyers.

Voici d'ailleurs quels seraient, suivant moi, les exercices et les questions qui permettraient de juger le mieux la valeur du candidat professeur :

Exécution correcte du travail sur deux pistes aux trois

ment ces exercices, il est suffisamment dressé et sera pour l'élève un excellent professeur.

1. La seule académie d'équitation de haute école existant aujourd'hui en Europe, est l'École, dite espagnole, de Vienne, propriété des souverains d'Autriche, et qui d'ailleurs n'est pas publique. Plusieurs des plus célèbres écuyers actuels en sont sortis.

allures. — Petit galop rassemblé. — Changements de pied. — Contre-changements de mains de deux pistes au galop ou au moins au trot.

Monter une série de chevaux, et indiquer les qualités et défauts de chacun d'eux, leur degré de dressage, et comment il faudrait s'y prendre pour remédier aux défauts signalés.

Examiner quelques cavaliers choisis au hasard, doser la force de chacun d'eux, indiquer leurs défauts et les exercices capables d'y remédier.

Donner une théorie complète du dressage du cheval et des méthodes d'enseignement de l'équitation. Indiquer comment le dressage, et surtout le redressage, doit varier suivant la structure du cheval, son caractère et son éducation antérieure.

Si on voulait procéder à un examen plus complet portant sur l'habileté pratique du candidat au point de vue du dressage, il faudrait alors, après lui avoir fait exécuter au manège les exercices que je viens d'indiquer, l'observer au dehors sur un cheval dressé par lui. Je me déclarerais fort satisfait si l'écuyer, ayant amené son cheval à monter *sans hésitation* sur un talus ou descendre dans un fossé, pouvait ensuite passer graduellement du trot lent au trot rapide, et revenir graduellement, par extinction très progressive de l'allure, au trot primitif; puis répéter les mêmes variations d'allure au galop. Le cheval ainsi dressé aurait montré à la fois de l'obéissance et du perçant. Eût-il l'aspect d'un cheval de charrue, on pourrait le considérer comme un animal de valeur, et de valeur aussi l'écuyer l'ayant dressé. De tels chevaux et de tels écuyers sont infiniment rares en France aujourd'hui. Un des buts de cet ouvrage serait rempli si les méthodes scientifiques qu'il expose pouvaient en créer quelques-uns.

CHAPITRE V

TABLEAUX RÉSUMANT LES RÈGLES PRATIQUES D'ÉQUITATION DÉDUITES DES RECHERCHES SCIENTIFIQUES EXPOSÉES DANS CET OUVRAGE

Pour répondre à la demande de plusieurs écuyers s'intéressant surtout aux résultats pratiques, nous allons résumer brièvement, sous forme de tableaux, les règles déduites de nos recherches. Le lecteur devra compléter ces indications naturellement fort sommaires, en se reportant aux diverses parties de l'ouvrage exposant les expériences sur lesquelles elles reposent. Nous examinerons dans ce résumé ce qui concerne uniquement l'éducation du cheval et celle du cavalier.

§ 1. — ÉDUCATION DU CHEVAL

THÉORIE DU DRESSAGE

Le dressage a pour but : 1° de conquérir l'obéissance du cheval, au point de la rendre automatique ; 2° d'assouplir l'animal par certains exercices gymnastiques de façon à permettre au cavalier de faire varier à volonté son équilibre et exécuter facilement les mouvements demandés.

L'obéissance du cheval s'obtient en appliquant le principe psychologique des associations par contiguïté. Dans la plupart des cas l'intensité des impressions associées peut se substituer à leur répétition. Le dressage n'est terminé que quand les associations conscientes sont devenues inconscientes. Le signe conventionnel par lequel un acte est demandé est alors suivi de l'exécution automatique de cet acte. Chez le cheval comme chez l'homme, l'éducation a pour conséquence finale de faire passer le conscient dans l'inconscient.

Ne pas oublier que les variétés de caractère observées chez le cheval sont aussi profondes que chez l'homme et qu'on ne peut avoir des procédés et des exigences identiques pour tous. Les règles générales sont seules d'une application constante.

Se rappeler que la psychologie du cheval se rapproche beaucoup de celle du sauvage, de l'enfant et de tous les êtres primitifs. Mêmes tendances à céder aux impulsions sans laisser agir la réflexion et à n'avoir que l'instinct du moment pour guide. C'est seulement en fixant solidement par la répétition ou par l'intensité certaines associations, qu'on arrive à substituer à la désobéissance instinctive de l'animal une obéissance également instinctive.

Ne jamais demander au cheval quelque chose qu'il ne puisse exécuter, mais ne lui céder sous aucun prétexte lorsque l'ordre a été clairement demandé. Avoir autant de douceur et de patience que d'énergie. Céder au cheval par maladresse ou par peur, c'est lui donner immédiatement conscience de sa force, lui inspirer le mépris de son cavalier et le rendre rétif pour longtemps.

Se rappeler que le dressage profite autant au cavalier qu'au cheval. Aucun exercice ne développe à un pareil degré chez l'homme la patience, la fermeté, le jugement et l'esprit d'observation.

PRATIQUE DU DRESSAGE

Trois points fondamentaux : 1° Conquérir l'obéissance de l'animal ; 2° l'assouplir et modifier ses allures par une gymnastique spéciale ; 3° le soumettre à des exercices destinés à développer son intelligence, son habileté et son initiative.

1° Conquête de l'obéissance. — Commencer par le dressage à pied et à la cravache. Il met le cavalier à l'abri des défenses de l'animal et le cheval, non gêné par le poids du cavalier, apprend beaucoup plus vite que s'il était monté à exécuter les mouvements demandés. Ces mouvements devenus automatiques seront répétés facilement par l'animal monté. D'abord, et avant tout, demander la mise en main. Faire marcher, reculer, arrêter dans la mise en main. Arriver ensuite au travail de deux pistes.

Après quatre ou cinq leçons à pied, répéter le même travail, le cheval étant monté, en remplaçant progressivement la cravache.

2° Gymnastique destinée à modifier les allures du cheval et assouplir ses mouvements. — Tous ces exercices, à l'exception de ceux relatifs au galop, doivent être pratiqués au dehors; ils se résument dans les indications suivantes.

Pour le pas. — L'exercice le plus important, et peut-être le plus difficile à obtenir, est d'apprendre au cheval à marcher correctement, c'est-à-dire à allonger son pas. Pour y arriver, laisser au cheval une grande liberté d'encolure, c'est-à-dire avoir les rênes presque flottantes, pousser avec les jambes l'animal en l'arrêtant brusquement et rendant aussitôt dès qu'il veut trottiner. *Ne jamais oublier que toute action permanente sur les rênes au pas, réduit l'engagement des postérieurs, et diminue du même coup la solidité habituelle de l'animal.*

Ne pas oublier que le dressage se fait surtout au pas. Si l'obéissance n'a pas été absolument conquise au pas, elle sera presque impossible à obtenir aux autres allures. Pratiquer pendant une quinzaine de jours les exercices suivants : mise en main, pirouettes sur l'avant-main et l'arrière main, contre-changements de main de deux pistes.

Pour le trot. — Enseigner au cheval le trot moyen à extension, c'est-à-dire avec tête rapprochée de la verticale, antérieurs relevés, postérieurs très engagés. Le cavalier doit, pour cet exercice, redresser l'encolure du cheval, avoir les poignets absolument fixes, les jambes en contact avec les flancs et un peu en arrière. Dès que le cheval tire sur les rênes, c'est qu'il cesse d'engager ses postérieurs et de relever ses antérieurs. *Ce sont les jambes et l'éperon, non les mains, qui doivent empêcher l'animal de tirer.*

Pour le galop. — Pour arriver à ralentir à volonté l'allure du galop, travailler d'abord l'animal au manège sur des cercles de plus en plus petits. Puis pratiquer des variations d'allure sur la ligne droite, comme nous l'avons expliqué, par des variations très progressives de hauteur d'encolure. Jambes près et en arrière, main d'autant plus haute qu'on veut davantage ralentir l'allure, et d'autant plus basse qu'on veut l'accélérer.

3° Exercices destinés à développer l'intelligence et l'initiative du cheval. — Le conduire, dès qu'on lui a appris à bien engager ses postérieurs en marchant, dans des chemins de plus en plus difficiles et de plus en plus semés d'obstacles. Jambes très près pour pousser l'animal en avant, rênes presque flottantes afin de ne pas l'entraver et ne pas l'habituer à compter sur son cavalier pour le guider.

Le cheval prouve son obéissance en exécutant l'ordre donné par les jambes de se porter en avant malgré les obstacles qui peuvent se présenter. Il prouve son initiative et son intelligence en trouvant lui-même les meilleurs moyens à employer pour franchir ces obstacles.

§ 2. — ÉDUCATION DU CAVALIER

Rendre la main indépendante de l'assiette. — Pratique exclusive du trot assis avec ou sans étriers, mais toujours sans rênes, pendant une quinzaine de leçons, le cheval uniquement guidé par le professeur. Éviter absolument de toujours tourner autour des murs du manège, comme cela se pratique habituellement. Faire décrire constamment au cheval des huit de chiffres ou des figures variées, pour habituer le cavalier aux déplacements du corps qui permettent de combattre les déplacements produits par les changements de direction de l'animal.

Position des mains et des jambes. — A. *Position des mains.* Les avant-bras, et non les coudes, fixés au corps et ne se déplaçant jamais quand les rênes ont la longueur voulue pour une allure donnée. Se rappeler que c'est la bouche du cheval et non la main du cavalier qui doit être moelleuse et que le moelleux de la bouche s'obtient par la fixité de la main et l'action des jambes. Ne pas confondre la dureté de la main avec sa fixité. — B. *Position des jambes.* Étriers très allongés, talons le plus bas possible, suivant les indications données au paragraphe relatif au trot enlevé. Glisser fréquemment les jambes en arrière pendant le trot ; ce qui constitue un exercice difficile et fatigant, mais extrêmement utile. L'inhabileté des cavaliers tient le plus souvent à ce qu'ils se servent beaucoup plus de leurs mains que de leurs jambes dans la conduite du cheval.

Domination des réflexes. — Donner du sang-froid au cavalier et l'habituer à rétablir son équilibre avec ses jambes et ne pas prendre sur les rênes un point d'appui dangereux, en provoquant à l'improviste avec la chambrière des mouvements imprévus : demi-tours, tête-à-queue, etc. Recommencer jusqu'à ce que la main du cavalier n'ait plus de soubresauts.

Maniement du cheval par l'association des aides. — Dès que l'élève a un peu d'assiette, le mettre sur un vieux cheval bien dressé au travail de deux pistes et pratiquer les contre-changements de main de deux pistes au pas d'abord, au trot ensuite. Par la façon correcte ou incorrecte dont le cheval exécute le mouvement demandé, l'élève apprend à associer convenablement l'action des mains et des jambes, et l'animal constitue le véritable professeur.

Pratique de la mise en main. — Se pénétrer de ses avantages au triple point de vue de la soumission du cheval, de ses variations d'équilibre et de la modification de ses allures. S'habituer à la demander beaucoup avec les jambes, très peu avec les mains. Se pénétrer aussi des dangers de la mise en main pratiquée l'encolure basse comme elle est généralement demandée dans les manèges. Observer que la dureté de main, conséquence presque forcée de son défaut de fixité, fait rapidement perdre au cheval son aptitude à se mettre en main. Ne pas oublier que, par son allure générale, son obéissance, ses résistances, le cheval reflète toujours le caractère et la valeur équestre de son cavalier.

Variations d'équilibre du cheval par la combinaison des aides. — Se rappeler que sur un cheval bien dressé le cavalier peut, par des déplacements convenables du corps, des jambes et des mains, faire refluer une partie du poids du cheval sur l'avant-main ou l'arrière-main et obtenir un engagement plus ou moins grand des postérieurs. Observer les modifications profondes d'allure qui résultent au pas, au trot et au galop, de ces variations d'équilibre. Cette partie de l'éducation du cavalier est peut-être la plus importante, celle qui exige le plus l'emploi de chevaux bien dressés et de professeurs habiles. Quand le cavalier sait faire varier à volonté l'équilibre de son cheval, son éducation équestre et presque complète.

Pratique du trot enlevé. — Ne pas oublier les dangers de cette allure telle qu'elle est pratiquée habituellement, avec étriers courts et le corps penché en avant. Surcharge énorme qu'elle impose au cheval, comme le prouvent nos expériences dynamométriques, chutes dangereuses auxquelles sont exposés le cheval et le cavalier. La pratique correcte du trot enlevé exige une position verticale du corps, les étriers très allongés, les talons très descendus. Les avant-bras, et non les coudes, doivent être fixés contre le corps. Le cavalier doit s'enlever fort peu de la selle en glissant le bassin et non les épaules sans jamais se pencher en avant. La pression des genoux, avec les étriers courts, loin de donner de la solidité au cavalier, tend à l'expulser de sa selle. La rotation du pied en dedans, si généralement prescrite, est une position fort nuisible, ne réalisant nullement d'ailleurs le but proposé de fixer les genoux contre la selle. La difficulté de garder les étriers très allongés et le genou adhérant à la selle est immédiatement surmontée, si le cavalier n'appuie sur l'étrier que par le bord interne du pied en soulevant son bord externe. Cette position n'est utile que pour amener la descente de la cuisse; quand celle-ci sera obtenue, ce sera, au contraire, plutôt sur le bord externe du pied que le cavalier appuiera, afin d'avoir la jambe toujours près des flancs du cheval.

Pratique au galop. — L'exercice fondamental est d'apprendre à l'élève à accélérer ou ralentir à volonté le galop du cheval, sans permettre à l'animal de passer au trot ou de gagner à la main. Ces variations de vitesse constituent un exercice fort difficile, ne pouvant s'obtenir que par des associations d'aides très précises et surtout par des variations de hauteur d'encolure. Le cavalier qui les réussit peut être considéré comme possédant une éducation équestre supérieure.

CONDUITE DU CHEVAL AU DEHORS

Comme règle générale, avec le cheval bien dressé, l'intervention du cavalier doit être réduite au minimum nécessaire pour indiquer à l'animal l'ordre à exécuter. Comme règle générale également, ne se servir habituellement que du filet à toutes les allures. Se rappeler que l'usage maladroit du mors de bride est la cause de la plupart des défenses et des accidents.

Conduite au pas. — Donner toute liberté à l'encolure du cheval, rênes à peu près flottantes et jambes près. Dès que les mains interviennent, le cheval trottine ou marche sans engager suffisamment ses postérieurs et perd beaucoup de sa solidité. Exagérer encore, contrairement au préjugé général, la liberté donnée à l'encolure de l'animal dans les descentes. Le cavalier doit se borner à bien redresser son buste et le porter le plus possible en arrière. Ne rassembler et ne mettre le cheval en main que dans les endroits glissants et tout à fait difficiles.

Conduite au trot. — Ne plus laisser au cheval toute sa liberté, mais redresser son encolure pour l'empêcher de trop charger son avant-main. Le cheval abandonné au trot se porte sur les épaules, et s'il échappe aux chutes, il n'échappe pas à l'usure prématurée de ses membres antérieurs. Si l'animal n'engage pas suffisamment ses postérieurs, le cavalier doit serrer les jambes contre les flancs et en arrière. L'allure d'un cheval au trot peut être entièrement transformée par le cavalier.

Conduite quand le cheval butte. — L'intervention des mains du cavalier est, suivant les circonstances, inutile ou nuisible, jamais utile. Ne pas toucher aux rênes ; simple retraite de corps, jambes en arrière, et éperon si l'animal tarde un peu à se relever.

Conduite dans le saut. — Laisser au cheval toute liberté d'encolure, n'agir sur les rênes que quand le saut est entièrement terminé. Rênes libres mais jambes très près, avant, pendant et après le saut.

Conduite dans les défenses. — Toutes les défenses, sans exception, sont annihilées dès qu'on mobilise le cheval par des pirouettes, ou des pas de côté. Ils empêchent l'animal de prendre sur le sol le point d'appui dont il a besoin pour exécuter une défense. Si le cheval n'est pas dressé, se borner à relever son encolure et la placer obliquement.

Quand le cavalier est *emmené* par son cheval, tâcher de modifier la position de la tête du cheval, l'abaisser s'il est parti le nez au vent, la relever au contraire s'il est parti encapuchonné. Agir sur les rênes d'une façon toujours intermittente. Les jambes portées très en arrière et serrées au besoin jusqu'à l'éperon, en même temps que la main relève l'encolure, peuvent, chez le cheval *bien dressé*, amener l'animal à engager davantage ses postérieurs, reporter son poids sur l'arrière-main, modifier ainsi son équilibre, et par suite sa vitesse.

Si le cheval est réellement emballé, tâcher de rester dessus jusqu'à ce qu'il soit fatigué, et ne pas épuiser ses forces en tractions inutiles qui réduisent la résistance et la solidité du cavalier. En cas d'obstacle infranchissable, mur, précipice, etc., ou bien sauter à terre en lâchant les étriers et saisissant la crinière, ou bien tirer violemment sur une seule rêne de façon à tâcher de tourner la tête du cheval de côté, ce qui réduit immédiatement sa vitesse, mais l'expose aussi à une chute immédiate. Ces deux moyens également dangereux ne doivent être mis en pratique qu'en cas d'extrême nécessité.

FIN

ATLAS

DE

PHOTOGRAPHIES INSTANTANÉES

Destinées à étudier le mécanisme des allures et à montrer les différences des allures et des attitudes prises par le même cheval monté par le même cavalier, suivant les variations d'équilibre imposées à l'animal.

PAR

GUSTAVE LE BON

ET

ALBERT LONDE

ANCIEN DIRECTEUR DU SERVICE PHOTOGRAPHIQUE DE LA SALPÊTRIÈRE

NOTES EXPLICATIVES

Cet atlas a principalement pour but, comme son titre l'indique, d'une part, d'étudier le mécanisme des allures, et, d'autre part, de montrer les variations d'allures et d'attitudes que peut produire sur le même cheval certaines variations d'équilibre. Il sert en même temps de démonstration aux explications données dans le chapitre relatif à la rectification des allures.

Bien qu'ayant eu à ma disposition des chevaux divers, j'ai préféré faire mes principales expériences sur un animal dont la conformation se rapprochait le plus de celle des chevaux généralement rencontrés dans l'état actuel de l'équitation, c'est-à-dire porté sur les épaules.

J'exécutai sur cet animal mes expériences fondamentales. Les autres chevaux employés étaient des purs-sang. Ils ont servi pour les comparaisons et afin de prouver, lorsque je montrais une forme d'allure non encore décrite, qu'il ne s'agissait pas d'un cas exceptionnel spécial à un cheval.

J'ai dû, pour ne pas trop grossir cet atlas, me borner à donner une faible partie des 1500 photographies environ qui ont été exécutées. Nos expériences n'ont pas porté uniquement d'ailleurs sur les seuls chevaux figurant dans cet atlas. Nous en avons fait aussi, comme moyen de vérification, sur d'autres. Les résultats obtenus ayant été identiques, il était inutile de reproduire ce qui formait répétition.

L'instrument employé pour obtenir nos photographies a été l'ingénieux appareil de M. Londe. Il donne au besoin douze images successives par seconde, ce qui permet de saisir les moindres nuances d'une allure. Ces douze images suffisent amplement et le plus souvent je n'en ai reproduit que six ou dix. Lorsque deux mouvements restaient identiques, il était évidemment inutile de les représenter l'un et l'autre.

Bien entendu jamais une série n'a été complétée avec une autre. Rien ne serait plus trompeur et moins scientifique qu'une elle façon d'opérer. La seule liberté que je me suis permise, et encore deux fois seulement, fut lorsque dans une série, plusieurs images étaient identiques aux extrémités de la série, par suite de la répétition du même mouvement, de remplacer la photographie la moins bonne par la meilleure. J'ai soin d'en prévenir le lecteur pour qu'il puisse s'expliquer les rares discordances qu'il pourrait observer dans les positions du cheval relativement au fond du paysage.

On remarquera que dans chaque série les images vont généralement croissant en grandeur du premier numéro au dernier. Cela tient à ce que, pour avoir les images assez grandes, il a fallu les prendre un peu obliquement [1]. Si on les prend petites, comme on le fait généralement, il est souvent impossible de distinguer nettement les positions respectives des membres.

Les chevaux représentés dans ces planches ont été montés par le même cavalier, l'auteur de cet ouvrage.

GUSTAVE LE BON.

1. Le lecteur qui désirerait être fixé sur les conditions d'obtention des images instantanées, et savoir pourquoi il est nécessaire de les prendre obliquement si on les veut un peu grandes, n'aura qu'à se reporter à l'étude que nous avons publiée sur cette question dans le deuxième volume de notre ouvrage : *La photographie en voyage et les levers photographiques* (2 vol. in-18, Gauthier-Villars).

PLANCHE I.

Le pas allongé.

J'ai longuement expliqué, dans le chapitre consacré à la rectification des allures, comment on arrive à allonger le pas d'un cheval, et aussi à lui faire engager ses postérieurs, ce qui le prépare à toutes les modifications d'équilibre qu'on veut lui imposer aux autres allures. La planche ci-contre représente l'animal au début de cette opération. Les mains laissent les rênes à peu près flottantes, mais sont prêtes à empêcher l'animal de changer son allure. Les jambes près des flancs et en arrière activent la marche.

Planche I. — LE PAS ALLONGÉ.

PLANCHE 2.

Le trot. — Relèvement de l'encolure et commencement de mise en main chez le cheval précédent.

La main du cavalier est fixe et haute, les jambes près, ainsi qu'il a été expliqué dans le chapitre consacré à la rectification des allures. Le cheval en expérience, habitué, depuis des années, à trotter l'encolure basse et abandonnée, est un peu contracté. Après quelques jours d'exercice, il portera lui-même sa tête, engagera ses postérieurs et arrivera au trot parfaitement équilibré représenté dans la planche suivante. Chez le cheval en dressage, l'action du cavalier doit être permanente. Chez le cheval dressé, elle doit être presque nulle, l'animal sait alors prendre de lui-même les positions qui donnent le maximum d'effet utile avec un minimum de gêne et de fatigue.

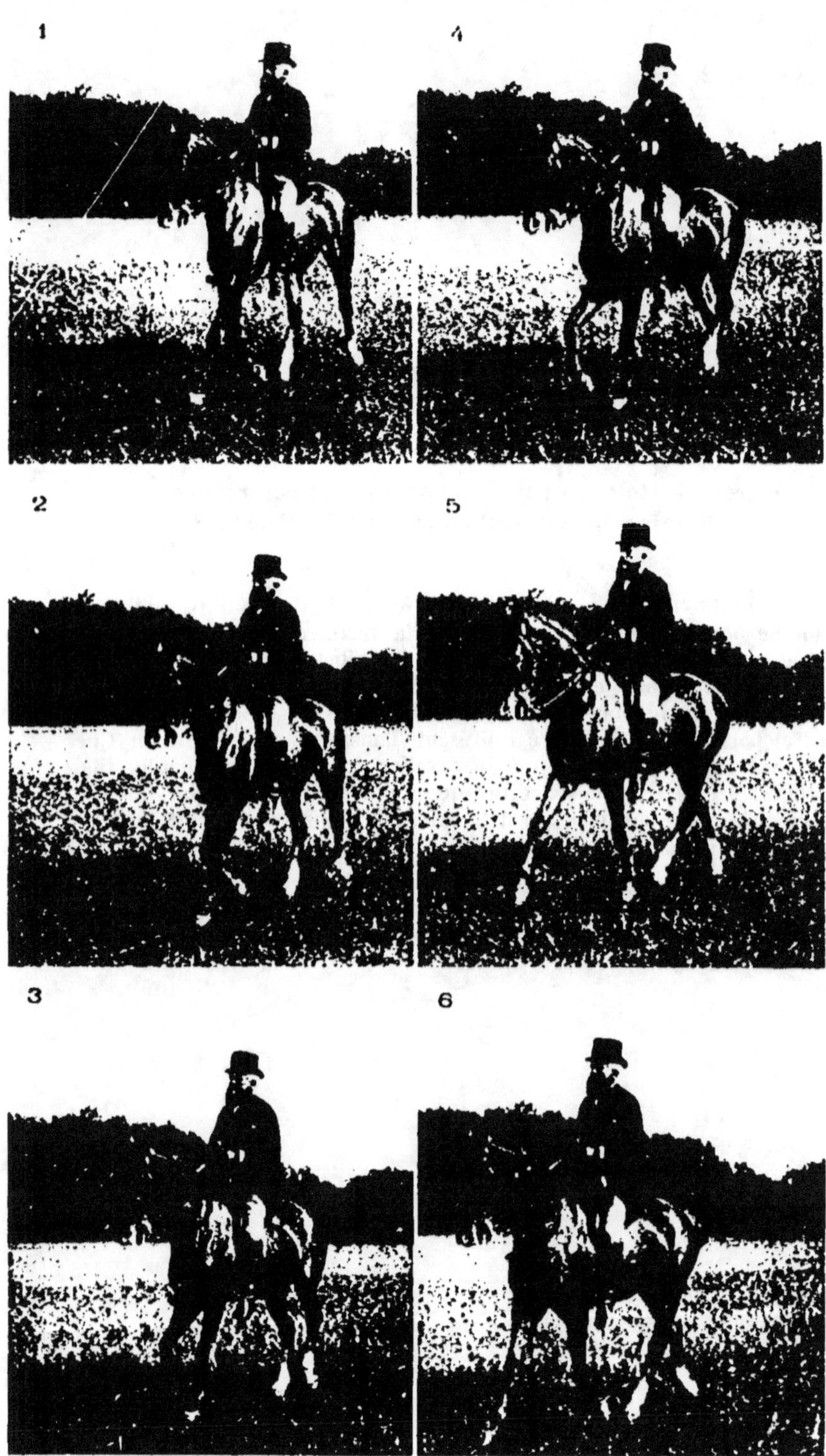

PL. 2. — LE TROT. RELÈVEMENT DE L'ENCOLURE ET COMMENCEMENT DE MISE EN MAIN CHEZ LE CHEVAL PRÉCÉDENT.

PLANCHE 5.

Trot parfaitement équilibré chez le même cheval.

Le cheval n'est plus du tout contracté comme il l'était dans la planche précédente. Il porte de lui-même son encolure, et le cavalier n'exerce plus qu'une traction légère sur les rênes. Au gré du cavalier, l'animal peut sans effort accélérer le trot ou, au contraire, le raccourcir. Il tombera à volonté dans le trot cadencé ou passage, ou dans le piaffer, représentés dans les planches suivantes.

On remarquera un léger défaut de synchronisme dans le poser des membres diagonaux. On voit, figures 1 et 6 que le postérieur se pose un peu avant de l'antérieur en diagonale. L'étude d'un grand nombre de photographies de chevaux très différents m'a prouvé qu'il en est le plus souvent ainsi au trot, et m'a conduit à admettre que le trot est en réalité une allure généralement en quatre temps. Pratiquement, ce défaut de synchronisme est trop léger pour être perceptible. Dès qu'il s'exagère, on arrive au trot traquenardé.

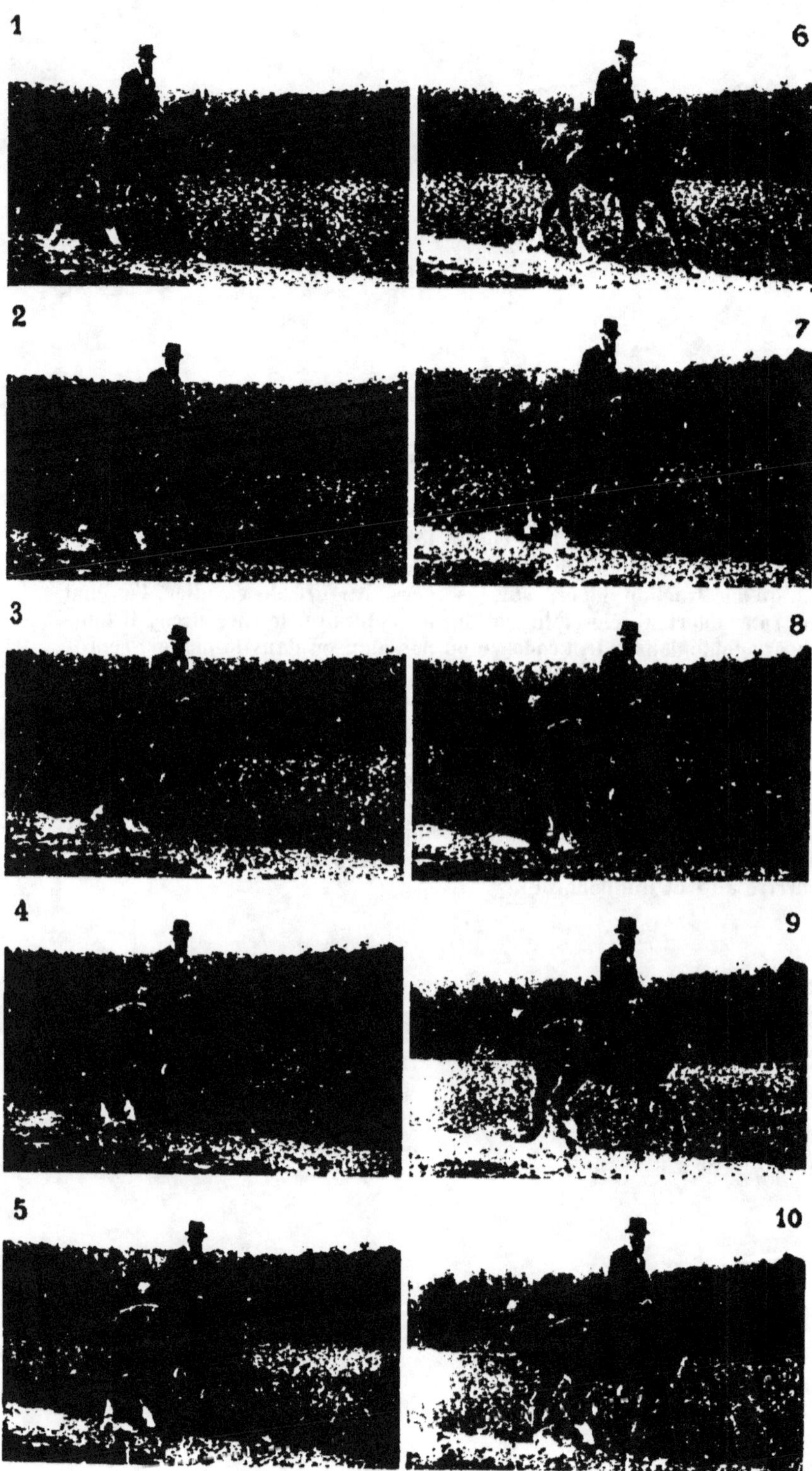

PL. 5. TROT PARFAITEMENT ÉQUILIBRÉ CHEZ LE MÊME CHEVAL.

PLANCHE 4.

Trot à extension, chez le même cheval.

L'animal précédent étant parfaitement équilibré, c'est-à-dire le cavalier disposant à volonté de son équilibre, il suffit de le forcer à dépenser ses mouvements en hauteur en exagérant l'action des jambes, et en relevant en même temps l'encolure, — afin d'empêcher l'animal d'accélérer sa vitesse, — pour le faire tomber dans le petit trot cadencé avec grande élévation des membres, nommé aussi passage. Si on examine les figures 3 et 10, on voit que les antérieurs ont une grande extension. Elle est aussi grande que dans la planche donnée par Fillis pour un cheval d'école au passage.

Il existe une autre forme de passage dans laquelle le trot étant plus ralenti encore, et le même mouvement entretenu, le cheval se lance alternativement d'un diagonal sur l'autre. Photographiquement cette forme du passage ne diffère pas sensiblement de la précédente, les mouvements de balancer de l'animal de gauche à droite, et vice versa, ne se percevant pas de profil. C'est cette dernière forme de passage que donne le pur-sang représenté dans une des planches suivantes.

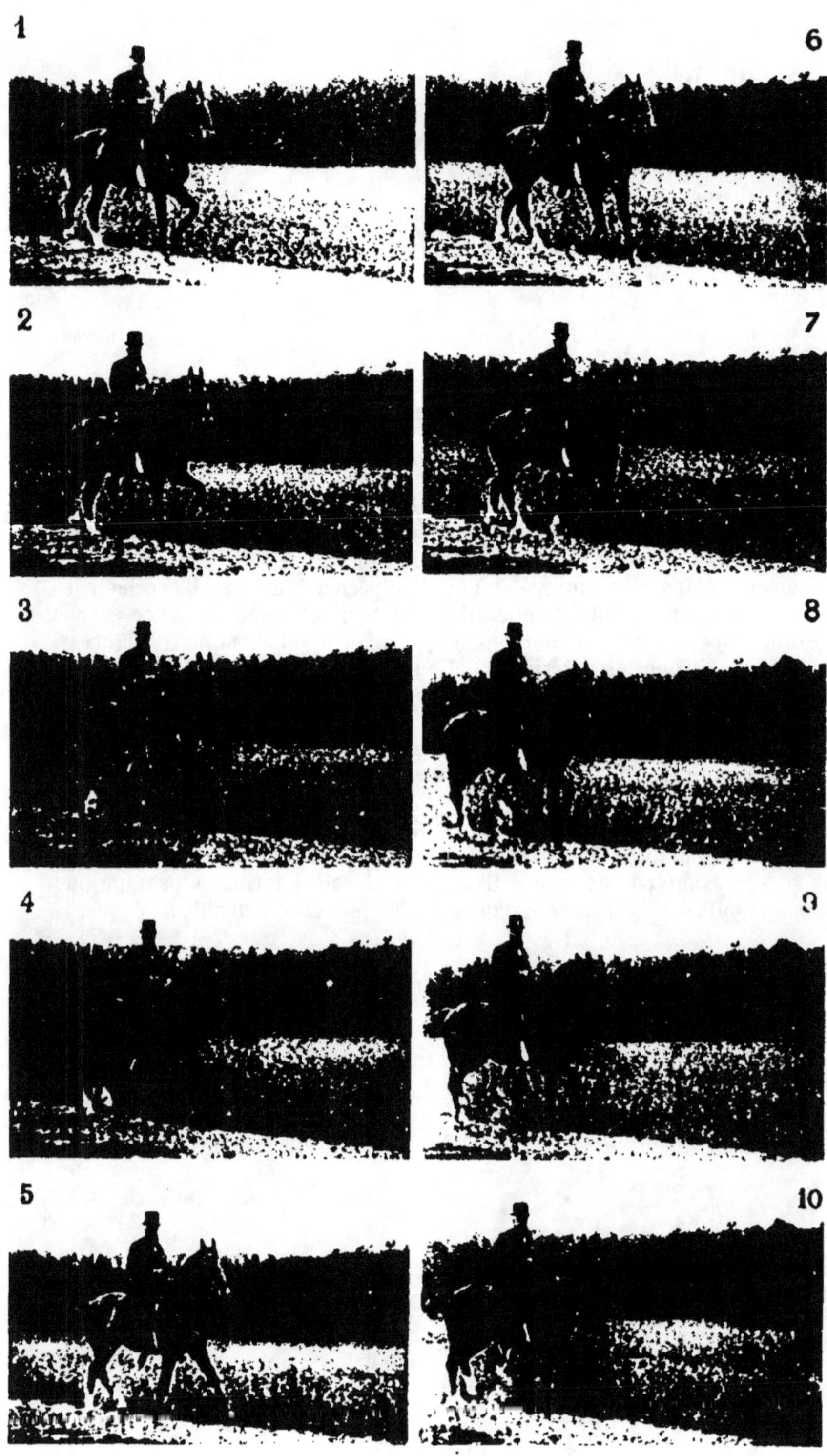

PL. L. — TROT A EXTENSION CHEZ LE MÊME ANIMAL.

PLANCHE 5.

Le trot sur place, ou piaffer, chez le même cheval.

Si nous exagérons encore l'action des aides au trot, en insistant en même temps sur les effets diagonaux, chez le cheval dont l'équilibre est entièrement à notre disposition, il exécute l'air de haute école nommé *piaffer*, qui n'est que du trot sur place. Il saute d'un diagonal sur l'autre sans progresser. On voit, en observant la projection de l'animal sur un arbre du fond du paysage, qu'il n'a pas, en effet, avancé sensiblement en passant d'un diagonal à l'autre. Arrivée à ce point, l'éducation du cheval est bien près d'être complète.

On remarquera que cette forme du piaffer avec encolure haute, diffère notablement de celle de l'école de Raabe avec encolure basse. Suivant une règle ancienne, l'action des membres antérieurs doit prédominer un peu en hauteur sur celle des postérieurs, et ce n'est possible que dans la forme du rassembler, décrite par nous dans le chapitre consacré à l'étude de l'équilibre du cheval.

Pl. 5. — TROT SUR PLACE OU PIAFFER CHEZ LE MEME CHEVAL.

PLANCHE 6.

Petit trot de deux pistes.

J'ai expliqué, dans le texte de l'ouvrage, le mécanisme de cette allure et son avantage pour l'assouplissement du cheval. L'animal marche parallèlement à lui-même en entre-croisant ses membres, ce qui lui donne beaucoup de souplesse.

On obtient le trot régulier de deux pistes, d'abord par le travail de l'épaule en dedans (effet latéral), puis par le travail de la croupe au mur (effet diagonal). Une des jambes entretient le mouvement, l'autre, portée plus ou moins en arrière, donne la direction du mouvement. Comme dans tous les mouvements de côté, le cavalier doit peser davantage sur l'étrier du côté vers lequel se dirige l'animal.

Dans le trot que représente la planche ci-jointe, l'animal est fort bien placé. Encolure haute et souple, bouche tout à fait décontractée, bien que le cavalier n'agisse que sur le filet. L'animal donnant actuellement la mise en main par la simple pression des jambes, l'action du mors de bride est devenue à peu près inutile.

Nous avons dit dans notre ouvrage que le mors de bride devait être réservé pour les exercices de haute école et pour le dressage, et qu'il y a toujours un grand intérêt à conduire le cheval avec le filet. Quand l'animal est suffisamment dressé, le mors de bride devient à peu près inutile, même pour les exercices de haute école.

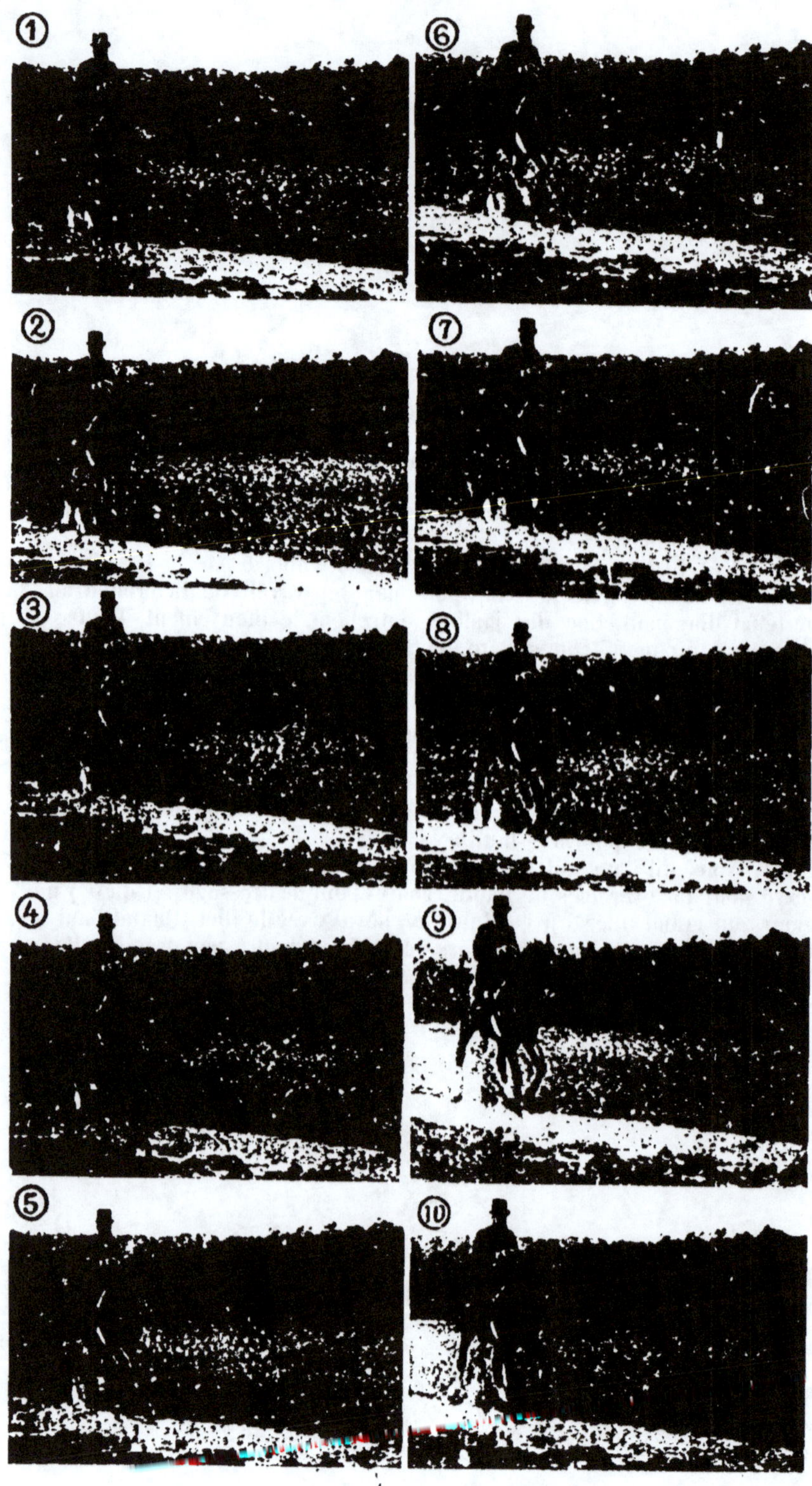

Planche 6. — LE TROT DE DEUX PISTES.

PLANCHE 7.

L'encapuchonnement au trot. — Dissociation des bases diagonales.

Quelque parfait que soit le dressage avons-nous expliqué, il n'a d'utilité qu'à la condition d'un emploi judicieux des aides. Le cheval précédent est évidemment très bien dressé. Il va nous suffire cependant de nous servir maladroitement des aides pour le faire tomber dans des allures irrégulières, puis dans des défenses.

La main, intentionnellement brutale, amène le cheval dans la planche ci-jointe à l'encapuchonnement, défaut, s'exagèrant progressivement de la figure 1 à la figure 6 avec la maladresse du cavalier. Si le cavalier continuait encore à tirer l'animal, après avoir échappé par l'encapuchonnement à l'action du mors, prendrait le galop, et probablement s'emballerait.

En s'encapuchonnant ainsi, le cheval, non seulement se soustrait à la gêne que lui impose son cavalier, mais, en outre, il surcharge son avant-main, ce qui va amener une altération profonde de son allure. Celle-ci est encore à peu près régulière de la figure 1 à la figure 5, c'est-à-dire que les membres se posent par paires diagonales. Sur la figure 6 elle est devenue très irrégulière : l'animal, au lieu de poser simultanément, ou presque simultanément, son antérieur gauche et son postérieur droit, pose d'abord son antérieur gauche, et le postérieur droit, encore très soulevé, est fort en retard. Nous avons vu dans une planche précédente que, chez ce cheval, le postérieur avait au contraire, une tendance à se poser avant l'antérieur en diagonal. Le même cheval, suivant la façon dont il est manié, pose donc au trot, ses membres, sur le sol d'une manière très différente.

Pl. 7. L'ENCAPUCHONNEMENT AU TROT. DISSOCIATION DES BASES DIAGONALES.

PLANCHE 8.

Relèvement des antérieurs chez un pur-sang qui rasait le tapis.

Le cheval représenté ici avait, des allures très incorrectes. Au trot il rasait le tapis et faisait des fautes incessantes. Il a subi par le dressage des modifications analogues à celles visibles chez le cheval précédent dans les six premières planches de cet atlas. Pour ne pas multiplier inutilement nos planches, nous nous bornons à représenter l'animal à la période de dressage où, par le relèvement de l'encolure et l'action des jambes, il commence à relever ses antérieurs et à engager ses postérieurs. Un travail préalable au pas, pratiqué suivant la méthode indiquée dans cet ouvrage, lui avait appris à marcher correctement, et par conséquent à ne plus butter comme il le faisait auparavant.

Le cheval représenté sur cette planche a évidemment l'encolure contractée et est gêné dans ses mouvements. Mais il ne faut pas oublier qu'il se trouve dans une période de redressage. Nous n'arriverons qu'au prix de cette gêne momentanée à rectifier ses allures. L'animal représenté planche 2 était, lui aussi, gêné et contracté, mais, après avoir franchi une période de lutte contre les exigences de son cavalier, il est arrivé aux allures aisées et régulières, représentées sur les planches 3 et suivantes.

Planche 8. — RELÈVEMENT DES ANTÉRIEURS AU TROT CHEZ UN PUR-SANG QUI RASAIT LE TAPIS.

PLANCHE 9.

Petit trot à extension ou passage du même pur-sang.

Cette planche représente l'animal de la planche précédente, mais à une période plus avancée de la rectification de son dressage. Sa solidité, d'abord incertaine, est devenue parfaite. Le relèvement de ses membres (voir notamment fig. 2 et 3) est à son maximum. Il suffira maintenant de donner un peu de liberté à son encolure pour passer du trot cadencé à un grand trot allongé parfaitement régulier.

L'exercice du trot à extension est, comme je l'ai expliqué, la meilleure gymnastique qu'on puisse imposer à un cheval dont la solidité est douteuse et les allures irrégulières. Le trot représenté ici mérite beaucoup plus le nom de passage que celui de trot à extension. L'animal progresse avec une extrême lenteur, et c'est à peine s'il dépasserait un cavalier au pas.

L'élévation des antérieurs et l'engagement des postérieurs portés à ce degré nécessitent chez le cheval une grande dépense d'énergie. Elle n'est obtenue qu'avec la jambe très en arrière, et l'éperon caressant légèrement les flancs du cheval.

Tout en exécutant son travail correctement, l'animal, — de même d'ailleurs que dans la planche précédente, — s'est un peu tourné du côté de l'appareil photographique en se braquant légèrement sur le mors. Ce pur-sang étant fort nerveux, le bruit produit par le déclanchement des électro-aimants démasquant successivement les douze objectifs, l'inquiétait toujours. Les premières fois il se livrait, en approchant de l'opérateur, à de violentes défenses, notamment à des bonds sur place et à des lançades que j'ai eu occasion de représenter dans une des figures de l'ouvrage. L'éperon l'a soumis à la volonté du cavalier, mais son inquiétude devant l'appareil photographique a toujours subsisté.

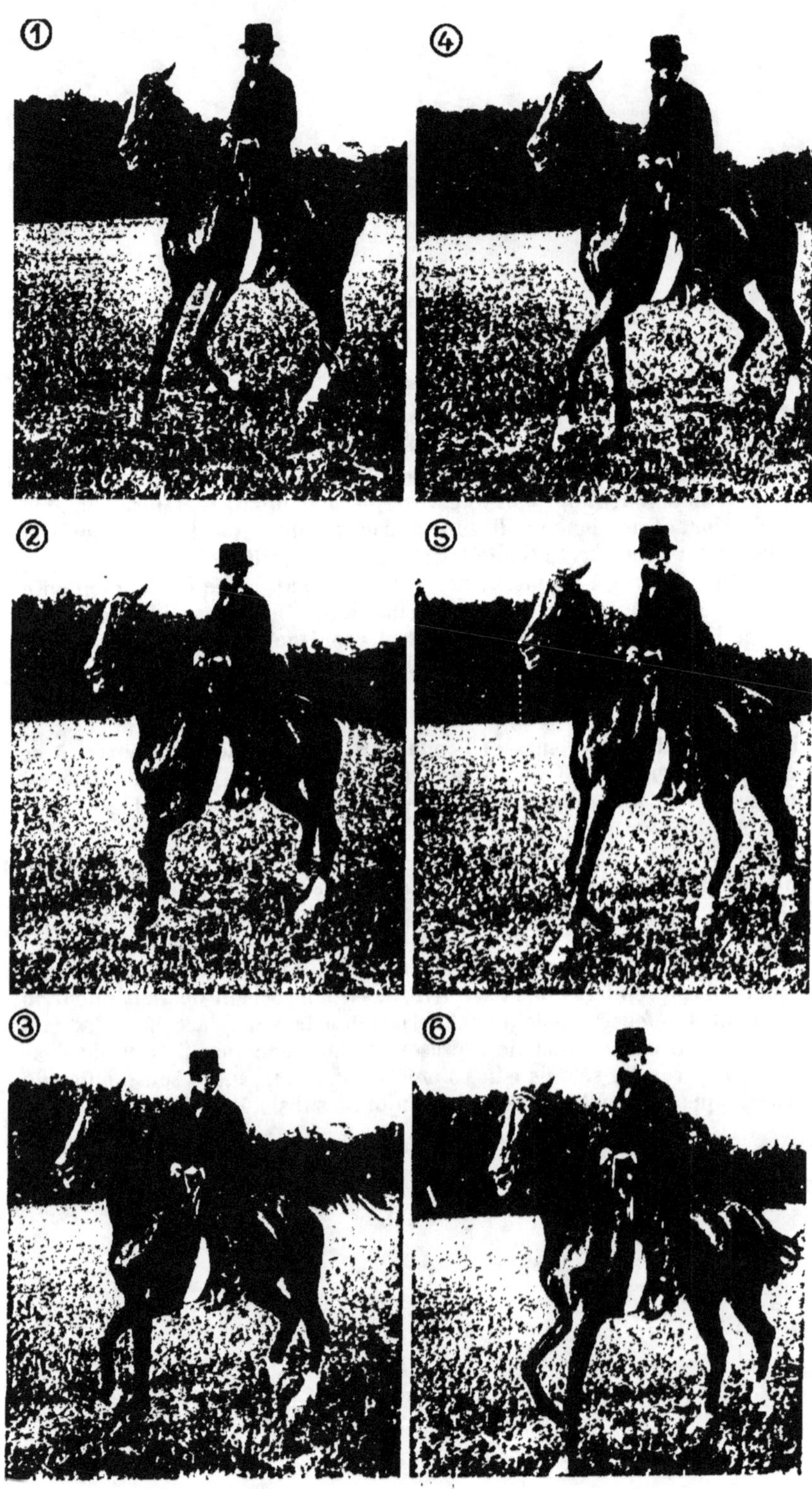

Planche 9. — TROT A EXTENSION OU PASSAGE
CHEZ LE MÊME PUR-SANG.

PLANCHE 10.

Forme classique du galop en trois temps.

Cette planche ainsi que les suivantes montrent les grandes variations que l'équilibre peut faire subir au galop et combien sous le nom générique de galop se rangent des allures différentes. Celles représentées dans nos planches ont pu être obtenues avec des chevaux fort divers.

Avant de passer aux formes nouvelles de galop relevées par la photographie, nous représenterons d'abord les formes connues du galop. La planche ci-contre représente le galop classique en trois temps. Loin d'être la forme la plus générale, il en constitue au contraire, d'après nos expériences, une des moins fréquentes.

Les bases dans cette forme de galop sont les suivantes :

Galop classique en trois temps.

Base unipédale postérieure gauche (fig. 1)
Base tripédale antérieure gauche (fig. 2)
Base diagonale gauche (*) (fig. 3).
Base tripédale postérieure droite (fig. 4).
Base unipédale antérieure droite (fig. 5).
Période de suspension (fig. 6).

(*) Cette base diagonale gauche est assez rare à observer. Elle est le plus souvent tripédale. Sur la figure 3, l'antérieur droit n'est pas tout à fait à terre, mais il en est extrêmement près.

PL. 10. — FORME CLASSIQUE DU GALOP EN TROIS TEMPS.

PLANCHE II.

Forme classique du galop en quatre temps.

Cette forme de galop, tout en n'étant pas rare, ne s'obtient correctement que chez le cheval très rassemblé, ou encore chez de vieux chevaux très fatigués, mais alors galopant l'encolure basse. On voit, par la planche ci-jointe, qu'on peut l'obtenir avec l'encolure très relevée. Le galop en quatre temps représenté ici a été obtenu avec le pur-sang dont il fut question plus haut et qui, au début, refusait de relever et de décontracter son encolure.

Dans cette forme bien connue du galop, l'ordre des appuis est le suivant :

Petit galop classique en quatre temps (pied gauche).

Base unipédale postérieure droite (fig. 1).
Base latérale droite (*).
Base tripédale antérieure droite (fig. 2).
Base quadrupédale (fig. 3).
Base tripédale postérieure gauche (fig. 4).
Base latérale gauche (fig. 5).
Base unipédale antérieure gauche (*).
Période de suspension (fig. 6).

(*) Ce galop étant très lent, nous avons dû, pour obtenir la succession complète des images, opérer peu rapidement (six images seulement au lieu de douze par seconde). Il s'ensuit que les deux phases de l'allure marquées ici d'un astérisque se sont probablement produites dans l'intervalle de deux déclanchements photographiques. Je ferai remarquer d'ailleurs que si la base unipédale antérieure est constante dans toutes les formes de galop, sans exception, il arrive parfois qu'une des deux bases latérales vient à manquer.

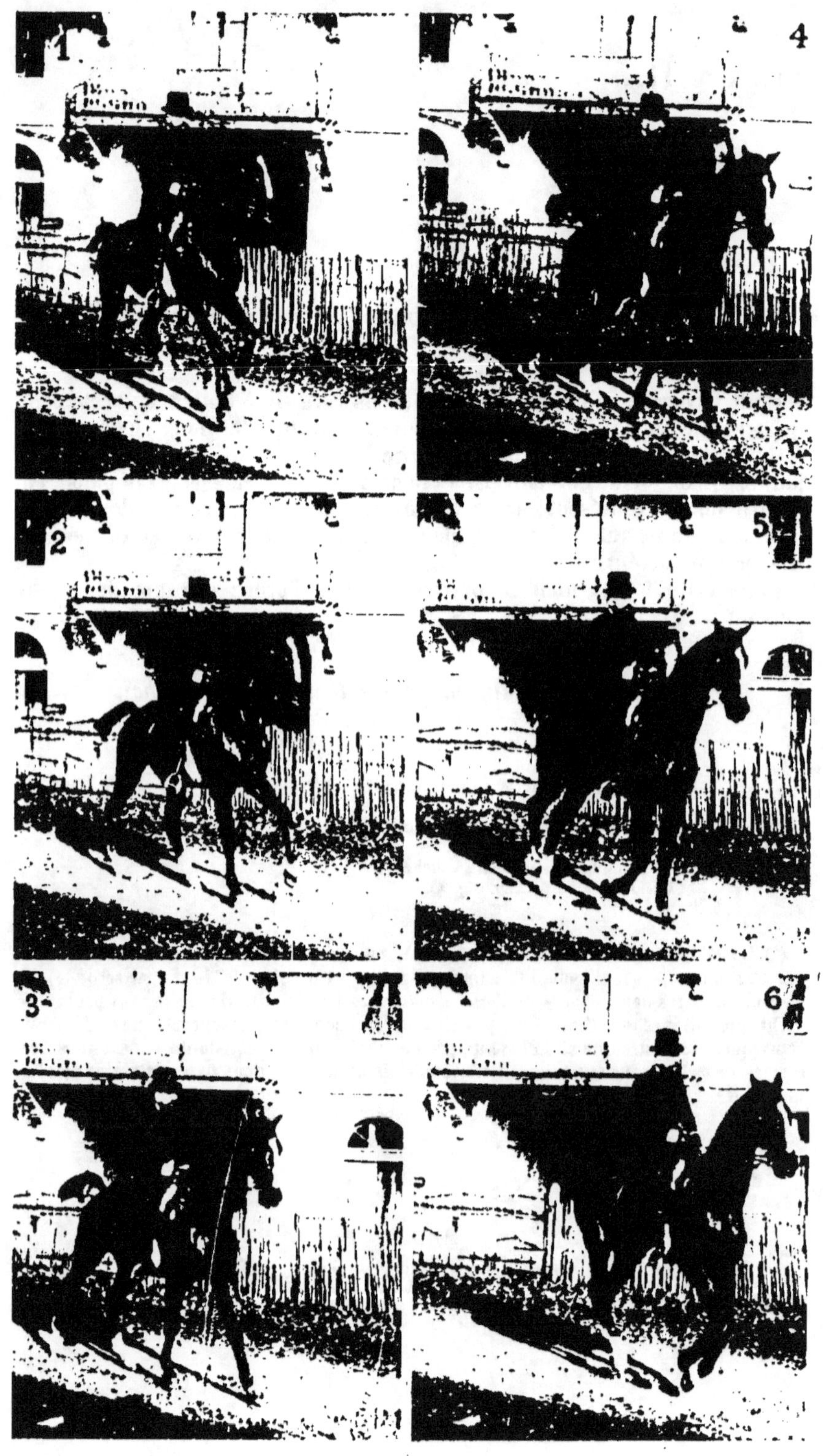

Planche II. — FORME CLASSIQUE DU GALOP EN QUATRE TEMPS.

PLANCHE 12.

Le galop latéro-diagonal. Forme normale du galop chez le cheval parfaitement équilibré.

Bien que cette forme du galop n'ait pas été représentée encore, je la crois la plus fréquente chez le cheval bien équilibré, comme l'animal représenté dans cette planche et qui est celui figurant sur les premières planches de cet ouvrage.

L'ordre successif des appuis est le suivant :

Base unipédale postérieure gauche (fig. 1 et 2).
Base latérale gauche (fig. 3).
Base tripédale antérieure gauche (fig. 4).
Base diagonale gauche (fig. 5 et 6).
Base tripédale postérieure droite (fig. 7 et 8).
Base latérale droite (fig. 9).
Base unipédale antérieure droite (fig. 10).

Cette forme du galop diffère du galop classique en trois temps par l'intercalation de deux bases latérales. Elle diffère du galop en quatre temps ordinaire par la présence d'une base diagonale et la non-existence d'une base quadrupédale.

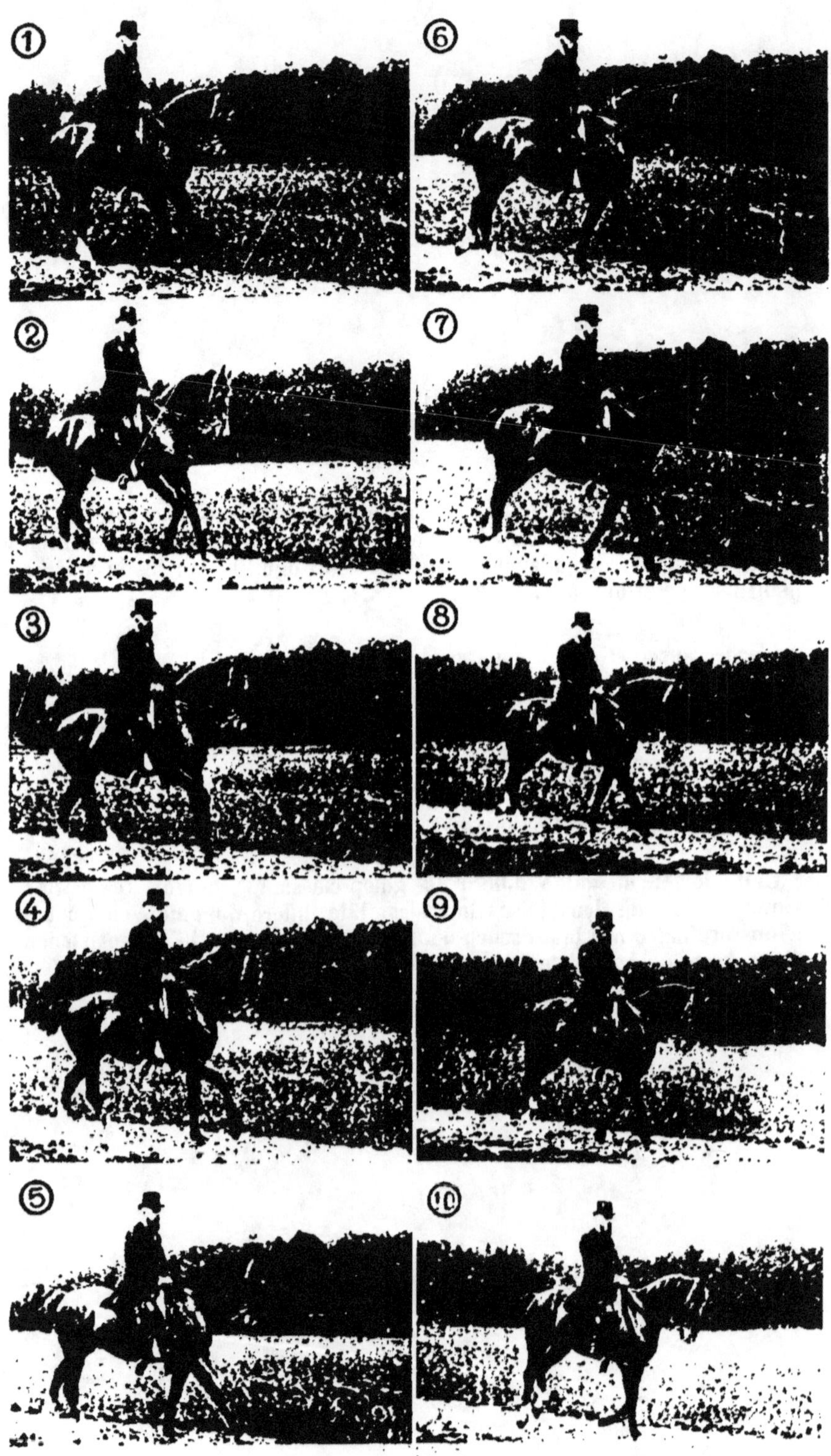

Planche 12. — LE GALOP LATÉRO-DIAGONAL. FORME NORMALE DU GALOP CHEZ LE CHEVAL PARFAITEMENT ÉQUILIBRÉ.

PLANCHE 15.

Petit galop libre, rênes flottantes. Formation des bases latérales.

L'animal galope sur le pied gauche. L'ordre des appuis est le suivant :

Base unipédale postérieure droite (fig. 1).
Base latérale droite (fig. 2).
Base tripédale antérieure droite (fig. 3).
Base tripédale postérieure gauche (fig. 4).
Base latérale gauche (fig. 5).
Base unipédale antérieure gauche (fig. 6).

Cette forme de galop se rapproche beaucoup de la précédente et n'en diffère que par la suppression de la base diagonale. Elle présente deux bases latérales, comme on le voit figures 2 et 5, ce qui la distingue essentiellement du galop classique en trois temps. Elle s'écarte du galop classique en quatre temps par l'absence de base quadrupédale. Le même cheval donne à volonté cette base quadrupédale dans une autre forme de galop représentée plus loin.

La présence de bases latérales au galop est, d'après nos expériences, aussi fréquente chez le cheval abandonné à lui-même que chez le cheval rassemblé, contrairement à ce qu'on admettait jusqu'ici. On remarquera que le cheval représenté sur cette planche galope à sa guise, rênes à peu près flottantes. Et cette forme de galop ne lui est pas spéciale, puisque nous allons la retrouver identique dans le galop du pur-sang représenté planche suivante.

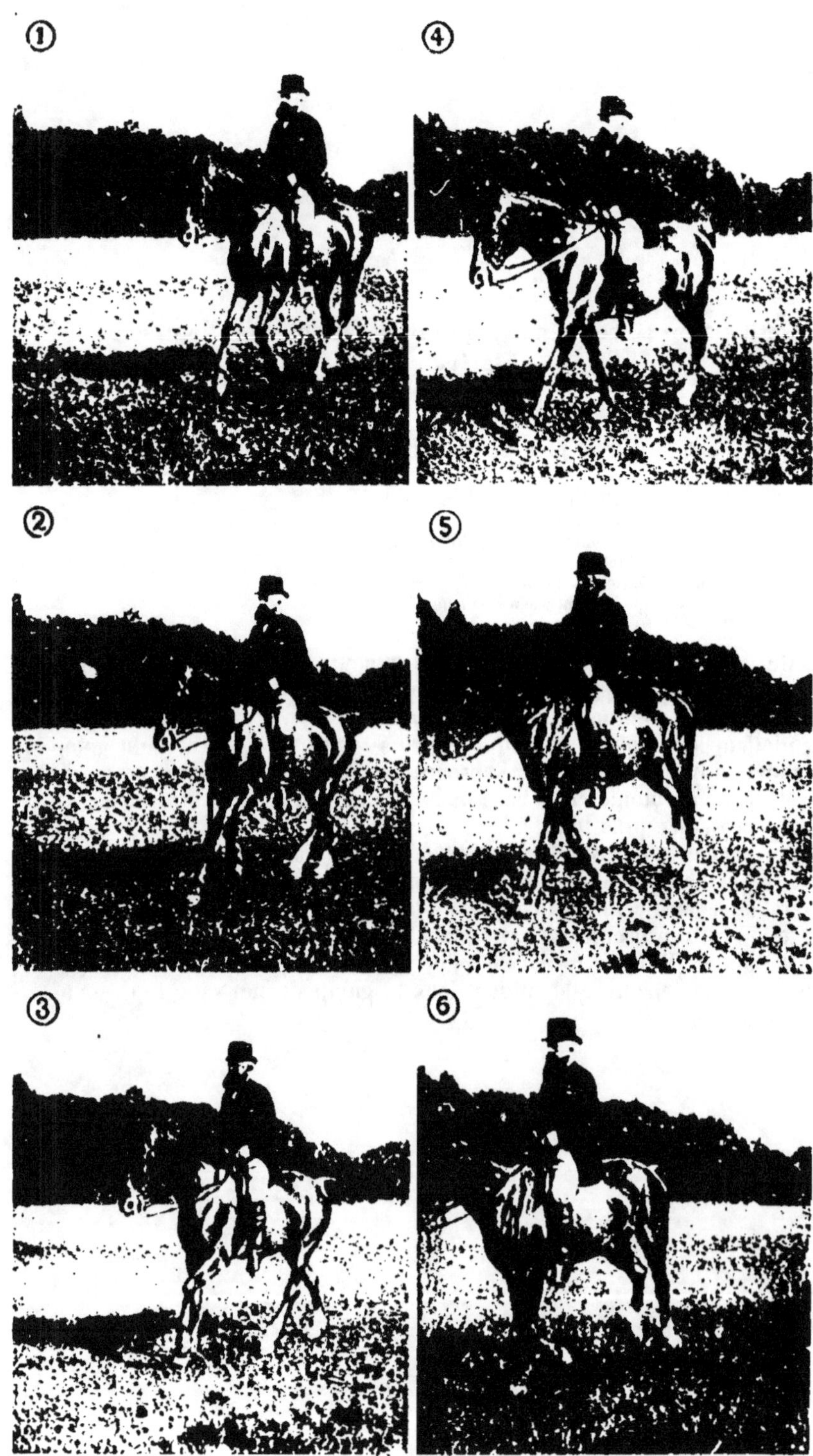

Planche 15. — PETIT GALOP LIBRE, RÊNES FLOTTANTES.
FORMATION DES BASES LATÉRALES.

PLANCHE 14.

Formation des bases latérales au galop chez un pur-sang.

Je donne cette planche pour montrer que la forme de galop décrite dans la planche précédente n'est pas spéciale à un cheval déterminé. On voit figure 2 et figure 6 les deux bases latérales. L'ordre des appuis est le même que dans la planche précédente. Nous n'avons pas représenté la base unipédale antérieure qui succède à la figure 6, et qui est la même dans toutes les formes du galop. Il nous a paru préférable de consacrer la place dont nous disposions à montrer par la figure 5, qui est fort claire, comment se prépare la base latérale que la figure 6 représente entièrement formée.

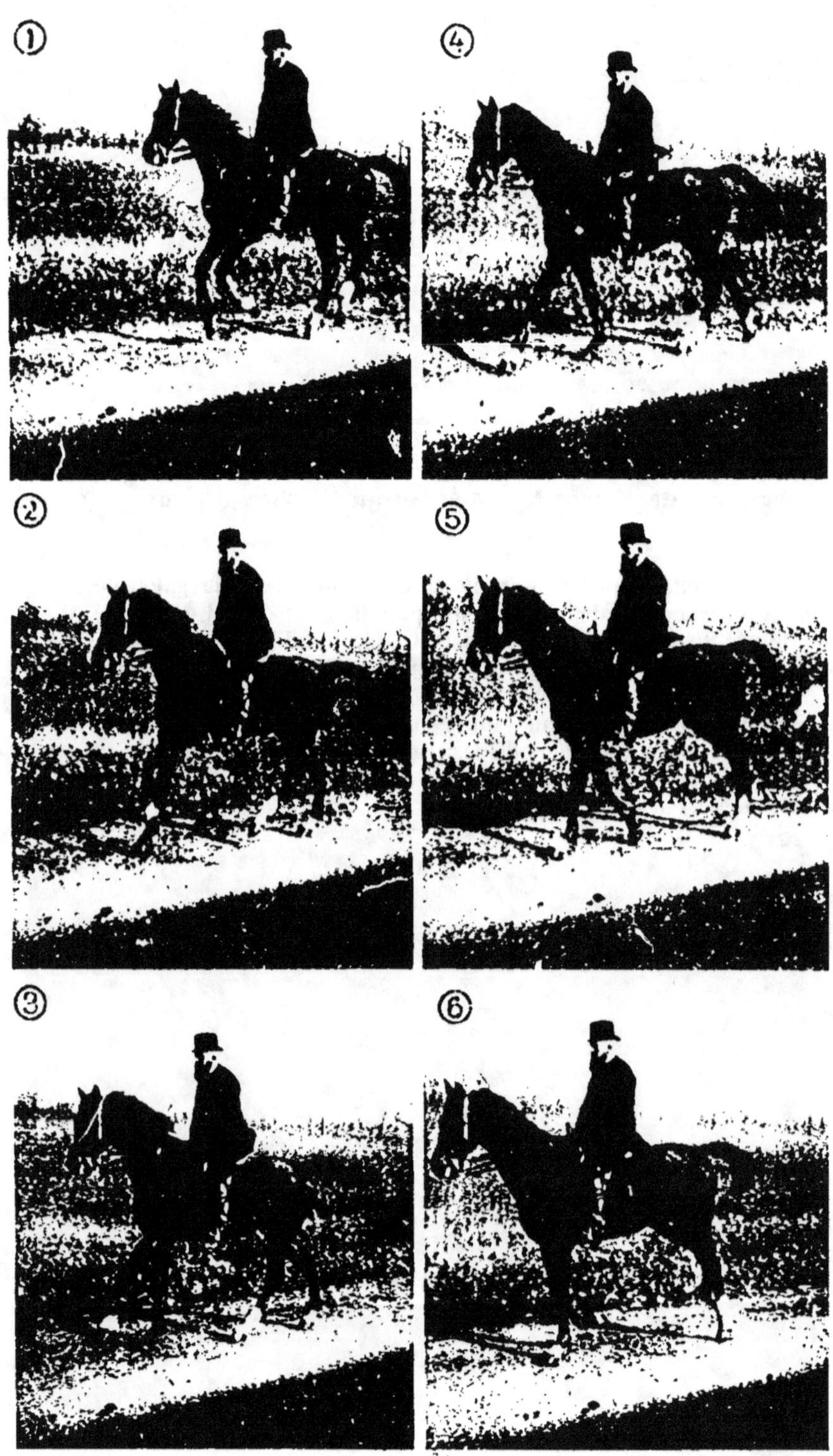

PL. 16. — FORMATION DES BASES LATÉRALES AU GALOP CHEZ UN PUR-SANG.

PLANCHE 15.

Le galop avec base bipédale et base quadrupédale.

Cette forme de galop fort curieuse n'avait pas été décrite encore. L'ordre des appuis est le suivant :

Base unipédale postérieure gauche (fig. 1).
Base bipédale postérieure (fig. 2).
Base tripédale antérieure gauche (fig. 3).
Base quadrupédale (fig. 4).
Base tripédale postérieure (*) (fig. 5).
Base unipédale antérieure droite (fig. 6).

Cette forme de galop est celle d'un cheval très renfermé entre les aides avec prédominance de l'action du mors. Elle diffère du galop en quatre temps ordinaire par la disparition des bases latérales, et par l'intercalation d'une base bipédale postérieure. C'est ce galop que représentaient les anciens écuyers du temps de La Guérinière; et à ce point de vue, on voit que leurs représentations, contrairement à ce qu'on a soutenu, étaient fort correctes, au moins pour la base bipédale. Avec les mors très brutaux dont on faisait alors usage, le cheval était forcément conduit à cette forme de galop.

On remarquera la disparition complète des bases latérales, qu'on regardait au contraire comme se présentant exclusivement dans le galop très rassemblé. Il n'y a donc aucune analogie entre cette forme de galop et le galop classique en quatre temps.

Il est d'ailleurs bien facile de comprendre la formation d'une base bipédale postérieure au galop, par exagération des effets sur l'avant-main. Dans le galop ordinaire, après le poser d'un postérieur (phase initiale de toutes les formes possibles du galop), le cheval pose simultanément l'autre postérieur et un antérieur. Retardons le poser de cet antérieur, en agissant sur l'avant-main, et nous avons nécessairement une base bipédale.

(*) Cette base tripédale est bien plutôt, en réalité, une base bipédale, le postérieur droit ne touche, en effet, le sol que par le sommet de la pince.

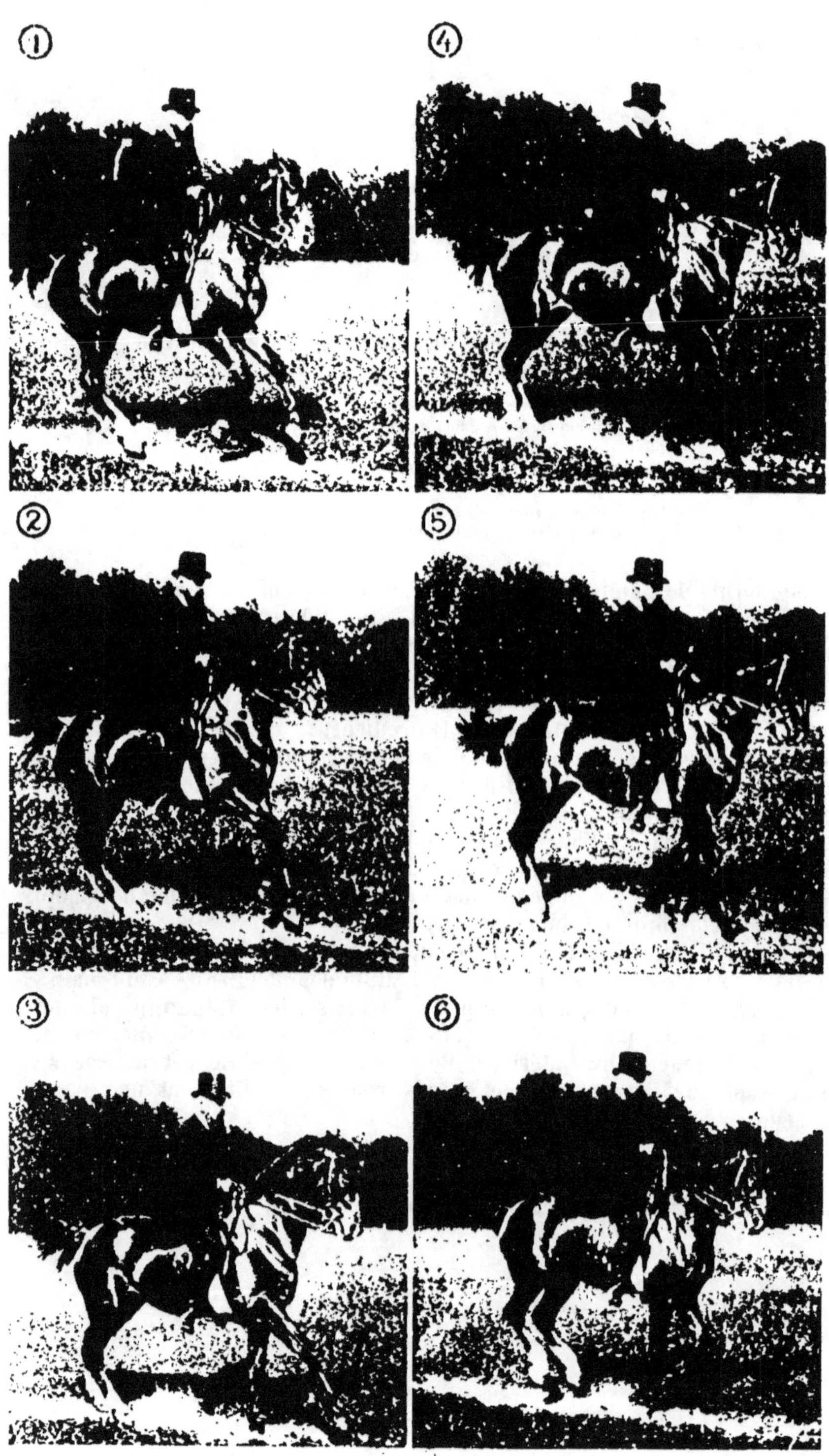

Pl. 15. LE GALOP AVEC BASES BIPÉDALE ET QUADRUPÉDALE.

PLANCHE 16.

Le galop de charge.

Cette planche représente la quatrième et dernière des formes nouvelles du galop que nous a révélées la photographie.

L'ordre des appuis successifs est le suivant :

Base bipédale postérieure succédant à une base unipédale non représentée ici (fig. 1).
Base diagonale gauche (fig. 2).
Base bipédale antérieure (fig. 3).
Base unipédale antérieure droite (fig. 4).
Suspension (fig. 5).
La base unipédale postérieure va se poser (fig. 6).

Ce galop diffère du galop de course ordinaire par la formation d'une base diagonale. Il se distingue du galop classique en trois temps par la présence de deux bases bipédales et la suppression habituelle des bases tripédales. Cette forme de galop est celle dans laquelle on rencontre le plus souvent une base diagonale, tandis que le galop classique en trois temps est la forme où cette base diagonale, — contrairement à l'opinion unanime des auteurs, — se rencontre le moins souvent.

J'ai qualifié ce galop de galop de charge. Aussi bien au point de vue théorique qu'au point de vue pratique cette forme de galop diffère essentiellement du galop de course. Dans le galop de course, le cheval allonge entièrement son encolure pour arriver à son maximum de vitesse. Le rendement mécanique est assurément meilleur, mais l'animal n'est plus maître de son équilibre, et se trouve dans l'impossibilité de s'arrêter rapidement si une raison quelconque l'y oblige. Dans le galop de charge correctement pratiqué, le cheval est près de son maximum de vitesse, mais ne l'atteint pas tout à fait. Il est maître de son équilibre et peut s'arrêter en quelques mètres si la nécessité l'y contraint. Au point de vue militaire la nécessité de pouvoir arrêter rapidement un cheval au galop de charge est absolue, sous peine de voir le cheval se briser contre des obstacles invisibles à quelque distance, ou tomber dans des embûches. On ne peut arriver à cet arrêt rapide si on a permis au cheval d'allonger entièrement son encolure et de rejeter tout son poids sur son avant-main.

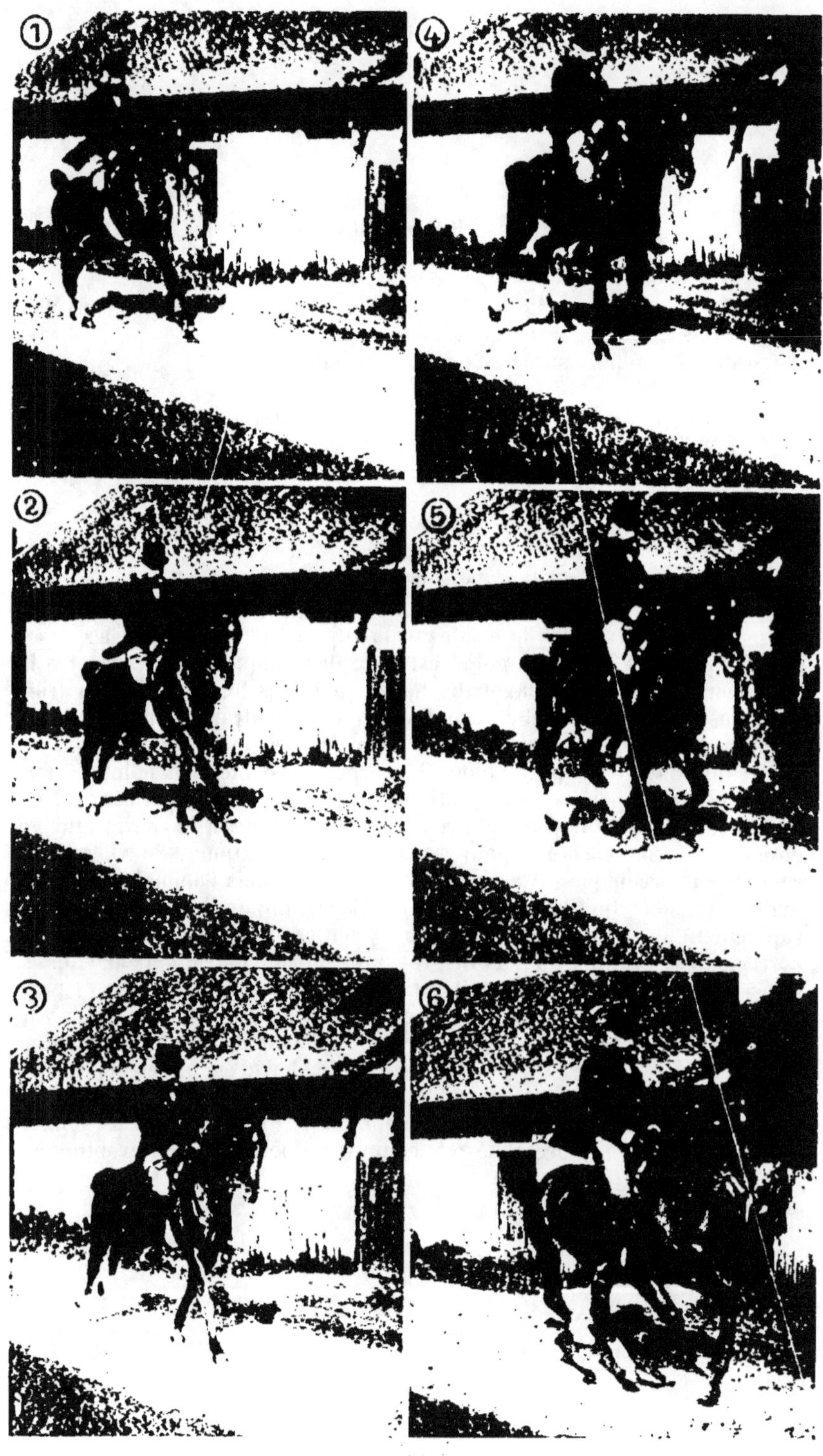

Planche 16. — LE GALOP DE CHARGE.

Planche 17.

Le changement de pied au galop.

On a beaucoup écrit sur le changement de pied au galop, mais personne n'avait essayé jusqu'ici de décomposer par la photographie ce mouvement compliqué. La difficulté est d'ailleurs très grande. Pour rendre visible le changement de pied, il faut que, l'animal passant devant l'appareil, galope moitié du temps sur un pied et moitié du temps sur l'autre pied. Or, si l'on considère que la totalité de la durée de la pose pour les douze images n'est que de deux secondes, que le champ embrassé par l'instrument est inférieur à quatre mètres et que le cavalier doit pouvoir diviser par la pensée cette durée de temps si courte et cet espace si restreint en parties à peu près égales, et changer de pied à peu près exactement au milieu, on voit que les difficultés à résoudre sont assez sérieuses. L'opération n'est même possible qu'avec un pur-sang ayant des réactions très vives.

Le cheval ici représenté est au galop classique en quatre temps. L'ordre successif des appuis est le suivant :

Base tripédale postérieure droite (fig. 1).	
Base latérale droite (fig. 2).	Galop sur le pied droit
Base unipédale antérieure droite (fig. 3).	
Période de suspension (fig. 4).	
Base unipédale postérieure droite (fig. 5 et 6).	
Base tripédale antérieure droite (fig. 7)	
Base quadrupédale (fig. 8).	Galop sur le pied gauche
Base tripédale postérieure gauche (fig. 9).	
Base unipédale antérieure gauche (fig. 10).	

Les figures 11 et 12 représentent la préparation à un nouveau changement de pied dont la photographie n'a pas représenté la suite.

La figure 1 correspond à la figure 9, c'est-à-dire que le cheval se trouve au même temps du galop dans les deux figures ; mais ses appuis sont inversés, il galope sur le pied droit dans la fig. 1 et sur le pied gauche dans la fig. 9.

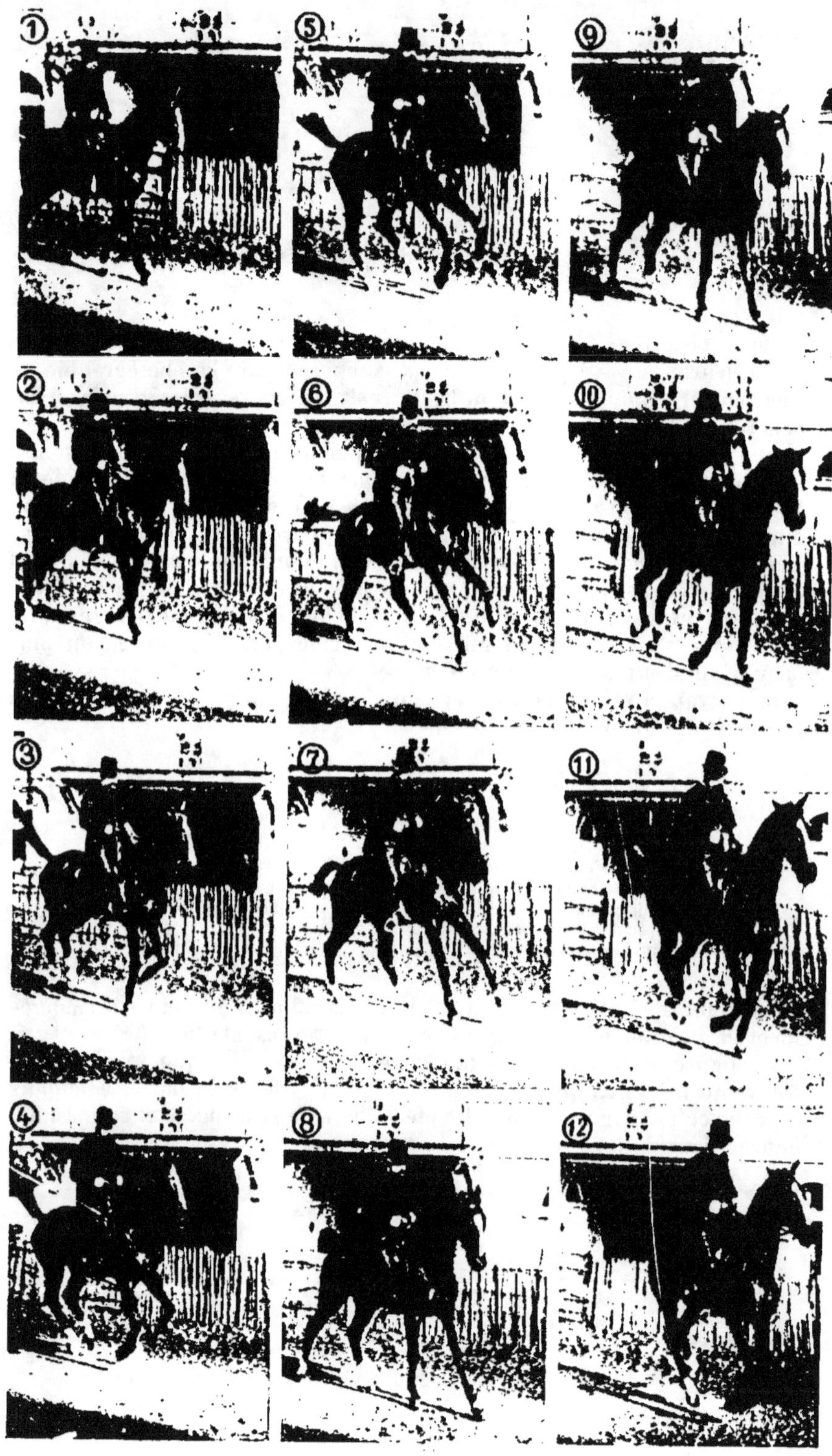

Planche 17. — LE CHANGEMENT DE PIED AU GALOP.
(CHANGEMENT DE PIED AU TEMPS.)

PLANCHE 18.

Influence du relèvement de l'encolure sur la réduction de l'amplitude des oscillations et sur la suppression de la période de suspension au galop.

Après avoir étudié, dans les planches précédentes, les diverses formes du galop, nous allons consacrer celle-ci et les suivantes à rechercher l'influence que peut avoir sur cette allure l'équilibre déterminé par l'emploi habile ou malhabile des aides du cavalier.

La planche ci-contre montre qu'il est possible de réduire considérablement l'amplitude des périodes d'oscillation, et de supprimer à peu près la période de suspension, par le relèvement de l'encolure et un léger engagement des postérieurs. Au point de vue du rendement, l'économie de travail pour le cheval est évidente.

L'ordre des appuis est celui du galop à bases latérales déjà décrit. La figure 2 représente la période de suspension. Les quatre membres du cheval, au lieu d'être relevés sous lui, touchent presque tous la terre.

C'est en maintenant un équilibre convenable entre l'avant-main et l'arrière-main que le cavalier obtient ces réductions d'oscillations, rendant le galop aussi agréable pour le cavalier que peu fatigant pour le cheval. On a ainsi un galop parfaitement équilibré, fort différent du galop avec prédominance de l'élévation de l'avant-main ou de l'arrière-main qu'on observe généralement suivant les aides qui prédominent chez les cavaliers. On peut d'ailleurs se rendre compte à quel point sont variées les oscillations du cheval au galop, par exemple le soulèvement de l'avant-main, en comparant la figure 3 de la planche ci-contre, avec la figure 3 de la planche 19, qui représentent toutes deux le même cheval au même temps du galop.

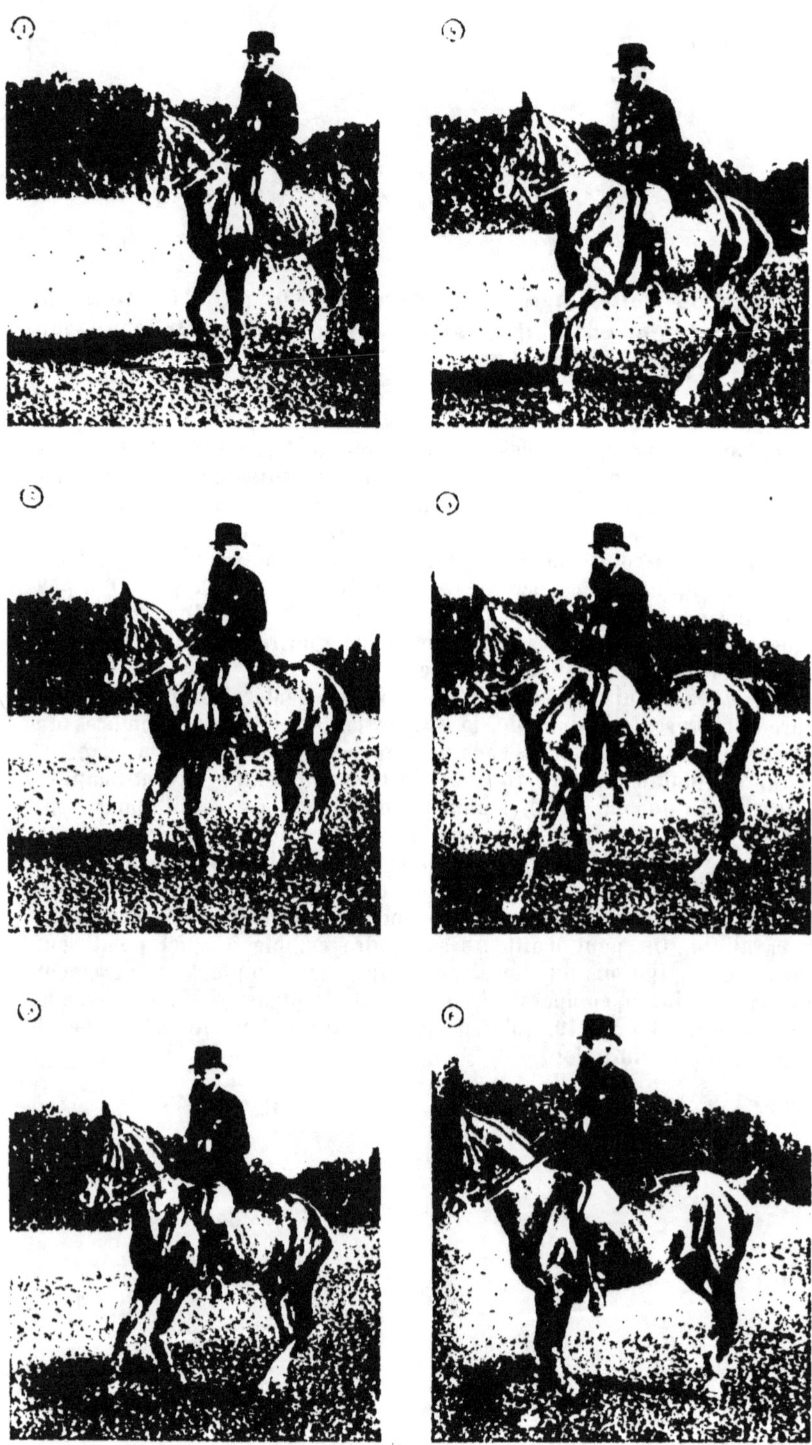

Pl. 18. — INFLUENCE DU RELÈVEMENT DE L'ENCOLURE SUR LA RÉDUCTION DE L'AMPLITUDE DES OSCILLATIONS ET SUR LA SUPPRESSION DE LA PÉRIODE DE SUSPENSION AU GALOP.

PLANCHE 19.

Influence du relèvement de l'encolure et de la fixité de la main, pour empêcher l'accélération de l'allure au galop.

Nous avons montré dans un chapitre spécial l'influence fondamentale de la position de l'encolure, et nous avons fait voir que, lorsqu'elle est portée à un certain degré de relèvement, et qu'en même temps les postérieurs sont convenablement engagés, le cheval est dans l'impossibilité totale d'emmener son cavalier c'est-à-dire d'accélérer son allure. La planche ci-jointe est destinée à montrer le mécanisme de cette action.

L'animal étant à un galop assez rapide, ainsi que le montre aisément le relèvement des membres pendant la période de suspension (fig. 1), on l'a attaqué vigoureusement à l'éperon au moment où il allait passer devant l'appareil, en ayant soin de maintenir la main absolument fixe. L'animal, — bien que très emballeur, — n'a pas accéléré son allure. Il s'est contenté de répondre à l'attaque par quelques vigoureux coups de reins qui ont chassé le cavalier du fond de la selle, ainsi qu'on le voit sur les premières figures. Si l'on avait continué à exciter l'animal, il eût répondu aux coups d'éperon par des bonds et des lançades, mais sans pouvoir accélérer son allure. A ce moment, le cavalier n'avait qu'à baisser un peu la main pour être emmené à toute vitesse pendant plusieurs centaines de mètres. L'application du procédé exige donc que la main soit très haute et très fixe.

La forme du galop est le galop classique en trois temps sans la base diagonale qui, ainsi que je l'ai plusieurs fois répété, s'observe fort rarement.

Pl. 19. — INFLUENCE DU RELÈVEMENT DE L'ENCOLURE ET DE LA FIXITÉ DE LA MAIN POUR EMPÊCHER L'ACCÉLÉRATION DE LA VITESSE DU GALOP.

PLANCHE 20.

Influence de la pression de l'éperon aux sangles pour le ralentissement du cheval au galop.

Nous avons consacré tout un chapitre à indiquer le rôle de l'éperon, et la puissance illimitée qu'il donne au cavalier sur le cheval, quand il est convenablement employé. Nous avons fait voir que sa pression aux sangles détermine chez tous les chevaux, — par suite d'un effet physiologique particulier, — la décontraction de l'encolure, et, si le cavalier insiste, le ralentissement de l'allure, puis l'arrêt. Nous avons dit également que ce moyen est employé par les Arabes, depuis un temps immémorial, pour l'arrêt du cheval au galop, lorsqu'ils ont besoin d'avoir leurs mains entièrement libres pour faire usage de leurs armes.

La succession des images photographiques était trop courte pour qu'il fût possible de montrer les variations d'allures, puisque l'appareil photographique ne peut obtenir le plus souvent qu'un seul pas de galop. Le cheval, ayant employé quelques secondes pour passer du galop de charge au galop extrêmement ralenti, la planche ne le montre que pendant la phase où il est ralenti. L'éperon est fixé aux sangles. La main, appuyée sur le pommeau de la selle pour annuler le plus possible son action, est immobile et n'agit pas. L'action de l'éperon a non seulement ralenti l'allure, mais elle a produit une mise en main complète. Dans les figures 2 et 3 les rênes sont entièrement relâchées.

La forme du galop est celle que nous avons décrite sous le nom de galop latéral.

Ce mode d'emploi de l'éperon présente des difficultés particulières, que nous avons exposées. Pour le cavalier ordinaire, il est infiniment préférable d'obtenir le ralentissement de l'allure au galop par le relèvement de l'encolure.

Planche 20. — INFLUENCE DE L'ÉPERON AUX SANGLES SUR LE RALENTISSEMENT DU CHEVAL AU GALOP.

PLANCHE 21.

Influence de l'exagération des effets de la main ; encapuchonnement au galop.

Nous pouvons répéter ici ce que nous avons dit à propos de l'encapuchonnement au trot. Quelque bien dressé que soit le cheval, l'action maladroite des aides le conduira à s'encapuchonner ou à mettre le nez au vent, suivant sa conformation et son degré de dressage. Dans les deux cas l'animal échappe à l'action de son cavalier.

L'action exagérée de la main au galop, surtout si la main, étant mobile au lieu d'être fixe, donne des à-coups sur la bouche, conduit bientôt à l'encapuchonnement représenté dans la planche ci-contre. Arrivé à un certain degré d'encapuchonnement, l'animal est tout préparé pour l'emballement, et c'est d'ailleurs ce qui lui est arrivé lorsque nous l'avons mis, à titre d'expérience, dans la position détestable représentée par notre planche. Quelques mètres après son passage devant l'appareil, il était emballé. L'encolure étant alors trop basse pour pouvoir être relevée, il fallut arrêter l'animal à l'éperon.

L'ordre des appuis est celui du galop classique en trois temps, sauf toujours, bien entendu, la base diagonale. Je ferai remarquer, en passant, que, si nous observons quelquefois cette forme du galop chez ce cheval, le galop avec bases latérales se présente le plus souvent.

Planche 21. — INFLUENCE DE L'EXAGÉRATION DES EFFETS DE LA MAIN AU GALOP SUR LA PRODUCTION DE L'ENCAPUCHONNEMENT.

Influence du désaccord des aides au galop. — Production du galop désuni.

Le galop est une allure tellement délicate que le moindre désaccord dans l'action des aides le trouble profondément. Le cheval, sollicité inégalement par les mains et les jambes donnant des ordres contraires, tombe bientôt dans l'allure particulière dite galop désuni.

Dans le cas représenté sur la planche suivante, nous avons intentionnellement obtenu la forme désunie en demandant un changement de pied par renversement d'encolure, sans faire agir en même temps les jambes, dont ne se servent pas d'ailleurs la plupart des cavaliers. Le cheval a l'air alors de changer de pied, et il inverse, en effet, les pieds de devant, mais il donne simplement, en réalité, le galop désuni.

Le galop représenté sur la planche ci-contre est désuni, parce que l'animal qui, au 1er temps (fig. 1), est à l'appui sur le postérieur gauche, se trouve, au 3e temps (fig. 6), à l'appui sur l'antérieur du même côté, au lieu de retomber sur l'antérieur droit.

L'explication ci-dessous fera d'ailleurs comprendre aisément l'irrégularité de l'allure.

Dans la planche ci-contre l'ordre des appuis est le suivant :	*Si le galop avait été régulier on aurait eu les bases suivantes :*
1. Base unipédale postérieure gauche (fig. 1 et 2).	1. Base unipédale postérieure gauche.
2. Base tripédale antérieure droite (fig. 3 et 4).	2. Base tripédale antérieure gauche.
3. Base tripédale postérieure droite (fig. 5).	3. Base tripédale postérieure droite.
4. Base unipédale antérieure gauche (fig. 6).	4. Base unipédale antérieure droite.

En résumé, les pieds se sont posés successivement de la façon suivante :

Postérieur gauche, postérieur droit et antérieur droit, antérieur gauche.
Au lieu de : Postérieur gauche, postérieur droit et antérieur gauche, antérieur droit.

On remarquera, contrairement à l'opinion générale, que, dans le galop désuni, on ne rencontre nullement ces bases latérales isolées qui se présentent si fréquemment dans les formes régulières du galop. C'est donc bien à tort que l'on a donné le nom de galop latéral au galop désuni.

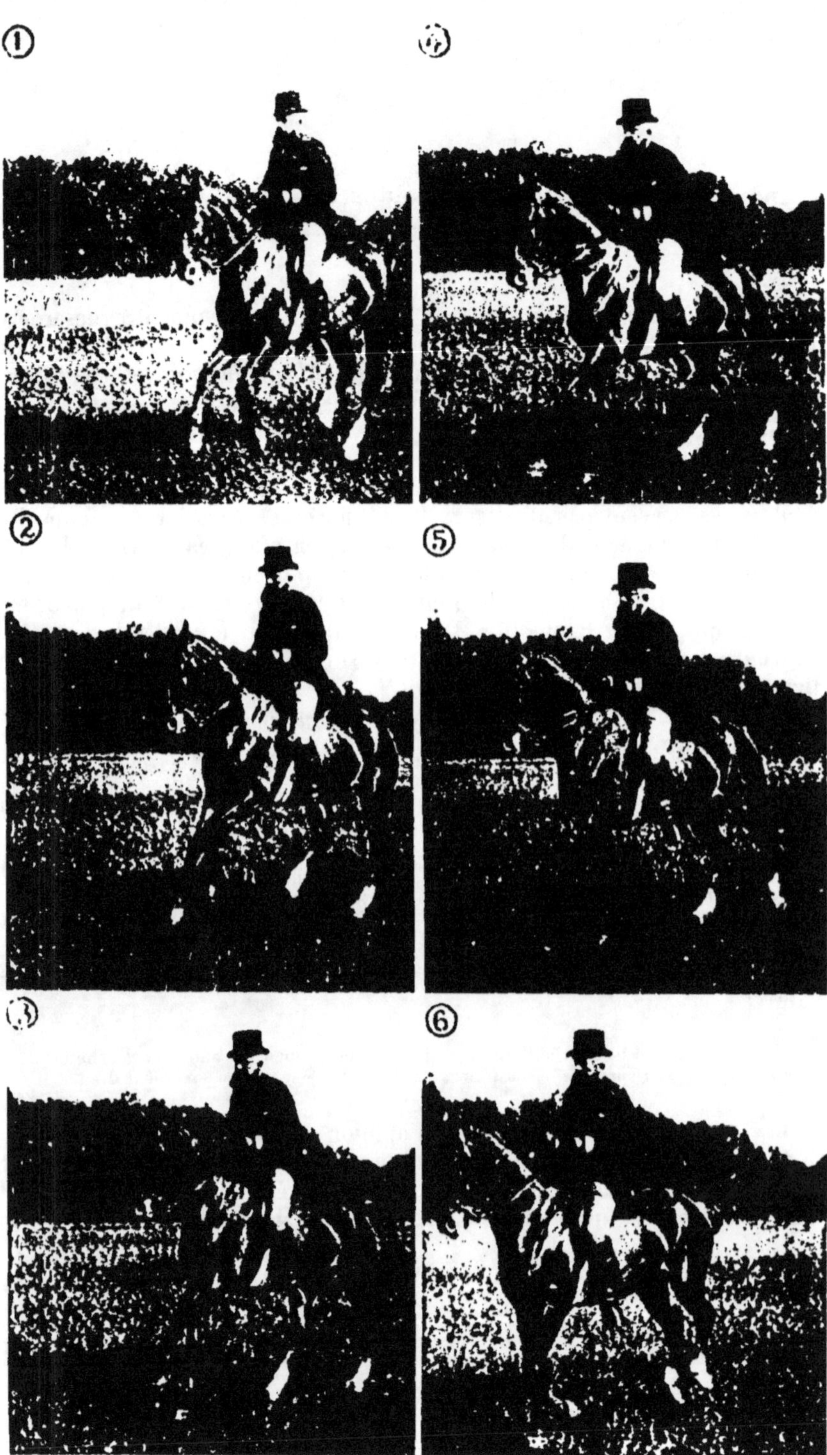

Planche 22. INFLUENCE DE L'ACTION IRREGULIERE DES AIDES AU GALOP. LE GALOP DESUNI.

Influence des changements de position du cavalier sur l'allure. — Passage progressif du trot au galop.

Je ne donne la planche ci-contre que pour les personnes s'intéressant à la théorie des allures. Les interprétations des auteurs sur le passage progressif du trot au galop m'ayant paru insuffisantes et inexactes, j'ai essayé de les vérifier par la photographie. De même que pour le changement de pied, cette étude est peu facile en raison de la faible durée du temps pendant lequel se fait le passage de l'animal devant l'appareil photographique.

Je voulais voir surtout, comment s'opérait ce passage du trot au galop lorsqu'il se faisait, très progressivement, sans à-coups brusques du cavalier. Pour y arriver, j'ai habitué le cheval à passer au galop par de simples déplacements de l'assiette du cavalier. La planche ci-jointe donne les résultats obtenus. Ils sont curieux. Figures 1 et 2, le trot est régulier. Sur la figure 3, où le cavalier commence à se pencher en avant, le cheval se trouve déjà averti de ce qui va lui être demandé, le trot commence à se modifier par dissociation d'un diagonal, et on pourrait croire que le cheval va se mettre au galop par un appui isolé sur le postérieur gauche; mais il n'en est rien. Sur la figure 4, il est encore au trot sur le diagonal gauche; mais, prévenu par l'action du cavalier qu'il doit passer au galop, il dispose ses membres en conséquence. Il lui suffit de dissocier le diagonal en l'air et de laisser retomber l'antérieur pendant que le diagonal gauche est à l'appui. On voit, en effet, figure 5, l'animal à l'appui sur trois membres. Cette base tripédale postérieure droite constitue le troisième temps du galop à droite. Dans la figure suivante (fig. 6), l'animal est sur la base latérale que nous avons trouvée dans la plupart des formes du galop. Sur la figure suivante, non reproduite faute de place, l'animal n'est plus à l'appui que sur un antérieur. base finale de toutes les formes du galop.

En résumé, le passage du trot au galop se fait de la façon suivante, en supposant que l'animal au trot est à l'appui sur le diagonal gauche :

Base diagonale gauche (trot).

Base tripédale postérieure droite (troisième temps du galop normal à droite).

Base latérale droite. (Base qui, d'après nos recherches, succède presque toujours au troisième temps du galop).

Base unipédale antérieure droite (par laquelle se terminent toutes les formes connues du galop).

Ce qui précède s'applique au passage progressif du trot au galop. Dans le passage brusque par excitation violente, il est possible que le mécanisme soit un peu différent. Ne l'ayant pas encore étudié, je n'en puis rien dire.

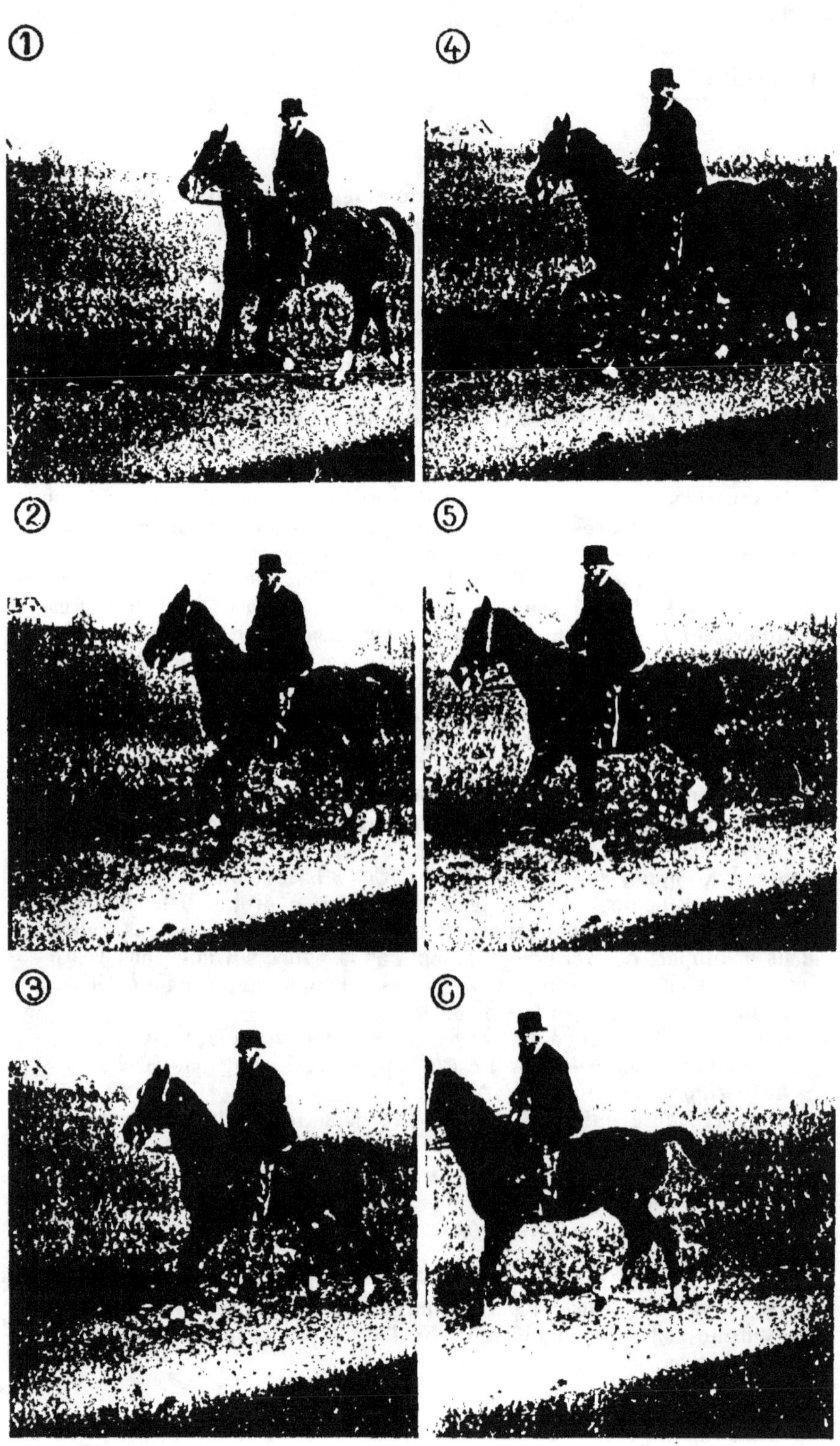

PL. 25. — INFLUENCE DES CHANGEMENTS DE POSITION DU CAVALIER SUR L'ALLURE. PASSAGE PROGRESSIF DU TROT AU GALOP.

PLANCHE 24.

Le saut. — Rênes simplement ajustées. Poignets près du corps. — Cheval dirigé avec les jambes.

En traitant du saut, nous avons dit que l'idéal était de laisser toute liberté à l'encolure du cheval avant, pendant et après le saut. L'encolure jouant par ses mouvements un grand rôle sur les mouvements du cheval pendant le saut, toute action sur elle ne peut que troubler profondément l'équilibre du cheval, et faciliter par conséquent sa chute. Fillis fait observer, avec beaucoup de raison, que le cavalier provoque le plus souvent la chute du cheval par son action intempestive sur la bouche, et il en fournit une preuve frappante en montrant la fréquence des chutes chez un certain cheval monté par un jockey ordinaire, et leur rareté sur le même cheval monté par un autre jockey plus habile.

La seule façon de sauter sans tirer malgré soi sur la bouche du cheval est d'avoir les avant-bras collés contre le corps, comme je l'ai fait dans la planche ci-jointe. Si les bras sont portés en avant, on exerce malgré soi une forte traction sur la bouche, et on multiplie dans des proportions énormes les chances de chute.

Dans le saut, le cavalier doit diriger son cheval surtout avec les jambes. On peut poser comme principe fondamental, que, dans le saut, les jambes ne sauraient jamais être trop serrées et les rênes trop desserrées.

PL. 21. — LE SAUT. RÊNES SIMPLEMENT AJUSTÉES. POIGNETS PRÈS DU CORPS. CHEVAL DIRIGÉ SURTOUT AVEC LES JAMBES.

TABLE DES PLANCHES

TABLE DES GRAVURES

TABLE DES MATIÈRES

LIVRE II. — LES ALLURES DU CHEVAL

LIVRE III. — L'ÉQUILIBRE DU CHEVAL

LIVRE IV. — LE DRESSAGE DU CHEVAL

LIVRE V. — LE MANIEMENT DU CHEVAL

LIVRE VI. — LE DRESSAGE DU CAVALIER

71328. — Imprimerie LAHURE, 9, rue de Fleurus, à Paris.

A LA MÊME LIBRAIRIE

71328. — Imprimerie Lahure, rue de Fleurus, 9, à Paris.

www.ingramcontent.com/pod-product-compliance
Lightning Source LLC
LaVergne TN
LVHW020556110826
845149LV00002B/290

* 9 7 8 2 0 1 2 7 3 0 6 4 9 *